OEUVRES COMPLÈTES

DE M. LE VICOMTE

DE CHATEAUBRIAND.

TOME VIII.

DE L'IMPRIMERIE DE CRAPELET,
RUE DE VAUGIRARD, N° 9.

OEUVRES COMPLÈTES

DE M. LE VICOMTE

DE CHATEAUBRIAND,

MEMBRE DE L'ACADÉMIE FRANÇOISE

TOME HUITIÈME.

MÉLANGES LITTÉRAIRES.

PARIS.

POURRAT FRÈRES, ÉDITEURS.

M. DCCC. XXXVI.

PRÉFACE.

Lorsque je rentrai en France, en 1800, après une émigration pénible, mon ami, M. de Fontanes, rédigeoit le *Mercure de France;* il m'invita à écrire avec lui dans ce journal, pour le rétablissement des saines doctrines religieuses et monarchiques.

J'acceptai cette invitation : je donnai quelques articles au *Mercure,* avant même d'avoir publié *Atala,* avant d'être connu, car mon *Essai historique* étoit resté enseveli en Angleterre. Ces combats n'étoient pas sans quelques périls : on ne pouvoit alors arriver à la politique que par la littérature; la police de Buonaparte entendoit à demi-mot; le donjon de Vincennes, les déserts de la Guiane et la plaine de Grenelle, attendoient encore, si besoin étoit, les écrivains royalistes. Mon premier article sur le *Voyage en Espagne* de

M. de Laborde faillit de me coûter cher : Buonaparte menaça de me *faire sabrer sur les marches de son palais;* ce furent ses expressions. Il ordonna la suppression du *Mercure* et sa réunion à la *Décade*. Le *Journal des Débats*, qui avoit osé répéter l'article, fut bientôt après ravi à ses propriétaires.

Au retour du roi, je réclamai auprès du gouvernement la propriété du *Mercure*, que j'avois acheté de M. de Fontanes pour une somme de 20,000 francs. Je m'étois imaginé que la cause qui avoit fait supprimer cet ouvrage feroit un peu valoir mon bon droit; je me trompai. C'est ainsi qu'ayant eu à répéter une part de mes appointements de ministre, je n'ai pu l'obtenir, par la raison qu'ayant fait le voyage de Gand, je ne m'étois pas rendu à mon poste à Stockholm; c'est ainsi qu'en sortant du ministère, non-seulement on ne m'a pas alloué le traitement de retraite accoutumé, mais encore on m'a supprimé ma pension de ministre d'État. Je rappelle ceci, non pour me plaindre, mais afin qu'on ne fasse pas à l'avenir porter sur d'autres que moi ces misérables vengeances et ces ignobles économies, si peu d'accord avec la générosité naturelle de nos monarques et la dignité de la couronne.

Un choix des articles du *Mercure* a été fait par moi : ces articles, réunis à quelques autres articles littéraires tirés du *Conservateur* et du *Journal des Débats*, forment la collection renfermée dans ce volume. Les lettres n'ont jamais été si honorables que lorsque, dans le silence du monde subjugué, elles proclamoient des vérités courageuses, et faisoient entendre les accents de la liberté au milieu des cris de la victoire.

Puisque le nom de M. de Fontanes est venu se placer naturellement sous ma plume, qu'il me soit permis de payer ici un nouveau tribut de regret et de douleur à la mémoire de l'excellent homme que la France littéraire pleurera long-temps. Si la Providence me laisse encore quelques jours sur la terre, j'écrirai la vie de mon illustre et généreux ami. Il annonça au monde ce que, selon lui, je devois devenir; moi, je dirai ce qu'il a été : ses droits auprès de la postérité seront plus sûrs que les miens.

MÉLANGES
LITTÉRAIRES.

DE

L'ANGLETERRE ET DES ANGLOIS.

Juin 1800.

Si un instinct sublime n'attachoit pas l'homme à sa patrie, sa condition la plus naturelle sur la terre seroit celle de voyageur. Une certaine inquiétude le pousse sans cesse hors de lui; il veut tout voir, et puis il se plaint quand il a tout vu. J'ai parcouru quelques régions du globe; mais j'avoue que j'ai mieux observé le désert que les hommes, parmi lesquels, après tout, on trouve souvent la solitude.

J'ai peu séjourné chez les Allemands, les Portugais et les Espagnols, mais j'ai vécu assez long-temps avec les Anglois. Comme c'est aujourd'hui le seul peuple qui dispute l'empire aux François, les moindres détails sur lui deviennent intéressants.

Érasme est le plus ancien des voyageurs que je connoisse, qui nous ait parlé des Anglois. Il n'a vu à Londres, sous Henri III, que des Barbares et des huttes enfumées. Long-temps après, Voltaire, qui avoit besoin d'un parfait philosophe, le plaça parmi les Quakers, sur les bords de la Tamise. Les tavernes de la Grande-Bretagne devinrent le séjour des esprits forts, de la vraie liberté, etc., etc., quoiqu'il soit bien connu que le pays du monde où l'on parle le moins de religion, où on la respecte le plus, où l'on agite le moins de ces questions oiseuses qui troublent les empires, soit l'Angleterre.

Il me semble qu'on doit chercher le secret des mœurs des Anglois dans l'origine de ce peuple. Mélange du sang françois et du sang allemand, il forme la nuance entre ces deux nations. Leur politique, leur religion, leur militaire, leur littérature, leurs arts, leur caractère national, me paroissent placés dans ce milieu; ils semblent réunir, en partie, à la simplicité, au calme, au bon sens, au mauvais goût germanique, l'éclat, la grandeur, l'audace et la vivacité de l'esprit françois.

Inférieurs à nous sous plusieurs rapports, ils nous sont supérieurs en quelques autres, particulièrement en tout ce qui tient au commerce et aux richesses. Ils nous surpassent encore en propreté; et c'est une chose remarquable, que ce peuple qui paroît si pesant, a, dans ses meubles, ses vêtements, ses manufactures, une élégance qui nous manque. On diroit que l'Anglois met dans le travail des mains la délicatesse que nous mettons dans celui de l'esprit.

Le principal défaut de la nation angloise, c'est l'orgueil, et c'est le défaut de tous les hommes. Il domine à Paris comme à Londres, mais modifié par le caractère françois, et transformé en amour-propre. L'orgueil pur appartient à l'homme solitaire, qui ne déguise rien, et qui n'est obligé à aucun sacrifice; mais l'homme qui vit beaucoup avec ses semblables est forcé de dissimuler son orgueil, et de le cacher sous les formes plus douces et plus variées de l'amour-propre. En général, les passions sont plus dures et plus soudaines chez l'Anglois, plus actives et plus raffinées chez le François. L'orgueil du premier veut tout écraser de force en un instant; l'amour-propre du second mine tout avec lenteur. En Angleterre on hait un homme pour un vice, pour une offense; en France un pareil motif n'est pas nécessaire. Les avantages de la figure ou de la fortune, un succès, un bon mot, suffisent. Cette haine, qui se forme de mille détails honteux, n'est pas moins implacable que la haine qui naît d'une plus noble cause. Il n'y a point de si dangereuses passions que celles qui sont d'une basse origine, car elles sentent cette bassesse, et cela les rend furieuses. Elles cherchent à la couvrir sous des crimes, et à se donner, par les effets, une sorte d'épouvantable grandeur qui leur manque par le principe : c'est ce qu'a prouvé la révolution.

L'éducation commence de bonne heure en Angleterre : les filles sont envoyées à l'école dès leur plus tendre jeunesse. Vous voyez quelquefois des groupes de ces petites Angloises, toutes en grands mantelets blancs, un chapeau de paille noué sous le menton avec un ruban, une corbeille passée au bras, et dans laquelle sont des fruits et un livre;

toutes tenant les yeux baissés, toutes rougissant lorsqu'on les regarde. Quand j'ai revu nos petites Françoises, coiffées à *l'huile antique*, relevant la queue de leur robe, regardant avec effronterie, fredonnant des airs d'amour et prenant des leçons de déclamation, j'ai regretté la gaucherie et la pudeur des petites Angloises. Un enfant sans innocence est une fleur sans parfum.

Les garçons passent aussi leur première jeunesse à l'école, où ils apprennent le grec et le latin. Ceux qui se destinent à l'Église, ou à la carrière politique, vont de là aux universités de Cambridge ou d'Oxford. La première est particulièrement consacrée aux mathématiques, en mémoire de Newton; mais, en général, les Anglois estiment peu cette étude, qu'ils croient très dangereuse aux bonnes mœurs, quand elle est portée trop loin. Ils pensent que les sciences dessèchent le cœur, désenchantent la vie, mènent les esprits foibles à l'athéisme, et de l'athéisme à tous les crimes. Les belles-lettres, au contraire, disent-ils, rendent nos jours merveilleux, attendrissent nos âmes, nous font pleins de foi envers la Divinité, et conduisent ainsi, par la religion, à la pratique de toutes les vertus [1].

L'agriculture, le commerce, le militaire, la religion, la politique, telles sont les carrières ouvertes à l'Anglois devenu homme. Est-on ce qu'on appelle un *gentleman farmer* (*un gentilhomme cultivateur*), on vend son blé, on fait des expériences sur l'agri-

---

[1] Vid. GIBBON, *Lit.*, etc.

culture; on chasse le renard ou la perdrix en automne; on mange l'oie grasse à Noël; on chante le *roast beef of old England;* on se plaint du présent, on vante le passé, qui ne valoit pas mieux, et le tout en maudissant Pitt et la guerre, qui augmente le prix du vin de Porto; on se couche ivre, pour recommencer le lendemain la même vie.

L'état militaire, quoique si brillant sous la reine Anne, étoit tombé dans un discrédit dont la guerre actuelle l'a relevé. Les Anglois ont été long-temps sans songer à retourner leurs forces vers la marine. Ils ne vouloient se distinguer que comme puissance continentale; c'étoit un reste de vieilles opinions, qui tenoient le commerce à déshonneur. Les Anglois ont toujours eu, comme nous, une physionomie historique qui les distingue dans tous les siècles. Aussi c'est la seule nation qui, avec la françoise, mérite proprement ce nom en Europe. Quand nous avions notre Charlemagne, ils avoient leur Alfred. Leurs archers balançoient la renommée de notre infanterie gauloise; leur prince Noir le disputoit à notre Du Guesclin, et leur Marlborough à nos Turenne. Leurs révolutions et les nôtres se suivent; nous pouvons nous vanter de la même gloire, et déplorer les mêmes crimes et les mêmes malheurs.

Depuis que l'Angleterre est devenue puissance maritime, elle a déployé son génie particulier dans cette nouvelle carrière; ses marins sont distingués de tous les marins du monde. La discipline de ses vaisseaux est singulière: le matelot anglois est absolument esclave. Mis à bord de force, obligé de servir malgré lui, cet homme, si indépendant tandis qu'il est laboureur, semble perdre tous ses droits à la liberté aussitôt qu'il devient matelot. Ses supérieurs appesantissent sur lui le joug le plus dur et le plus humiliant. Comment des hommes si orgueilleux et si maltraités se soumettent-ils à une pareille tyrannie ? C'est là le miracle d'un gouvernement libre ; c'est que le nom de la loi est tout-puissant dans ce pays, et quand elle a parlé, nul ne résiste.

Je ne crois pas que nous puissions, ni même que nous devions jamais transporter la discipline angloise sur nos vaisseaux. Le François, spirituel, franc, généreux, veut approcher de son chef; il le regarde comme son camarade encore plus que comme son capitaine. D'ailleurs, une servitude aussi absolue que celle du matelot anglois ne peut émaner que d'une autorité civile : or, il seroit à craindre qu'elle ne fût méprisée de nos marins ; car malheureusement le François obéit plutôt à l'homme qu'à la loi, et ses vertus sont plus des vertus privées que des vertus publiques.

Nos officiers de mer étoient plus instruits que les officiers anglois. Ceux-ci ne savent que leurs manœuvres; ceux-là étoient des mathématiciens et des hommes savants dans tous les genres. En général, nous avons déployé dans notre marine notre véritable caractère : nous y paroissons comme guerriers et comme artistes. Aussitôt que nous aurons des vaisseaux, nous reprendrons notre droit d'aînesse dans l'Océan comme sur la terre. Nous pourrons faire aussi des observations astronomiques et des voyages autour du monde; mais pour devenir jamais un peuple de marchands, je crois que nous pouvons y renoncer d'avance. Nous faisons tout par génie et par inspiration ; mais nous mettons peu de suite à nos projets. Un grand homme en finance, un homme hardi en entreprises commerciales, s'élèvera peut-être parmi nous; mais son fils poursuivra-t-il la même carrière, et ne pensera-t-il pas à jouir de la fortune de son père, au lieu de songer à l'augmenter ? Avec un tel esprit, une nation ne devient point mercantile; le commerce a toujours eu chez nous je ne sais quoi de poétique et de fabuleux, comme le reste de nos mœurs. Nos manufactures ont été créées par enchantement; elles ont jeté un grand éclat, et puis elles se sont éteintes. Tant que Rome fut prudente, elle se contenta des muses et de Jupiter, et laissa Neptune à Carthage. Ce dieu n'avoit, après tout, que le second empire; et Jupiter lançoit aussi la foudre sur l'Océan.

Le clergé anglican est instruit, hospitalier et généreux; il aime sa patrie et sert puissamment au maintien des lois. Malgré les différences d'opinion, il a reçu le clergé françois avec une charité vraiment chrétienne. L'université d'Oxford a fait imprimer à ses frais et distribuer *gratis* aux pauvres curés un Nouveau-Testament latin, selon la version romaine, avec ces mots : *A l'usage du clergé catholique, exilé pour la religion.* Rien n'est plus délicat et plus touchant. C'est sans doute un beau spectacle pour la philosophie, que de voir, à la fin du dix-huitième siècle, un clergé *anglican* donner l'hospitalité à des prêtres *papistes*, souffrir l'exercice public de leur culte, et même l'établissement de quelques communautés. Étranges vicissitudes des opinions et des affaires humaines! le cri *un pape! un pape!* a fait la révolution sous Charles Ier, et Jacques II perdit sa couronne pour avoir protégé la religion catholique!

Ceux qui s'effraient au seul mot de religion ne connoissent guère l'esprit humain; ils voient toujours cette religion telle qu'elle étoit dans les âges de fanatisme et de barbarie, sans songer qu'elle prend, comme toute autre institution, le caractère des siècles où elle passe.

Toutefois le clergé anglois n'est pas sans défaut. Il néglige trop ses devoirs, il aime trop le plaisir, il donne trop de bals, il se mêle trop aux fêtes du monde. Rien n'est plus choquant pour un étranger que de voir un jeune *ministre* promener lourdement une jolie femme entre les deux files d'une contre-danse angloise. Il faut qu'un prêtre soit un personnage tout divin; il faut qu'autour de lui règnent la vertu et le mystère, qu'il vive retiré dans les ténèbres du temple, et que ses apparitions soient rares parmi les hommes; qu'il ne se montre enfin au milieu du siècle que pour faire du bien aux malheureux. C'est à ce prix qu'on accorde au prêtre le respect et la confiance: il perdra bientôt l'un et l'autre s'il est assis au festin à nos côtés, si on se familiarise avec lui, s'il a tous les vices du temps, et qu'on puisse un moment le soupçonner foible et fragile comme les autres hommes.

Les Anglois déploient une grande pompe dans leurs fêtes religieuses; ils commencent même à orner leurs temples de tableaux. Ils ont à la fin senti qu'une religion sans culte n'est qu'un songe d'un froid enthousiasme, et que l'imagination de l'homme est une faculté qu'il faut nourrir comme la raison.

L'émigration du clergé françois a beaucoup servi à répandre ces idées. On peut remarquer que, par un retour naturel vers les institutions de leurs pères, les Anglois se plaisoient depuis long-temps à mettre en scène, sur leur théâtre et dans leurs livres, la religion romaine.

Dans ces derniers temps, le catholicisme apporté à Londres, par les prêtres exilés de France, se montre aux Anglois précisément comme dans leurs romans, à travers le charme des ruines et la puissance des souvenirs. Tout le monde a voulu entendre l'oraison funèbre d'une fille de France, prononcée à Londres par un évêque émigré, dans une écurie.

L'église anglicane a surtout conservé pour les morts la plus grande partie des honneurs que leur rend l'église romaine.

Dans toutes les grandes villes d'Angleterre, il y a des hommes appelés *undertakers* (entrepreneurs), qui se chargent des pompes funèbres. On lit souvent sur leurs boutiques, *King's coffinmaker*, Faiseur de cercueils du roi; ou bien, *Funerals performed here;* mot à mot, *Ici on représente des funérailles*. Il y a long-temps qu'on ne voit plus parmi nous que des représentations de la douleur, et il faut bien acheter des larmes quand personne n'en donne à nos cendres. Les derniers devoirs qu'on rend aux hommes seroient bien tristes s'ils étoient dépouillés des signes de la religion. La religion a pris naissance aux tombeaux, et les tombeaux ne peuvent se passer d'elle. Il est beau que le cri de l'espérance s'élève du fond d'un cercueil ; il est beau que le prêtre du Dieu vivant escorte la cendre de l'homme à son dernier asile ; c'est en quelque sorte l'immortalité qui marche à la tête de la mort.

La vie politique d'un Anglois est bien connue en France ; mais ce qu'on ignore assez généralement, ce sont les partis qui divisent le parlement aujourd'hui.

Outre le parti de l'opposition et le parti du ministère, il y en a un troisième qu'on peut appeler des *anglicans*, et à la tête duquel se trouve M. Wilberforce. C'est une centaine de membres qui tiennent fortement aux mœurs antiques, et surtout à la religion. Leurs femmes sont vêtues comme des quakeresses ; ils affectent eux-mêmes une rigoureuse simplicité, et donnent une grande partie de leur revenu aux pauvres : M. Pitt est de leur secte. Ce sont eux qui l'avoient porté et qui l'ont soutenu au ministère ; car, en se jetant d'un côté ou de l'autre, ils sont à peu près sûrs de déterminer la majorité. Dans la dernière affaire d'Irlande, ils ont été alarmés des promesses que M. Pitt avoit faites aux catholiques : ils l'ont menacé de passer à l'opposition. Alors le ministre a donné habilement sa retraite, pour conserver ses amis, dont l'opinion est intérieurement la sienne, et pour se retirer du pas difficile où les circonstances l'avoient engagé. Si le bill passe en faveur des catholiques, il n'en aura pas l'odieux vis-à-vis des anglicans; si, au contraire, il est rejeté, les catholiques irlandois ne pourront l'accuser de manquer à sa parole... On a demandé, en France, si M. Pitt avoit perdu son crédit en perdant sa place; un seul fait auroit dû répondre à cette question : *M. Pitt est encore membre de la chambre des communes.* Quand on le verra devenir pair et passer à la chambre haute, sa carrière sera finie.

C'est à tort que l'on croit ici quelque influence à la pure opposition. Elle est absolument tombée dans l'opinion publique; elle n'a ni grands talents ni véritable patriotisme. M. Fox lui-même ne peut plus rien pour elle; il a perdu presque toute son éloquence : l'âge et les excès de table la lui ont enlevée. On sait que c'est son amour-propre blessé, plus encore qu'aucune autre raison, qui l'a tenu si long-temps éloigné du parlement.

Le bill qui exclut de la chambre des communes tout membre engagé dans les ordres sacrés a été aussi mal interprété à Paris. On ne savoit pas que ce bill n'a d'autre but que d'éloigner M. Horn Tooke, homme d'esprit, violent ennemi du gouvernement, jadis dans les ordres, ensuite réfractaire, autrefois ami de la puissance, jusqu'au point d'avoir été attaqué dans les lettres de Junius, ensuite devenu l'apôtre de la liberté comme tant d'autres.

Le parlement a perdu dans M. Burke, un de ses membres les plus distingués. Il détestoit la révolution; mais il faut lui rendre cette justice, qu'aucun Anglois n'a plus aimé les François en particulier, et plus applaudi à leur valeur et à leur génie. Quoiqu'il fût peu riche, il avoit fondé une école pour les petits François expatriés, et il y passoit des journées entières à admirer l'esprit et la vivacité de ces enfants. Il racontoit souvent, à ce sujet, une anecdote : Ayant mené le fils d'un lord à cette école, les pauvres orphelins lui proposèrent de jouer avec eux. Le lord ne voulut pas : « *Je n'aime pas les François, moi,* » répétoit-il avec humeur. Un petit garçon, n'en pouvant tirer que cette réponse, lui dit : « Cela n'est pas possible; vous avez un trop « bon cœur pour nous haïr. Votre seigneurie ne « prendroit-elle point sa crainte pour sa haine ? »

Il faudroit maintenant parler de la littérature et des gens de lettres; mais cela nous mèneroit trop loin, et demande un article à part. Je me contenterai de rapporter quelques jugements littéraires qui m'ont fort étonné, parce qu'ils sont en contradiction directe avec nos opinions reçues.

Richardson est peu lu; on lui reproche d'insupportables longueurs et de la bassesse de style. Hume et Gibbon ont, dit-on, perdu le génie de la langue angloise, en remplissant leurs écrits d'une foule de gallicismes; on accuse le premier d'être lourd et immoral. Pope ne passe que pour un versificateur exact et élégant; Johnson prétend que son *Essai sur l'homme* n'est qu'un recueil de lieux communs, mis en beaux vers. C'est à Dryden et à Milton qu'on donne exclusivement le titre de poëtes. *Le Spectateur* est presque oublié. On entend rarement parler de Locke, qui est regardé comme un assez foible idéologue. Il n'y a que les savants de profession qui lisent Bacon. Shakspeare seul conserve son empire. On en sentira aisément la raison par le trait suivant :

J'étois au théâtre de Covent-Garden, qui tire son nom, comme on sait, du jardin d'un ancien couvent où il est bâti. Un homme fort bien mis étoit assis auprès de moi; il me demande «*quelle « est la salle* où il se trouve?» Je le regarde avec étonnement, et je lui réponds : «Mais vous êtes à «Covent-Garden.»— «*Pretty garden indeed!* Joli «jardin, en vérité!» s'écrie-t-il en éclatant de rire et me présentant une bouteille de rum. C'étoit un matelot de la Cité, qui, passant par hasard dans la rue à l'heure du spectacle, et voyant la foule se presser à une porte, étoit entré là pour son argent, sans savoir de quoi il s'agissoit.

Comment les Anglois auroient-ils un théâtre supportable, quand leurs parterres sont composés de juges arrivant du Bengale ou de la côte de Guinée, qui ne savent seulement pas où ils sont? Shakspeare doit régner éternellement chez un pareil peuple. On croit tout justifier en disant que les folies du tragique anglois sont dans la nature. Quand cela seroit vrai, ce ne sont pas toujours les choses naturelles qui touchent. Il est naturel de craindre la mort, et cependant une victime qui se lamente sèche les pleurs qu'on versoit pour elle. Le cœur humain veut plus qu'il ne peut; il veut surtout admirer : il a en soi un élan vers je ne sais quelle beauté inconnue, pour laquelle il fut peut-être créé dans son origine.

Il y a même quelque chose de plus grave. Un peuple qui a toujours été à peu près barbare dans les arts peut continuer à admirer des productions barbares, sans que cela tire à conséquence; mais je ne sais jusqu'à quel point une nation qui a des chefs-d'œuvre en tous genres peut revenir à l'amour des monstres sans exposer ses mœurs. C'est en cela que le penchant pour Shakspeare est bien plus dangereux en France qu'en Angleterre. Chez les Anglois il n'y a qu'ignorance; chez nous il y a dépravation. Dans un siècle de lumières, les bonnes mœurs d'un peuple très poli tiennent plus au bon goût qu'on ne pense. Le mauvais goût alors, qui a tant de moyens de se redresser, ne peut dépendre que d'une fausseté ou d'un biais naturel dans les idées : or, comme l'esprit agit incessamment sur le cœur, il est difficile que les voies du cœur soient droites, quand celles de l'esprit sont tortueuses. Celui qui aime la laideur n'est pas fort loin d'aimer le vice; quiconque est insensible à la beauté peut bien méconnoître la vertu. Le mauvais goût et le vice marchent presque toujours ensemble : le premier n'est que l'expression du second, comme la parole rend la pensée.

Je terminerai cette notice par quelques mots sur le sol, le ciel et les monuments de l'Angleterre.

Les campagnes de cette île sont presque sans
oiseaux, les rivières petites; cependant leurs bords
ont quelque chose d'agréable par leur solitude. La
verdure est très animée; il y a peu ou point de
bois; mais chaque propriété étant fermée d'un
fossé planté, quand vous regardez du haut d'une
éminence, vous croyez être au milieu d'une forêt.
L'Angleterre ressemble assez, au premier coup
d'œil, à la Bretagne : des bruyères et des champs
entourés d'arbres.

Le ciel de ce pays est moins élevé que le nôtre,
son azur est plus vif, mais moins transparent. Les
accidents de lumière y sont beaux, à cause de la
multitude des nuages. En été, quand le soleil se
couche à Londres, par-delà les bois de Kensington,
on jouit quelquefois d'un spectacle très pittoresque.
L'immense colonne de fumée de charbon qui flotte
sur la Cité représente ces gros rochers, enluminés
de pourpre, qu'on voit dans nos décorations du
Tartare; tandis que les vieilles tours de Westminster,
couronnées de nuages et rougies par les derniers
feux du soleil, s'élèvent au-dessus de la ville, du
palais et du parc de Saint-James, comme un grand
monument de la mort, qui semble dominer tous
les monuments des hommes.

Saint-Paul est le plus bel édifice moderne, et
Westminster le plus bel édifice gothique de l'Angleterre. Je parlerai peut-être un jour de ce dernier. Souvent, en revenant de mes courses autour
de Londres, j'ai passé derrière White-Hall, dans
l'endroit où Charles fut décapité. Ce n'est plus

qu'une cour abandonnée, où l'herbe croît entre les pierres. Je m'y suis quelquefois arrêté pour entendre le vent gémir autour de la statue de Charles II, qui montre du doigt la place où périt son père. Je n'ai jamais vu dans ces lieux que des ouvriers qui tailloient des pierres en sifflant. Leur ayant demandé un jour ce que signifioit cette statue, les uns purent à peine me le dire, et les autres n'en savoient pas un mot. Rien ne m'a plus donné la juste mesure des événements de la vie humaine et du peu que nous sommes. Que sont devenus ces personnages qui firent tant de bruit? Le temps a fait un pas, et la face de la terre a été renouvelée. A ces générations divisées par des haines politiques, ont succédé des générations indifférentes au passé, mais qui remplissent le présent de nouvelles inimitiés, qu'oublieront encore les générations qui doivent suivre.

ESSAI

SUR

LA LITTÉRATURE ANGLOISE.

YOUNG.

Mars 1801.

Lorsqu'un écrivain a formé une école nouvelle, et qu'après un demi-siècle de critique on le trouve encore en possession d'une grande renommée, il importe aux lettres de rechercher la cause de ce succès, surtout quand il n'est dû ni à la grandeur du génie, ni à la perfection du goût et de l'art.

Quelques situations tragiques, quelques mots sortis des entrailles de l'homme, je ne sais quoi de vague et de fantastique dans les scènes, des bois, des bruyères, des vents, des spectres, des tempêtes, expliquent la célébrité de Shakspeare.

Young, qui n'a rien de tout cela, doit peut-être une grande partie de sa réputation au beau tableau que présente l'ouverture de ses *Nuits* ou *Complaintes*. Un ministre du Tout-Puissant, un vieux père, qui a perdu sa fille unique, s'éveille au milieu des nuits pour gémir sur des tombeaux;

il associe à la mort, au temps et à l'éternité, la seule chose que l'homme ait de grand en soi-même, je veux dire la douleur. Ce tableau frappe d'abord, et l'impression en est durable.

Mais avancez un peu dans ces *Nuits*, quand l'imagination, éveillée par le début du poëte, a déjà créé tout un monde de pleurs et de rêveries, vous ne trouverez plus rien de ce que l'on vous a promis. Vous voyez un homme qui tourmente son esprit dans tous les sens pour enfanter des idées tendres et tristes, qui n'arrive qu'à une philosophie morose. Young, que le fantôme du monde poursuivoit jusqu'au milieu des tombeaux, ne décèle dans toutes ses déclamations sur la mort qu'une ambition trompée; il a pris son humeur pour de la mélancolie. Point de naturel dans sa sensibilité; point d'idéal dans sa douleur. C'est toujours une main pesante qui se traîne sur la lyre.

Young a surtout cherché à donner à ses méditations le caractère de la tristesse. Or, ce caractère se tire de trois sources : les scènes de la nature, le vague des souvenirs, et les pensées de la religion.

Quant aux scènes de la nature, Young a voulu les faire servir à ses plaintes; mais je ne sais s'il a réussi. Il apostrophe la lune, il parle à la nuit et aux étoiles, et l'on ne se sent point ému. Je ne pourrois dire où gît cette tristesse, qu'un poëte fait sortir des tableaux de la nature; mais il est certain qu'il la retrouve à chaque pas. Il unit son âme au bruit des vents, qui lui rappelle des idées de solitude : une onde qui fuit, c'est la vie; une feuille qui tombe, c'est l'homme. Cette tristesse est cachée pour le poëte, dans tous les déserts; c'est l'Écho de la Fable, desséchée par la douleur, et habitante invisible de la montagne.

La réflexion dans le chagrin doit toujours prendre la forme du sentiment et de l'image; et dans Young, au contraire, le sentiment se change en réflexion et en raisonnement. Si j'ouvre la première complainte, je lis :

> From short (as usual) and disturb'd repose
> I wake : how happy they who wake no more!
> Yet that were vain, if dreams infest the grave.
> I wake, emerging from a sea of dreams
> Tumultuous; where my wreck'd desponding thought
> From wave to wave of fancy'd misery
> At random drove, her helm of reason lost.
> . . . .
> The day too short for my distress; and night
> Ev'n in the zenith of her dark domain
> Is sunshine to the colour of my fate.

«D'un repos court et troublé je m'éveille. O heureux «ceux qui ne se réveillent plus! encore cela même est-il «vain, si les rêves habitent au tombeau! Je sors d'une mer «troublée de songes, où ma pensée triste et submergée, «privée du gouvernail de la raison, flotte au gré des vagues «d'une misère imaginaire..... Le jour est trop court pour «ma tristesse; et la nuit, même au zénith de son noir do-«maine, est un soleil auprès de la couleur de mon sort.»

Est-ce là le langage de la douleur? Je sais que la traduction mot à mot ne rend ni la nuance de l'expression, ni l'harmonie du style; mais une traduction littérale n'est jamais ridicule quand le texte ne l'est pas. Qu'est-ce que c'est qu'une *pensée sans gouvernail, flottant de vague en vague sur une mer de malheur imaginaire?* Qu'est-ce qu'une *nuit qui est un soleil* auprès de la *couleur d'un sort?* Le seul trait remarquable de ce morceau, c'est le sommeil du tombeau, *peut-être aussi troublé par des songes.* Mais cela rappelle trop le mot d'Hamlet: *To sleep! — to dream!* Dormir! — rêver!

Ossian se lève aussi au milieu de la nuit pour pleurer; mais Ossian pleure :

Lead, son of Alpin, lead the aged to his woods. The winds begin to rise. The dark wave of the lake resounds. Bends there not a tree from Mora, with its branches bare? It beats, son of Alpin, in the rustling blast. My harp hangs on a blasted branch. The sound of its strings is mournful. Does the wind touch thee, o harp! or is it some passing ghost! It is the hand of Malvina! But bring me the harp, son of Alpin; another song shall arise. My soul shall depart in the sound; my fathers shall hear it in their airy hall. Their dim faces shall hang, with joy, from their cloud; and their hands receive their son.

«Conduis-moi, fils d'Alpin, conduis le vieillard à ses bois.
«Les vents se lèvent, les flots noircis du lac murmurent.
«Ne vois-tu pas sur le sommet de *Mora* un arbre qui s'in-
«cline avec toutes ses branches dépouillées? Il s'incline, ô
«fils d'Alpin, sous le bruyant tourbillon. Ma harpe est sus-
«pendue à l'une de ses branches desséchées. Le son de ses
«cordes est triste. O harpe, le vent t'a-t-il touchée, ou bien
«est-ce un léger fantôme? C'est la main de Malvina! Donne-
«moi la harpe, fils d'Alpin. Il faut qu'un autre chant s'é-
«lève! Mon âme s'envolera au milieu des sons. Mes pères
«entendront ces soupirs dans leur salle aérienne. Du fond
«de leurs nuages ils pencheront avec joie leurs visages
«obscurs, et leurs bras recevront leur fils.»

Voilà des images tristes, voilà de la rêverie.

Les Anglois conviennent que la prose d'Ossian est aussi poétique que les vers, et qu'elle en a toutes les inversions. Or, on voit que la traduction littérale est ici très supportable. Ce qui est beau, simple et naturel, l'est dans toutes les langues.

On croit généralement que ces images mélancoliques, empruntées des vents, de la lune, des nuages, ont été inconnues des anciens; il y en a pourtant quelques exemples dans Homère, et surtout un charmant dans Virgile. Énée aperçoit l'ombre de Didon dans l'épaisseur d'une forêt, *comme on voit, ou comme on croit voir la lune nouvelle se lever au milieu des nuages :*

> Qualem primo qui surgere mense
> Aut videt aut vidisse putat per nubila lunam.

Remarquez toutes les circonstances. C'est la lune qu'*on voit* ou qu'*on croit voir* se lever à travers les nuages : l'ombre de Didon est déjà réduite à bien peu de chose. Mais cette lune est dans sa première phase. Qu'est-ce donc que cet astre lui-même? — L'ombre de Didon ne semble-t-elle pas s'évanouir? On retrouve ici Ossian dans Virgile; mais c'est Ossian sous le ciel de Naples, sous un ciel où la lumière est plus pure et les vapeurs plus transparentes.

Young a donc premièrement ignoré, ou plutôt mal exprimé cette tristesse qui se nourrit du spectacle de la nature, et qui, douce ou majestueuse, suit le cours naturel des sentiments. Combien Milton est supérieur au chantre des Nuits, dans la noblesse de la douleur ! Rien n'est beau comme ces quatre vers qui terminent le *Paradis perdu* :

> The world was all before them, where to choose
> Their place of rest, and Providence their guide :
> They, hand in hand, with wand'ring steps and slow,
> Through Eden took their solitary way.

« Le monde entier s'ouvroit devant eux. Ils pouvoient y « choisir un lieu de repos ; la Providence étoit leur seul « guide : Ève et Adam, se tenant par la main, et marchant « à pas lents et indécis, prirent à travers Éden leur chemin « solitaire. »

On voit toutes les solitudes du monde ouvertes devant notre premier père, toutes ces mers qui baignent des côtes inconnues, toutes ces forêts qui se balancent sur un globe habité, et l'homme laissé seul avec son péché au milieu des déserts de la création.

Hervey, dans ses Méditations (quoique d'un génie moins élevé que l'auteur des Nuits), a quelquefois montré une sensibilité plus douce et plus vraie. On connoît ces vers sur l'enfant qui *goûte à la coupe de la vie* :

> Mais sentant sa liqueur d'amertume suivie,
> Il détourna la tête, et, regardant les cieux,
> Pour jamais au soleil il referma les yeux.

Le docteur Beattie, poëte écossois, qui vit encore [1], a répandu dans son *Minstrel* la rêverie la plus aimable. C'est la peinture des premiers effets

---

[1] Voyez la note page 70.

de la muse sur un jeune barde de la montagne, qui ignore encore le génie dont il est tourmenté. Tantôt le poëte futur va s'asseoir au bord des mers pendant une tempête; tantôt il quitte les jeux du village, pour aller entendre à l'écart et dans le lointain le son des musettes. Young étoit peut-être appelé par la nature à traiter de plus hauts sujets; mais alors ce n'étoit pas le poëte complet. Milton, qui a chanté les douleurs du premier homme, a aussi soupiré le *Penseroso*.

Ceux de nos bons écrivains qui ont connu le charme de la rêverie ont prodigieusement surpassé le docteur anglois. Chaulieu a mêlé, comme Horace, les pensées de la mort aux illusions de la vie. Ces vers si connus valent, pour la mélancolie, toutes les exagérations du poëte d'Albion :

> Grotte, d'où sort ce clair ruisseau,
> De mousse et de fleurs tapissée,
> N'entretiens jamais ma pensée
> Que du murmure de ton eau.
>
> . . . .
>
> Fontenay, lieu délicieux,
> Où je vis d'abord la lumière,
> Bientôt au bout de ma carrière
> Chez toi je joindrai mes aïeux.
>
> Muses qui, dans ce lieu champêtre,
> Avec soin me fîtes nourrir;
> Beaux arbres qui m'avez vu naître,
> Bientôt vous me verrez mourir.

Et l'inimitable La Fontaine, comme il sait rêver aussi !

> Que je peigne en mes vers quelque rive fleurie !
> La Parque à filets d'or n'ourdira point ma vie,

> Je ne dormirai point sous de riches lambris;
> Mais voit-on que le somme en perde de son prix?
> En est-il moins profond et moins plein de délices?
> Je lui voue au désert de nouveaux sacrifices!

C'est un grand poëte que celui-là qui a fait de pareils vers.

La page la plus rêveuse d'Young ne peut être comparée à ce passage de J.-J. Rousseau :

« Quand le soir approchoit, je descendois des cimes de « l'île, et j'allois volontiers m'asseoir au bord du lac, sur « la grève, dans quelque asile caché; là le bruit des vagues « et l'agitation de l'eau fixant mes sens, et chassant de mon « âme toute autre agitation, la plongeoient dans une rêverie « délicieuse où la nuit me surprenoit souvent, sans que je « m'en fusse aperçu. Le flux et le reflux de cette eau, son « bruit continu, mais renflé par intervalles, frappant sans « relâche mon oreille et mes yeux, suppléoient aux mouve- « ments internes que la rêverie éteignoit en moi, et suffi- « soient pour me faire sentir avec plaisir mon existence, « sans prendre la peine de penser. De temps à autre naissoit « quelque foible et courte réflexion sur l'instabilité des « choses de ce monde, dont la surface des eaux m'offroit « l'image : mais bientôt ces impressions légères s'effaçoient « dans l'uniformité du mouvement continu qui me berçoit, « et qui, sans aucun concours actif de mon âme, ne laissoit « pas de m'attacher au point, qu'appelé par l'heure et le signal « convenu, je ne pouvois m'arracher de là sans efforts. »

Ce passage de Rousseau me rappelle qu'une nuit, étant couché dans une cabane, en Amérique, j'entendis un murmure extraordinaire qui venoit d'un lac voisin. Prenant ce murmure pour l'avant-coureur d'un orage, je sortis de la hutte pour regarder le ciel. Jamais je n'ai vu de nuit plus belle et plus pure. Le lac s'étendoit tranquille, et répétoit la lumière de la lune, qui brilloit sur les pointes des montagnes et sur les forêts du désert. Un canot indien traversoit les flots en silence. Le bruit que j'avois entendu provenoit du flux du lac, qui commençoit à s'élever, et qui imitoit une sorte de gémissement sous les rochers du rivage. J'étois sorti de la hutte avec l'idée d'une tempête : qu'on juge de l'impression que fit sur moi le calme et la sérénité de ce tableau ; ce fut comme un enchantement.

Young a mal profité, ce me semble, des rêveries qu'inspirent de pareilles scènes, parce que son génie manquoit éminemment de tendresse. Par la même raison, il a échoué dans cette seconde sorte de tristesse, que j'ai appelée tristesse des souvenirs.

Jamais le chantre des tombeaux n'a de ces retours attendrissants vers le premier âge de la vie, alors que tout est innocence et bonheur. Il ignore les souvenirs de la famille et du toit paternel ; il ne connoît point les regrets pour les plaisirs et les jeux de l'enfance ; il ne s'écrie point, comme le chantre des Saisons :

>   Welcome, kindred glooms!
> Congenial horrors, hail! with frequent foot,
> Pleas'd have I, in my cheerful morn of life,
> When nurs'd by careless solitude I liv'd,
> And sung of Nature with unceasing joy,
> Pleas'd have I wander'd thro' your rough domain;
> Trod the pure virgin-snows, myself pure, etc.

«Ombres propices des hivers, agréables horreurs, je «vous salue. Combien de fois, au matin de ma vie, lorsque

«rempli d'insouciance et nourri par la solitude, je chan-
«tois la nature dans une extase sans fin, combien de fois
«n'ai-je point erré avec ravissement dans les régions des
«tempêtes, foulant les neiges virginales, moi-même aussi
«pur qu'elles!»

Gray, dans son ode sur une vue lointaine du collége d'Éton, a répandu cette même douceur des souvenirs :

>Ah! happy hills, ah! pleasing shade,
>   Ah! fields belov'd in vain,
>Where once my careless childhood stray'd
>   A stranger yet to pain!
>I feel the gales that from you blow.
>. . . . .
>My weary soul they seem to sooth,
>And redolent of joy and youth
>   To breath a second spring.

«O heureuse colline! O doux ombrage! O champs aimés
«en vain, champs où se joua ma tranquille enfance, encore
«étrangère aux douleurs! Je sens les vents qui soufflent
«de vos bocages... Ils semblent ranimer mon âme fatiguée,
«et, parfumés de joie et de jeunesse, m'apporter un second
«printemps.»

Quant aux souvenirs du malheur, ils sont nombreux dans le poëte anglois. Mais pourquoi semblent-ils encore manquer de vérité comme tout le reste? Pourquoi le lecteur ne peut-il s'intéresser aux larmes du chantre des *Nuits?* Gilbert expirant à la fleur de son âge, dans un hôpital, et se rappelant l'abandon où ses amis l'ont laissé, attendrit tous les cœurs :

>Au banquet de la vie, infortuné convive,
>   J'apparus un jour, et je meurs!

> Je meurs, et sur ma tombe où lentement j'arrive
> Nul ne viendra verser des pleurs.
>
> Adieu, champs fortunés, adieu, douce verdure,
> Adieu, riant exil des bois;
> Ciel, pavillon de l'homme, admirable nature,
> Adieu, pour la dernière fois!
>
> Ah! puissent voir long-temps votre beauté sacrée
> Tant d'amis sourds à mes adieux!
> Qu'ils meurent pleins de jours, que leur mort soit pleurée,
> Qu'un ami leur ferme les yeux!

Voyez, dans Virgile, les femmes troyennes assises au bord de la mer, et *qui regardent en pleurant l'immensité des flots :*

> Cunctæque profundum
> Pontum aspectabant flentes.

Quelle beauté d'harmonie! comme elle peint les vastes solitudes de l'Océan! Quel souvenir de la patrie perdue! Que de douleurs dans ce seul regard jeté sur la face des mers, et que le *flentes,* qui en est l'effet, est triste!

M. de Parny a su faire entrer dans une autre espèce de sentiment le charme attendrissant des souvenirs. Sa complainte sur le tombeau d'Emma est pleine de cette douce mélancolie qui caractérise les écrits du seul poëte élégiaque de la France :

> L'Amitié même, oui, l'Amitié volage
> A rappelé le folâtre enjoûment,
> D'Emma mourante elle a chassé l'image,
> Son deuil trompeur n'a duré qu'un moment.
> Charmante Emma, jeune et constante amie,
> Ton souvenir ne vit plus dans ces lieux,
> De ce tombeau l'on détourne les yeux,
> Ton nom s'efface, et le monde t'oublie!

La muse du chantre d'Éléonore nourrissoit ses rêveries sur les mêmes rochers où *Paul*, la tête appuyée sur sa main, regardoit fuir le vaisseau qui emportoit *Virginie*. Héloïse, dans les cloîtres du Paraclet, ranimoit toutes ses douleurs et tout son amour à la seule pensée d'Abeilard. Les souvenirs sont comme les échos des passions ; et les sons qu'ils répètent prennent par l'éloignement quelque chose de vague et de mélancolique, qui les rend plus séduisants que l'accent des passions mêmes.

Il me reste à parler de la tristesse religieuse.

En exceptant Gray et Hervey, je ne connois, parmi les écrivains protestants, que M. Necker qui ait répandu quelque tendresse sur les sentiments tirés de la religion. On sait que Pope étoit catholique, que Dryden le fut par intervalles, et l'on croit que Shakspeare appartenoit aussi à l'Église romaine. Un père enterrant furtivement sa fille dans une terre étrangère, quel beau texte pour un ministre chrétien ! Et cependant, si vous ôtez la comparaison touchante du rossignol (comparaison prodigieusement embellie par le traducteur, comme on va le voir à l'instant), il reste à peine quelques traits touchants dans la nuit intitulée *Narcisse*. Young verse moins de larmes sur la tombe de sa fille unique, que Bossuet sur le cercueil de madame Henriette.

> Sweet Harmonist! and beautiful as sweet!
> And young as beautiful! and soft as young!
> And gay as soft! and innocent as gay!
> And happy (if ought happy here) as good,

For fortune fond had built her nest on high.
Like birds quite exquisite of note and plume
Transfix'd by fate (who loves a lofty mark)
How from the summit of the grove she fell,
And left it unharmonious! All its charm
Extinguish'd in the wonders of her song!
Her song still vibrates in my ravish'd ear
Still melting there, and with voluptuous pain
(O to forget her!) thrilling thro' my heart.

« Fille de l'harmonie! tu étois belle autant qu'aimable, « jeune autant que belle, douce autant que jeune. Ta gaîté « égaloit ta douceur, et ton innocence ta gaîté. Pour ton « bonheur (s'il est quelque bonheur ici-bas), il étoit égal « à ta bonté, car la fortune avoit bâti ton nid sur des lieux « élevés. Comme des oiseaux éclatants par le chant et le « plumage sont frappés par le sort (qui aime un but élevé), « tu es tombée du haut du bocage, et tu l'as laissé sans « harmonie! Tous ses charmes ont disparu avec la mer-« veille de tes concerts! Ta voix résonne encore à mon « oreille ravie (Oh! comment pourrois-je l'oublier!); elle « attendrit encore mon âme, elle fait encore frémir mon « cœur d'une douceur voluptueuse. »

Ce morceau, sauf erreur, me semble tout-à-fait intolérable; et c'est cependant un des plus beaux dans la traduction de M. Le Tourneur. Si j'avois suivi un rigoureux mot à mot, ce seroit bien pis encore. Est-ce là le langage d'un père? *Une fille de l'harmonie* (sweet harmonist, *douce musicienne*), *qui est belle autant qu'aimable, jeune autant que belle, douce autant que jeune, gaie autant que douce, innocente autant que gaie.* Est-ce ainsi que la mère d'Euryale déplore la perte de son fils, ou que Priam gémit sur les restes d'Hector?

M. Le Tourneur a montré beaucoup de goût en

transformant en un *rossignol atteint par le plomb du chasseur* ces oiseaux *frappés par le sort, qui aime un but élevé.* Il faut toujours proportionner le moyen à la chose, et ne pas prendre un levier pour soulever une paille. *Le sort* peut disposer d'un empire, changer un monde, élever ou précipiter un grand homme, mais il ne doit point frapper un oiseau. C'est le *durus orator,* c'est la *flèche empennée,* qui doit faire gémir les rossignols et les colombes.

Ce n'est pas de ce ton que Bossuet parle de madame Henriette.

«Madame cependant a passé du matin au soir, ainsi que
«l'herbe des champs. Le matin elle fleurissoit; avec quelles
«grâces, vous le savez : le soir nous la vîmes séchée, et
«ces fortes expressions, par lesquelles l'Écriture sainte
«exagère l'inconstance des choses humaines, devoient être
«pour cette princesse si précises et si littérales. Hélas!
«nous composions son histoire de tout ce qu'on peut ima-
«giner de plus glorieux. Le passé et le présent nous garan-
«tissoient l'avenir....... Telle étoit l'agréable histoire que
«nous faisions; et pour achever ces nobles projets, il n'y
«avoit que la durée de sa vie dont nous ne croyions pas
«devoir être en peine. Car qui eût pu seulement penser
«que les années eussent dû manquer à une jeunesse qui
«sembloit si vive? Toutefois, c'est par cet endroit que tout
«se dissipe en un moment....... La voilà, malgré ce grand
«cœur, cette princesse si admirée et si chérie, la voilà telle
«que la mort nous l'a faite! encore ce reste, tel quel,
«va-t-il disparoître, etc.»

Je désirerois pouvoir citer de l'auteur des *Nuits* quelques pages d'une beauté soutenue. On les trouve, ces pages, dans le traducteur, mais non dans l'original. Les *Nuits* de M. Le Tourneur, et l'imitation de M. Colardeau, sont des ouvrages tout-à-fait différents de l'ouvrage anglois. Ce dernier n'offre que des traits épars; il fournit rarement de suite dix vers irréprochables. On retrouve quelquefois, dans Young, Sénèque et Lucain, mais jamais Job ni Pascal. Il n'est point l'homme de la douleur; il ne plaît point aux cœurs véritablement malheureux.

Dans plusieurs endroits, Young déclame contre la solitude : l'habitude de son cœur n'étoit donc pas là rêverie. Les saints nourrissent leurs méditations au désert, et le Parnasse des poëtes est aussi une montagne solitaire. Bourdaloue supplioit le chef de son ordre de lui permettre de se retirer du monde. « Je sens que mon corps s'affoiblit et « tend vers sa fin, écrivoit-il. J'ai achevé ma course; « et plût à Dieu que je puisse ajouter, j'ai été fi- « dèle !....... Qu'il me soit permis d'employer « uniquement pour Dieu et pour moi-même ce qui « me reste de vie........ Là, oubliant les choses « du monde, je passerai devant Dieu toutes les an- « nées de ma vie dans l'amertume de mon âme. » Si Bossuet, vivant au milieu des pompes de Versailles, a su pourtant répandre dans ses écrits une sainte et majestueuse tristesse, c'est qu'il avoit trouvé dans la religion toute une solitude; c'est que son corps étoit dans le monde, et son esprit dans le désert; c'est qu'il avoit mis son cœur à l'abri,

3.

sous les voiles secrets du tabernacle; c'est, comme il l'a dit lui-même de Marie-Thérèse d'Autriche, « qu'on *le* voyoit courir aux autels, pour y goûter « avec David un humble repos, et s'enfoncer dans « son oratoire, où, malgré le tumulte de la cour, *il* « trouvoit le Carmel d'Élie, le désert de Jean, et « la montagne si souvent témoin des gémissements « de Jésus. »

Le docteur Johnson, après avoir sévèrement critiqué les *Nuits* d'Young, finit par les comparer à un jardin chinois. Pour moi, tout ce que j'ai voulu dire, c'est que, si nous jugeons avec impartialité les ouvrages étrangers et les nôtres, nous trouverons toujours une immense supériorité du côté de la littérature françoise; au moins égaux par la force de la pensée, nous l'emportons toujours par le goût. Or, on ne doit jamais perdre de vue que si le génie enfante, c'est le goût qui conserve. Le goût est le bon sens du génie; sans le goût, le génie n'est qu'une sublime folie. Mais c'est une chose étrange que ce toucher sûr, par qui une chose ne rend jamais que le son qu'elle doit rendre, soit encore plus rare que la faculté qui crée. L'esprit et le génie sont répandus en portions assez égales dans les siècles; mais il n'y a dans ces siècles que de certaines nations, et chez une nation qu'un certain moment où le goût se montre dans toute sa pureté : avant ce moment, après ce moment, tout pèche par défaut ou par excès. Voilà pourquoi les ouvrages parfaits sont si rares; car il faut qu'ils soient produits dans ces heureux jours de l'union du goût et du génie. Or cette grande rencontre, comme celle de certains astres, semble n'arriver qu'après la révolution de plusieurs siècles, et ne durer qu'un moment.

SHAKSPERE OU SHAKSPEARE.

Avril 1801.

Après avoir parlé d'Young dans notre premier extrait, je viens à un homme qui a fait schisme en littérature, à un homme divinisé par le pays qui l'a vu naître, admiré dans tout le nord de l'Europe, et mis par quelques François au-dessus de Corneille et de Racine.

C'est Voltaire qui a fait connoître Shakspeare à la France. Le jugement qu'il porta d'abord du tragique anglois fut, comme la plupart de ses premiers jugements, plein de mesure, de goût et d'impartialité. Il écrivoit à milord Bolingbroke, vers 1730 :

« Avec quel plaisir n'ai-je pas vu à Londres votre tragédie « de *Jules César*, qui, depuis cent cinquante années, fait les « délices de votre nation ! »

Il dit ailleurs :

« Shakspeare créa le théâtre anglois. Il avoit un génie plein « de force et de fécondité, de naturel et de sublime, sans « la moindre étincelle de bon goût, et sans la moindre con- « noissance des règles. Je vais vous dire une chose hasardée, « mais vraie : c'est que le mérite de cet auteur a perdu le « théâtre anglois. Il y a de si belles scènes, des morceaux si « grands et si terribles répandus dans ses farces monstrueuses « qu'on appelle *tragédies*, que ces pièces ont toujours été « jouées avec un grand succès. »

. Telles furent les premières opinions de Voltaire sur Shakspeare. Mais lorsqu'on eut voulu faire passer ce grand génie pour un modèle de perfection, lorsqu'on ne rougit point d'abaisser devant lui les chefs-d'œuvre de la scène grecque et françoise, alors l'auteur de *Mérope* sentit le danger. Il vit qu'en relevant les beautés des barbares, il avoit séduit des hommes qui, comme lui, ne sauroient pas séparer l'alliage de l'or. Il voulut revenir sur ses pas : il attaqua l'idole qu'il avoit encensée; mais il étoit déjà trop tard, et en vain il se repentit d'avoir *ouvert la porte à la médiocrité, d'avoir aidé,* comme il disoit lui-même, *à placer le monstre sur l'autel.* Voltaire avoit fait de l'Angleterre, alors assez peu connue, une espèce de pays merveilleux, où il plaçoit les héros, les opinions et les idées dont il pouvoit avoir besoin. Sur la fin de sa vie il se reprochoit ses fausses admirations, dont il ne s'étoit servi que pour appuyer ses systèmes. Il commençoit à en découvrir les funestes conséquences; malheureusement il pouvoit se dire : *et quorum pars magna fui.*

Un excellent critique, M. de La Harpe, en analysant *la Tempête* dans la traduction de Le Tourneur, présenta dans tout leur jour les grossières irrégularités de Shakspeare, et vengea la scène françoise. Deux auteurs modernes, Mme de Staël et M. de Rivarol, ont aussi jugé le tragique anglois. Mais il me semble que, malgré tout ce qu'on a écrit sur ce sujet, on peut encore faire quelques remarques intéressantes.

Quant aux critiques anglois, ils ont rarement dit la vérité sur leur poëte favori. Ben-Johnson, qui fut le disciple et ensuite le rival de Shakspeare, partagea d'abord les suffrages. On vantoit le savoir du premier pour ravaler le génie du second, et on élevoit au ciel le génie du second pour déprécier le savoir du premier. Ben-Johnson n'est plus connu aujourd'hui que par sa comédie du *Fox* et par celle de *l'Alchimiste*.

Pope montra plus d'impartialité dans sa critique.

Of all English poets, dit-il, *Shakspeare must be confessed to be the fairest and foulest subject for criticism, and to afford the most numerous instances, both of beauties, and faults of all sorts.*

« Il faut avouer que de tous les poëtes anglois, Shaks-
« peare présente à la critique le sujet le plus agréable et le
« plus dégoûtant, et qu'il fournit d'innombrables exemples
« de beautés et de défauts de toute espèce. »

Si Pope s'en étoit tenu à ce jugement, il faudroit louer sa modération. Mais bientôt, emporté par les préjugés de son pays, il place Shakspeare au-dessus de tous les génies antiques et modernes. Il va jusqu'à excuser la bassesse de quelques-uns des *caractères* du tragique anglois, par cette ingénieuse comparaison.

« Dans ces cas-là, dit-il, son génie est comme un héros de
« roman déguisé sous l'habit d'un berger : une certaine
« grandeur perce de temps en temps, et révèle une plus
« haute extraction et de plus puissantes destinées. »

MM. Théobald et Hanmer viennent ensuite. Leur admiration est sans bornes. Ils attaquent Pope, qui s'étoit permis de corriger quelques trivialités du grand homme. Le célèbre docteur Warburton, prenant la défense de son ami, nous apprend que M. Théobald étoit un *pauvre homme*, et M. Hanmer un *pauvre critique* ; qu'au premier il donna de l'argent, et au second des notes.

Le bon sens et l'esprit du docteur Johnson semblent l'abandonner à son tour quand il parle de Shakspeare. Il reproche à Rymer et à Voltaire d'avoir dit que le tragique anglois ne conserve pas assez *la vraisemblance des mœurs*.

«Ce sont là, dit-il, les petites chicanes de petits esprits :
«un poëte néglige la distinction accidentelle du pays et de
«la condition, comme un peintre, satisfait de la figure,
«s'occupe peu de la draperie.»

Il est inutile de relever le mauvais ton et la fausseté de cette critique. *La vraisemblance des mœurs*, loin d'être la *draperie*, est le *fond* même du tableau. Tous ces critiques qui s'appuient sans cesse sur la *nature*, et qui regardent comme des préjugés de l'art *la distinction accidentelle du pays et de la condition*, sont comme ces politiques qui replongent les États dans la barbarie, en voulant anéantir les distinctions sociales.

Je ne citerai point les opinions de MM. Rowe, Steevens, Gildon, Dennis, Peck, Garrick, etc. Mme de Montague les a tous surpassés en enthousiasme. Hume et le docteur Blair ont seuls gardé quelque mesure. Sherlock a osé dire (et c'est avoir du courage pour un Anglois), il a osé dire : *Qu'il n'y a rien de médiocre dans Shakspeare, que tout ce qu'il a écrit est excellent ou détestable ; que jamais il ne suivit ni même ne conçut un plan, excepté peut-être celui des* Merry wives of Windsor ; *mais qu'il fait souvent fort bien une scène.* Cela approche beaucoup de la vérité. M. Mason, dans son *Elfrida* et dans son *Caractacus*, a essayé, mais sans succès, de donner la tragédie grecque à l'Angleterre. On ne joue presque plus le *Caton* d'Addison. On ne se délasse au théâtre anglois des monstruosités de Shakspeare que par les horreurs d'Otway.

Si l'on se contente de parler vaguement de Shakspeare, sans poser les bases de la question, et sans réduire toute la critique à quelques points principaux, on ne parviendra jamais à s'entendre ; parce que, confondant le siècle, le génie et l'art, chacun peut louer et blâmer à volonté le père du théâtre anglois. Il nous semble donc que Shakspeare doit être considéré sous trois rapports :

1° Par rapport à son siècle ;

2° Par rapport à ses talents naturels ou à son génie ;

3° Par rapport à l'art dramatique.

Sous le premier point de vue, on ne peut jamais trop admirer Shakspeare. Peut-être supérieur à Lopez de Vega, son contemporain, on ne le peut comparer en aucune manière aux Garnier et aux Hardy, qui balbutioient alors parmi nous les premiers accents de la Melpomène françoise. Il est vrai que le prélat Trissino, dans sa *Sophonisbe*, avoit déjà fait renaître en Italie la tragédie régulière. On a recherché curieusement les traductions des auteurs anciens qui pouvoient exister du temps de Shakspeare. Je ne remarque, comme pièces dramatiques, dans le catalogue, qu'une *Jocaste*, tirée des *Phéniciennes* d'Euripide, l'*Andria* et l'*Eunuque* de Térence, *les Ménechmes* de Plaute et les tragédies de Sénèque. Il est douteux que Shakspeare ait eu connoissance de ces traductions; car il n'a pas emprunté le fond de ses pièces d'invention des originaux mêmes traduits en anglois, mais de quelques imitations angloises de ces originaux. C'est ce qu'on voit par *Roméo et Juliette*, dont il n'a pris l'histoire ni dans *Girolamo della Corte*, ni dans la nouvelle de *Bandello*, mais dans un petit poëme anglois, intitulé *la Tragique histoire de Roméo et Juliette*. Il en est ainsi du sujet d'*Hamlet*, qu'il n'a pu tirer immédiatement de *Saxo Grammaticus*, puisqu'il ne savoit pas le latin [1]. En général, on sait que Shakspeare fut un homme sans éducation et sans lettres. Obligé de fuir de sa province pour avoir chassé sur les terres du seigneur, avant d'être acteur à Londres, il gardoit pour quelque argent les chevaux des *gentlemen* à la porte du spectacle. C'est un chose mémorable que Shakspeare et Mo-

---

[1] Voyez Saxo Grammaticus, depuis la page 48 jusqu'à la page 59. « Amlethus, ne prudentius agendo patruo suspectus redderetur, « stoliditatis simulationem amplexus, extremum mentis vitium « finxit. » (Sax. Gramm., *Hist. Dan.*, in-fol., edit. Steph., 1544.)

lière aient été comédiens. Ces rares génies se sont vus forcés de monter sur des tréteaux pour gagner leur vie. L'un a retrouvé l'art dramatique, l'autre l'a porté à sa perfection : semblables à deux philosophes anciens, ils s'étoient partagé l'empire des ris et des larmes, et tous les deux se consoloient peut-être des injustices de la fortune, l'un en peignant les travers, et l'autre les douleurs des hommes.

Sous le second rapport, c'est-à-dire sous le rapport des talents naturels ou du grand écrivain, Shakspeare n'est point moins prodigieux. Je ne sais si jamais homme a jeté des regards plus profonds sur la nature humaine. Soit qu'il traite des passions, soit qu'il parle de morale ou de politique, soit qu'il déplore ou qu'il prévoie les malheurs des États, il a mille sentiments à citer, mille pensées à recueillir, mille sentences à appliquer dans toutes les circonstances de la vie. C'est *sous le rapport du génie* qu'il faut considérer les belles scènes isolées dans Shakspeare, et non *sous le rapport de l'art dramatique*. Et c'est ici que se trouve la principale erreur des admirateurs du poëte anglois ; car si l'on considère ces scènes relativement à l'*art*, il faudra savoir si elles sont *nécessaires*, si elles sont bien liées au sujet, bien motivées, si elles forment partie du tout, et conservent les unités. Or le *non erat hic locus* se présente à toutes les pages de Shakspeare.

Mais, à ne parler que du grand écrivain, combien elle est belle, cette troisième scène du quatrième acte de *Macbeth* !

MACDUFF.

Qui s'avance ici ?

MALCOLM.

C'est un Écossois, et cependant je ne le connois pas.

MACDUFF.

Cousin, soyez le bienvenu !

MALCOLM.

Je le reconnois à présent. Grand Dieu ! renverse les obstacles qui nous rendent étrangers les uns aux autres !

ROSSE.

Puisse votre souhait s'accomplir !

MACDUFF.

L'Écosse est-elle toujours aussi malheureuse ?

ROSSE.

Hélas ! déplorable patrie ! elle est presque effrayée de connoître ses propres maux. Ne l'appelons plus notre mère, mais notre tombe. On n'y voit plus sourire personne, hors l'enfant qui ignore ses malheurs. Les soupirs, les gémissements, les cris frappent les airs, et ne sont point remarqués. Le plus violent chagrin semble un mal ordinaire ; quand la cloche de la mort sonne, on demande à peine pour qui.

MACDUFF.

O récit trop véritable !

MALCOLM.

Quel est le dernier malheur ?

ROSSE, *à Macduff.*

.... Votre château est surpris, votre femme et vos enfants sont inhumainement massacrés...

MACDUFF.

Mes enfants aussi ?

ROSSE.

Femmes, enfants, serviteurs, tout ce qu'on a trouvé !

MACDUFF.

Et ma femme aussi ?

ROSSE.

Je vous l'ai dit.

MALCOLM.

Prenez courage; la vengeance offre un remède à vos maux. Courons, punissons le tyran!

MACDUFF.

Il n'a point d'enfants!

Quelle vérité et quelle énergie dans la description des malheurs de l'Écosse! Ce sourire qui n'est plus que sur la bouche des enfants, ces cris qu'on n'ose pas remarquer, ces trépas si fréquents qu'on ne daigne plus demander *pour qui sonne* la cloche funèbre, ne croit-on pas voir la France sous Robespierre? Xénophon a fait à peu près la même peinture d'Athènes sous le règne des trente tyrans :

«Athènes, dit-il, n'étoit qu'un vaste tombeau, habité «par la terreur et le silence; le geste, le coup d'œil, la «pensée même, devenoient funestes aux malheureux ci-«toyens. On étudioit le front de la victime, et les scélérats «y cherchoient la candeur et la vertu, comme un juge «tâche d'y découvrir le crime caché du coupable [1].»

Le dialogue de *Rosse* et de *Macduff* rappelle celui de Flavian et de Curiace dans Corneille, lorsque Flavian vient annoncer à l'amant de Camille qu'il a été choisi pour combattre les Horaces :

CURIACE.

Albe de trois guerriers a-t-elle fait le choix?

FLAVIAN.

Je viens pour vous l'apprendre.

CURIACE.

Eh bien! qui sont les trois?

---

[1] XENOPH., *Hist. Græc.*, lib. II.

FLAVIAN.

Vos deux frères et vous.

CURIACE.

Qui?

FLAVIAN.

Vous et vos deux frères.

Les interrogations de *Macduff* et de *Curiace* sont des beautés du même ordre. *Mes enfants aussi ? — Femmes, enfants. — Et ma femme aussi ? — Je vous l'ai dit. —* EH BIEN ! QUI SONT LES TROIS ? — VOS DEUX FRÈRES ET VOUS. — QUI ? — VOUS ET VOS DEUX FRÈRES. Mais le mot de Shakspeare, *il n'a point d'enfants !* reste sans parallèle.

Le même homme qui a tracé ce tableau a écrit la scène charmante des adieux de *Roméo* et de *Juliette*. Roméo, condamné à l'exil, est surpris par le jour naissant chez Juliette, à laquelle il est marié secrètement :

Wilt thou be gone? It is not yet near day :
It was the nightingale, and not the lark
That pierced the fearful hollow of thine ear, etc.

JULIETTE.

Veux-tu déjà partir ? Le jour ne paroît point encore. C'étoit le rossignol, et non l'alouette, dont la voix a frappé ton oreille alarmée : il chante toute la nuit sur cet oranger lointain. Crois-moi, mon jeune époux, c'étoit le rossignol.

ROMÉO.

C'étoit l'alouette qui annonce l'aurore, ce n'étoit pas le rossignol. Regarde, ô mon amour ! regarde les traits de lumière qui pénètrent les nuages dans l'orient. Les flambeaux de la nuit s'éteignent, et le jour se lève sur le sommet vaporeux des montagnes. Il faut ou partir et vivre, ou rester et mourir.

JULIETTE.

La lumière que tu vois là-bas n'est pas celle du jour. C'est quelque météore qui te servira de flambeau, et t'éclairera sur la route de Mantoue. Reste encore; il n'est pas encore nécessaire que tu me quittes.

ROMÉO.

Eh bien! que je sois arrêté, que je sois conduit à la mort, si tu le désires, je suis satisfait. Je dirai : « Cette « blancheur lointaine n'est pas celle du matin; ce n'est que « le pâle reflet de la lune; ce n'est pas l'alouette, dont les « chants retentissent si haut au-dessus de nos têtes, dans « la voûte du ciel. » Ah! je crains moins de rester que de partir. Viens, ô mort! viens, je te reçois avec joie! J'obéis à Juliette............ Mais que regardes-tu, ma bien-aimée? Parlons, parlons encore ensemble, il n'est pas encore jour!

JULIETTE.

Il est jour! il est jour! Fuis, pars, éloigne-toi! C'est l'alouette qui chante; je reconnois sa voix aiguë. Ah! dérobe-toi à la mort : la lumière croît de plus en plus.

Qu'il est touchant ce contraste des charmes du matin et des derniers plaisirs de deux jeunes époux, avec la catastrophe horrible qui va suivre! C'est encore plus naïf que les Grecs et moins pastoral que l'*Aminte* et le *Pastor fido*. Je ne connois qu'une scène d'un drame indien, en langue *sanskrit*, qui ait quelque rapport avec les adieux de Roméo et Juliette; encore n'est-ce que par la fraîcheur des images, et point du tout par l'intérêt de la situation. *Sacontala,* prête à quitter le séjour paternel, se sent arrêtée par son voile.

SACONTALA.

Qui saisit ainsi les plis de mon voile?

UN VIEILLARD.

C'est le chevreau que tu as tant de fois nourri des graines de *Synmaka*. Il ne veut pas quitter les pas de sa bienfaitrice.

SACONTALA.

Pourquoi pleures-tu, tendre chevreau? Je suis forcée d'abandonner notre commune demeure. Lorsque tu perdis ta mère, peu de temps après ta naissance, je te pris sous ma garde. Retourne à ta crèche, pauvre jeune chevreau; il faut à présent nous séparer!

La scène des adieux de Roméo et Juliette n'est point indiquée dans Bandello, et elle appartient tout entière à Shakspeare. Les cinquante-deux commentateurs de Shakspeare, au lieu de nous apprendre beaucoup de choses inutiles, auroient dû s'attacher à découvrir les beautés qui appartiennent à cet homme extraordinaire, et celles qu'il n'a fait qu'emprunter. Bandello raconte en peu de mots la séparation des deux amants:

A la fine, cominciando l'aurora a voler uscire, si baciarono, estrettamente s'abbracciarono gli amanti, e pieni di lagrime e di sospiri si dissero addio [1].

« Enfin, l'aurore commençant à paroître, les deux amants
« se baisèrent, s'embrassèrent étroitement, et, pleins de
« larmes et de soupirs, ils se dirent adieu. »

On peut remarquer, en général, que Shakspeare fait un grand usage des contrastes. Il aime à placer la gaieté auprès de la tristesse, à mêler les diver-

[1] *Novelle del* BANDELLO. Sec. parte, p. 52. Luc., édit. in-4°, 1554.

tissements et les cris de joie à des pompes funèbres et à des cris de douleur. Que des musiciens appelés aux noces de Juliette arrivent précisément pour accompagner son cercueil ; qu'indifférents au deuil de la maison, ils se livrent à d'indécentes plaisanteries, et s'entretiennent des choses les plus étrangères à la catastrophe ; qui ne reconnoît là toute la vie ? qui ne sent toute l'amertume de ce tableau ? qui n'a pas été témoin de pareilles scènes ? Ces effets ne furent point inconnus des Grecs, et l'on retrouve dans Euripide plusieurs traces de ces naïvetés que Shakspeare mêle au plus haut ton tragique. Phèdre vient d'expirer ; le chœur ne sait s'il doit entrer dans l'appartement de la princesse :

PREMIER DEMI-CHOEUR.

Φιλαί, τί δρῶμεν; ἢ δοκεῖ περᾶν δόμοις,
Λυσαί τ' ἄνασσαν ἐξ ἐπισπαςῶν βρόχων;

SECOND DEMI-CHOEUR.

Τί δ'. οὐ πάρεισι προπόλοι νεανίαι;
Τὸ πολλὰ πράττειν οὐκ ἐν ἀσφαλεῖ βίου.

PREMIER DEMI-CHOEUR.

Compagnes, que ferons-nous ? Devons-nous entrer dans le palais pour aider à dégager la reine de ses liens *étroits* ?

SECOND DEMI-CHOEUR.

Ce soin appartient à ses esclaves. Pourquoi ne sont-ils pas présents ? Quand on se mêle de beaucoup d'affaires, il n'y a pas de sûreté dans la vie [1].

[1] Brumoy traduit ainsi, en tronquant un couplet et paraphrasant l'autre :

UNE FEMME DU CHOEUR.

Qu'en pensez-vous, mes compagnes ? est-il à propos que nous entrions ?

Dans *Alceste*, la Mort et Apollon se font des plaisanteries. La Mort veut saisir Alceste tandis qu'elle est jeune, parce qu'elle ne se soucie pas d'une vieille proie, et, comme traduit le père Brumoy, d'une proie ridée. Il ne faut pas rejeter entièrement ces contrastes, qui touchent de près au terrible, mais qu'une seule nuance ou trop forte ou trop foible dans l'expression rend à l'instant ou bas ou ridicules.

Shakspeare, comme tous les poëtes tragiques, a trouvé quelquefois le véritable comique, tandis que les poëtes comiques n'ont jamais pu s'élever à la bonne tragédie; ce qui prouve qu'il y a peut-être quelque chose de plus vaste dans le génie de Melpomène que dans celui de Thalie. Quiconque peint savamment le côté douloureux de l'homme, peut aussi représenter le côté ridicule, parce que celui qui saisit *le plus* peut à la rigueur saisir *le moins*. Mais l'esprit qui s'attache particulièrement aux détails plaisants laisse échapper les rapports sévères, parce que la faculté de distinguer les objets infiniment petits suppose presque toujours l'impossibilité d'embrasser les objets infiniment grands : d'où il faudroit conclure que le sérieux est le véritable génie de l'homme. *Homo natus de muliere, brevi vivens tempore, repletur multis miseriis.* Un seul poëte comique marche l'égal des Sophocle et des

---

UNE AUTRE FEMME.
Où sont donc ses officiers? C'est à eux de lui prêter du secours. On est souvent dupe de son trop d'empressement dans les affaires d'autrui.

Corneille : c'est Molière. Mais il est remarquable que le comique du *Tartufe* et du *Misanthrope*, par son extrême profondeur, et, si j'osois le dire, par sa *tristesse*, se rapproche beaucoup de la gravité tragique.

Les Anglois ont en grande estime le caractère comique de Falstaff dans les *Merry wives of Windsor*. En effet, ce caractère est bien dessiné, quoiqu'il soit souvent d'un comique peu naturel, bas et outré. Il y a deux manières de faire rire des défauts des hommes; l'une est de présenter d'abord les ridicules, et d'offrir ensuite les qualités : c'est la manière de l'Anglois, c'est le comique de *Sterne* et de *Fielding*, qui finit quelquefois par faire verser des larmes; l'autre consiste à donner d'abord quelques louanges, et à ajouter successivement tant de ridicules, qu'on oublie les meilleures qualités, et qu'on perd enfin toute estime pour les plus nobles talents et les plus hautes vertus : c'est la manière du François, c'est le comique de Voltaire, c'est le *nihil mirari* qui flétrit tout parmi nous. Mais les partisans du génie tragique et comique du poëte anglois me semblent beaucoup se tromper lorsqu'ils vantent *le naturel de son style*. Shakspeare est naturel dans les sentiments et dans la pensée, jamais dans l'expression, excepté dans les belles scènes où son génie s'élève à sa plus grande hauteur; encore, dans ces scènes mêmes, son langage est-il souvent affecté; il a tous les défauts des écrivains italiens de son siècle; il manque éminemment de simplicité. Ses descriptions sont enflées, contournées ; on y sent souvent l'homme de mauvaise éducation, qui, ne connoissant ni les genres, ni les tons, ni les sujets, ni la valeur exacte des mots, va plaçant au hasard des expressions poétiques au milieu des choses les plus triviales. Comment, par exemple, ne pas gémir de voir une nation éclairée, et qui compte parmi ses critiques les Pope' et les Addison, de la voir s'extasier sur le portrait de *l'apothicaire* dans *Roméo et Juliette ?* C'est le burlesque le plus hideux et le plus dégoûtant. Il est vrai qu'un éclair y brille comme dans toutes les ombres de Shakspeare. *Roméo* fait une réflexion sur ce malheureux qui tient si fortement à la vie, bien qu'il soit accablé de toutes les misères. C'est le sentiment qu'Homère met avec tant de naïveté dans la bouche d'Achille aux enfers :

« J'aimerois mieux être sur la terre l'esclave d'un labou-
« reur indigent, où la vie seroit peu abondante, que de
« régner en souverain dans l'empire des Mânes. »

Il reste à considérer Shakspeare sous le *rapport de l'art dramatique*. Après avoir fait la part de l'éloge, on me permettra de faire la part de la critique.

Tout ce qu'on a dit à la louange de Shakspeare, comme auteur dramatique, se trouve dans ce passage du docteur Johnson :

Shakspeare has no heroes, etc. « Shakspeare n'a
« point de héros. Sa scène est seulement occupée
« par des hommes qui agissent et parlent, comme
« le spectateur eût agi et parlé lui-même dans la

« même occasion. Les drames de Shakspeare ne sont
« point (dans le sens d'une critique rigoureuse) des
« comédies ou des tragédies, mais des compositions
« particulières, qui peignent l'état réel de ce monde
« sublunaire. Elles offrent, sous des formes innom-
« brables, le bien et le mal, la joie et la douleur,
« combinés dans une variété sans fin; elles repré-
« sentent le train du monde, où la perte de l'un est
« le gain de l'autre; où le voluptueux s'abandonne
« à la débauche, au moment même où l'affligé en-
« sevelit son ami ; où la méchanceté de celui-ci est
« quelquefois déjouée par la légèreté de celui-là, et
« où mille biens et mille maux arrivent ou sont pré-
« venus sans dessein. »

Voilà le grand paradoxe littéraire des partisans de Shakspeare. Tout ce raisonnement tend à prouver *qu'il n'y a point de règles dramatiques*, ou que l'*art* n'est pas un *art*.

Lorsque Voltaire s'est reproché d'avoir ouvert la porte à la médiocrité en louant trop Shakspeare, il a voulu dire sans doute qu'en bannissant toute règle, et retournant à la *pure nature*, rien n'étoit plus aisé que d'égaler les *chefs-d'œuvre* du théâtre anglois. Si, pour atteindre à la hauteur de l'art tragique, il suffit d'entasser des scènes disparates, sans suite et sans liaison, de mêler le bas et le noble, le burlesque et le pathétique, de placer le porteur d'eau auprès du monarque, et la marchande d'herbes auprès de la reine, qui ne peut raisonnablement se flatter d'être le rival de Sophocle et de Racine? Quiconque se trouve placé dans la société de manière à voir beaucoup d'hommes et beaucoup de choses, s'il veut seulement se donner la peine de retracer tous les accidents d'une de ses journées, ses conversations avec l'artisan ou le ministre, avec le soldat ou le prince; s'il veut rappeler les objets qui ont passé sous ses yeux, le bal ou le convoi funèbre, le festin du riche et la misère du pauvre; celui-là, dis-je, aura fait un drame à la manière du poëte anglois. Les scènes de génie pourront y manquer; mais si l'on n'y trouve pas Shakspeare *écrivain*, on y trouvera Shakspeare *dramatiste*.

Il faut donc se persuader d'abord qu'écrire est un art; que cet art a nécessairement des genres, et que chaque genre a des règles. Et qu'on ne dise pas que les règles et les genres sont arbitraires; ils sont nés de la nature même : l'art a seulement séparé ce que la nature a confondu; il a choisi les plus beaux traits, sans s'écarter de la ressemblance du grand modèle. La perfection ne détruit point la vérité; et l'on peut dire que Racine, dans toute l'excellence de son art, est plus naturel que Shakspeare; comme l'*Apollon*, dans toute sa divinité, a plus les formes humaines qu'une statue grossière de l'Égypte.

Mais si Shakspeare a, dit-on, péché contre toutes les règles, mêlé tous les genres, blessé toutes les vraisemblances, il a du moins mis plus de mouvement sur la scène, et porté plus loin la terreur que les tragiques françois.

Je n'examinerai point jusqu'à quel degré cette

assertion est véritable; si la liberté que l'on se donne, de tout dire et de tout représenter, ne mène pas naturellement à ce fracas de scène, à cette multitude de personnages qui en imposent : je n'examinerai pas si dans les pièces de Shakspeare tout marche rapidement à la catastrophe; si l'intrigue se noue et se dénoue avec art en prolongeant et précipitant sans cesse l'intérêt pour le spectateur : je dirai seulement que, s'il est vrai que nos tragiques manquent de mouvement (ce que je suis fort loin d'accorder), il est bon qu'ils en mettent davantage dans leurs sujets. Mais cela ne prouve pas qu'on doive introduire sur notre théâtre les monstruosités de cet homme que Voltaire appeloit un *sauvage ivre*. Une beauté dans Shakspeare n'excuse pas ses innombrables défauts : un monument gothique peut plaire par son obscurité et par la difformité même de ses proportions, mais personne ne songe à bâtir un palais sur son modèle.

On prétend surtout que Shakspeare est un grand maître dans l'art de faire verser des larmes. Je ne sais s'il est vrai que le premier des arts *soit celui de faire pleurer*, dans le sens où l'on entend ce mot aujourd'hui. Les *vraies larmes* sont celles que fait couler une belle poésie; il faut qu'il s'y mêle autant d'admiration que de douleur. Si Sophocle me présente *OEdipe tout sanglant*, mon cœur est prêt à se briser; mais mon oreille est frappée d'une douce mélodie, mes yeux sont enchantés par un spectacle souverainement beau; j'éprouve à la fois du plaisir et de la peine; j'ai devant moi une affreuse vérité, et cependant je sens que ce n'est qu'une ingénieuse imitation d'une action qui n'est plus, qui peut-être n'a jamais été : alors mes larmes coulent avec délices ; je pleure, mais c'est au son de la lyre d'Orphée ; je pleure, mais c'est aux accents des muses; ces filles célestes pleurent aussi, mais elles ne défigurent point leurs traits divins par des grimaces. Les anciens donnoient aux furies même un beau visage, apparemment parce qu'il y a une beauté morale dans les remords.

Et puisque nous sommes sur ce sujet important, on me permettra de dire un mot de la querelle qui divise aujourd'hui le monde littéraire. Une partie de nos gens de lettres n'admire plus que les ouvrages étrangers, tandis que l'autre tient fortement à notre ancienne école. Selon les premiers, les écrivains du siècle de Louis-le-Grand n'ont eu ni assez de mouvement dans le style, ni surtout assez de pensées; selon les seconds, tout ce prétendu mouvement, tous les efforts du jour vers des pensées nouvelles, ne sont que décadence et corruption : ceux-là rejettent toutes règles; ceux-ci les rappellent toutes.

On pourroit dire aux premiers qu'on se perd sans retour aussitôt que l'on abandonne les grands modèles, qui peuvent seuls nous retenir dans les bornes délicates du goût; qu'on se trompe lorsqu'on prend pour de véritables mouvements une manière qui procède sans fin par exclamations et par interrogations. Le second siècle de la littérature latine eut les mêmes prétentions que notre siècle. Il est certain que Tacite, Sénèque et Lucain ont plus d'agitation dans le style, et plus de variété dans les couleurs que Tite-Live, Cicéron et Virgile. Ils affectent cette concision d'idées et ces effets brillants d'expression que nous recherchons à présent; ils chargent leurs descriptions, se plaisent à faire des tableaux, à prononcer des sentences: car c'est toujours dans les temps de corruption qu'on parle le plus de morale. Cependant les siècles sont venus; et, sans s'embarrasser des *penseurs* de l'âge de Trajan, ils ont donné la palme à l'âge de l'imagination et des arts, à l'âge d'Auguste.

Si les exemples instruisoient, je pourrois ajouter qu'une autre cause de la chute des lettres latines fut la confusion des dialectes dans l'empire romain. Lorsqu'on vit des Gaulois dans le sénat, lorsque Rome, devenue la capitale du monde, entendit ses murs retentir de tous les jargons, depuis le Goth jusqu'au Parthe, on put juger que c'en étoit fait du goût d'Horace et de la langue de Cicéron. La ressemblance est frappante: pour peu que l'on continue en France à étudier les idiomes étrangers, et à nous inonder de traductions, notre langue perdra bientôt cette fleur native et ces gallicismes qui faisoient son génie et sa grâce.

Une des sources de l'erreur où sont tombés les gens de lettres qui cherchent des routes inconnues, vient de l'incertitude qu'ils ont cru remarquer dans les principes du goût. On est grand homme dans un journal, et misérable écrivain dans un autre;

ici un génie brillant, là un pur déclamateur. Les nations entières varient : tous les étrangers refusent du génie à Racine, et de l'harmonie à nos vers ; nous, nous jugeons des auteurs anglois tout différemment que les Anglois eux-mêmes ; on seroit étonné de savoir quels sont les grands hommes de France, en Allemagne, et quels sont les auteurs françois qu'on méprise dans ce pays.

Mais tout cela ne sauroit jeter l'esprit dans l'incertitude, et faire abandonner les principes, sous prétexte qu'on ne sait pas ce que c'est que le goût. Il y a une base sûre où l'on peut se reposer : c'est la littérature ancienne; elle est là pour modèle invariable.

C'est donc autour de ceux qui nous rappellent à ces grands exemples, qu'il faut nous hâter de nous rallier, si nous voulons échapper à la barbarie. Quand les partisans de l'ancienne école iroient un peu trop loin dans leur haine des littératures étrangères, on devroit encore leur en savoir gré : c'est ainsi que Boileau s'éleva contre le Tasse, par la raison, comme il le dit lui-même, que son siècle avoit trop de penchant à tomber dans les défauts de cet auteur.

Cependant, en accordant quelque chose à un adversaire, ne le ramèneroit-on pas plus aisément aux bons modèles ? Est-ce qu'on ne pourroit pas convenir que les arts d'imagination ont peut-être un peu trop dominé dans le siècle de Louis XIV ? que ce qu'on appelle aujourd'hui *peindre la nature* étoit alors une chose presque inconnue ? Pourquoi n'admettroit-on pas que le style du jour connoît réellement plus de formes; que la liberté que l'on a de traiter tous les sujets a mis en circulation un plus grand nombre de vérités; que les sciences ont donné plus de fermeté aux esprits et de précision aux idées ? Je sais qu'il y a des dangers à convenir de tout cela, et que si l'on cède sur un point, on ne saura bientôt plus où s'arrêter; mais enfin ne seroit-il pas possible qu'un homme, marchant avec précaution entre les deux lignes, et se tenant toutefois beaucoup plus près de l'antique que du moderne, parvînt à marier les deux écoles, et à en faire sortir le génie d'un nouveau siècle ? Quoi qu'il en soit, tout effort pour obtenir cette grande révolution sera inutile, si nous demeurons irréligieux. L'imagination et le sentiment tiennent essentiellement à la religion; or, une littérature d'où les enchantements et la tendresse sont bannis, ne peut jamais être que sèche, froide et médiocre.

BEATTIE.

Juin 1801.

Le génie écossois a soutenu avec honneur, dans ce dernier siècle, une littérature que les Pope, les Addison, les Steele, les Rowe, avoient élevée à un haut degré de gloire. L'Angleterre ne compte point d'historiens supérieurs à Hume et à Robertson, ni de poëtes plus riches et plus aimables que Tomson et Beattie. Celui-ci, qui n'est jamais descendu de son désert, simple ministre, et professeur de philosophie dans une petite ville du nord de l'Écosse, a fait entendre des chansons d'un caractère tout nouveau, et touché une lyre qui rappelle un peu la harpe du barde. Son principal, et pour ainsi dire son seul ouvrage, est un petit poëme intitulé le *Minstrel*, ou *les Progrès du Génie*. Beattie a voulu peindre les effets de la muse sur un jeune berger de la montagne, et retracer des inspirations qu'il avoit sans doute éprouvées lui-même. L'idée primitive du *Minstrel* est charmante, et la plupart des détails en sont très agréables. Le poëme est écrit en stances rimées comme les vieilles ballades écossoises, ce qui ajoute encore à sa singularité. On y trouve à la vérité, comme dans tous les auteurs étrangers, des longueurs et des traits de mauvais goût. Le docteur Beattie aime à s'étendre sur des lieux communs de morale, qu'il n'a pas toujours l'art de rajeunir. En général, les hommes d'une imagination brillante et tendre ont peu de profondeur dans la pensée, ou de force dans le raisonnement. Il faut des passions brûlantes ou un grand génie pour enfanter de grandes idées. Il y a un certain calme du cœur et une certaine douceur d'esprit qui semblent exclure le sublime.

Un ouvrage intitulé le *Minstrel* n'est pas susceptible d'analyse. Pour le faire connoître, il faut le traduire. Je donnerai donc ici le premier chant de cette aimable production, en en retranchant toutefois ce que la délicatesse françoise ne pourroit supporter. Je préfère m'attacher à montrer les beautés plutôt qu'à compter curieusement les défauts d'un livre. J'aime mieux agrandir l'homme devant l'homme, que de le rapetisser à ses yeux. D'ailleurs, on s'instruit mieux par l'admiration que par le dégoût; l'une vous révèle la présence du génie, l'autre se borne à vous découvrir des taches que tous les regards peuvent apercevoir; c'est dans la belle ordonnance des cieux que l'on sent la Divinité, et non pas dans quelques irrégularités de la nature.

LE MINSTREL,

OU

LES PROGRÈS DU GÉNIE.

Ah! qui peut dire combien il est difficile de gravir le sommet où brille au loin le temple de la Gloire? qui peut dire combien de génies sublimes ont senti l'influence d'un astre funeste? Repoussés par les outrages de l'orgueil et par les dédains de l'envie, arrêtés par l'insurmontable barrière de l'indigence, ils ont langui quelque temps dans les obscurs sentiers de la vie, puis ils ont disparu dans la tombe, inconnus et sans être pleurés.

Et cependant les langueurs d'une vie sans gloire ne sont pas également accablantes pour tous! Celui qui ne prêta jamais l'oreille à la voix de la louange ne se plaindra point du silence de l'oubli. Il en est qui, sourds aux cris de l'ambition, frémiroient d'entendre la trompette de la Renommée. Heureux de n'avoir en partage que la santé, l'aisance et la paix, il ne portoit pas plus haut ses désirs, celui dont la simple histoire est retracée dans des vers sans art.

Si je voulois invoquer une muse savante, mes doctes accords diroient ici quelle fut la destinée du *Barde*, dans les jours du vieux temps; je le peindrois, portant un cœur content, sous de simples habits : on verroit ses cheveux flottants et sa barbe blanchie; sa harpe modeste, seule compagne de son chemin, répondant aux soupirs des brises, seroit suspendue à ses épaules voûtées; le vieillard, en marchant, chanteroit à demi-voix quelque refrain joyeux.

Mais un pauvre *minstrel* inspire aujourd'hui mes vers. Ne vous étonnez point, mortels superbes, si je lui consacre mes accents. Les muses méprisent le sourire insultant de la fortune, et ne fléchissent point le genou devant l'idole des grandeurs..
....

Si les montagnes du Potose brillent de l'éclat du diamant et de l'or, si les montagnes de l'Écosse s'élèvent froides et stériles, dans le sein des premières germent la cupidité et la corruption; paisibles sont les vallées des secondes, et purs les cieux qui les éclairent.

Dans les siècles gothiques (comme les vieilles ballades le racontent) vivoit autrefois un berger. Ses ancêtres avoient peut-être habité une terre aimée des muses, les grottes de la Sicile ou les vallées de l'Arcadie ; mais, lui, il étoit né dans les contrées du Nord, chez une nation fameuse par ses chansons et par la beauté de ses vierges ; nation fière quoique modeste, innocente quoique libre, patiente dans le travail, ferme dans les périls, inébranlable dans sa foi, invincible sous les armes.

Ce berger paissoit son petit troupeau sur les montagnes d'Écosse ; jamais il ne mania la faux ou ne guida la charrue. Un cœur honnête étoit tout son trésor. Il buvoit l'eau du rocher ; ses brebis fournissoient le lait à ses repas, et lui prêtoient leurs molles toisons pour le défendre des injures de l'hiver ; il suivoit leurs pas errants partout où elles vouloient s'égarer.

Du travail naît la santé ; de la santé la paix, source de toute joie. Il n'envioit point les rois ; il ne pensoit point à eux : il n'étoit point troublé par ces désirs que trompe la fortune, qu'éteint la jouissance. Un père vertueux, une mère pudique, suffisoient au besoin de son cœur : il n'aimoit qu'eux, et il les aimoit depuis son enfance.

Il étoit toute la postérité de ce couple innocent. Aucun oracle ne l'avoit annoncé au monde ; aucun prodige n'éclata sur son berceau. Vous devinez toutes les circonstances de la naissance d'Edwin : les transports du père et les soins maternels ; les prières offertes par la matrone, pour le bonheur, l'esprit et la vertu de l'enfant, et tout un long jour d'été passé dans le repos et la joie !

Edwin n'étoit pas un enfant vulgaire. Son œil sembloit souvent chargé d'une grave pensée ; il dédaignoit les hochets de son âge, hors un petit chalumeau grossièrement façonné ; il étoit sensible quoique sauvage, et gardoit le silence quand il étoit content : il se montroit tour à tour plein de joie ou de tristesse, sans qu'on en devinât la cause. Les voisins tressailloient et soupiroient à sa vue, et cependant le bénissoient. Aux uns il sembloit d'une intelligence merveilleuse ; aux autres il paroissoit insensé.

Mais pourquoi dirois-je les jeux de son enfance ? Il ne se mêloit point à la foule bruyante de ses jeunes compagnons; il aimoit à s'enfoncer dans la forêt ou à s'égarer sur le sommet solitaire de la montagne. Souvent les détours d'un ruisseau sauvage conduisoient ses pas à des bocages ignorés. Tantôt il descend au fond des précipices, du sommet desquels se penchent de vieux pins; tantôt il gravit des cimes escarpées, où le torrent brille de rochers en rochers; où les eaux, les forêts, les vents forment un concert immense, que l'écho grossit et porte jusqu'aux cieux.

Quand l'aube commence à blanchir les airs, Edwin, assis au sommet de la colline, contemple au loin les nuages de pourpre, l'océan d'azur, les montagnes grisâtres, le lac qui brille foiblement parmi les bruyères vaporeuses, et la longue vallée étendue vers l'occident, où le jour lutte encore avec les ombres.

Quelquefois, pendant les brouillards de l'automne, vous le verriez escalader le sommet des monts. O plaisir effrayant! debout sur la pointe d'un roc, comme un matelot sauvé du naufrage sur une côte déserte, il aime à voir les vapeurs se rouler en vagues énormes, s'allonger sur les horizons; là se creuser en golfe, ici s'arrondir autour des montagnes. Du fond du gouffre, au-dessous de lui, la voix de la bergère et le bêlement des troupeaux remontent jusqu'à son oreille, à travers la brume épaissie.

Cet étrange enfant aimoit d'un amour égal les scènes agréables et les scènes terribles. Il trouvoit autant de délices dans les ombres et les tempêtes que dans le rayon du midi, lorsqu'il brille sur l'Océan calmé. Ce penchant à la tristesse l'intéressoit aux malheurs des hommes. Si quelquefois un soupir s'échappoit de son cœur, si une larme de pitié couloit le long de ses joues, il ne cherchoit point à retenir un soupir tendre, une larme si douce.

« Bois sauvages, qu'est devenue votre verdure? (C'est
« ainsi que la muse interprète ses jeunes pensées.) Vallons,
« où sont allés vos fleurs et vos parfums, naguère si déli-
« cieux aux heures brûlantes du jour? Pourquoi les oiseaux,
« qui apportoient l'harmonie à vos bocages, ont-ils aban-

«donné leurs demeures? Le vent siffle tristement dans les
«herbes jaunies, et chasse devant lui les feuilles séchées...
«..

«Tout passe ainsi sur la terre! Ainsi fleurit et se fane
«l'homme majestueux..
«..

«Porté sur l'aile rapide et silencieuse du temps, la vieil-
«lesse et l'hiver ont bientôt flétri les fleurs de nos jeunes
«années.

«Eh bien! déplorez vos destinées, vous dont les gros-
«sières espérances rampent dans cet obscur séjour! Mais
«l'âme sublime qui porte ses regards au-delà du tombeau
«sourit aux misères humaines et s'étonne de vos larmes. Le
«printemps ne viendra-t-il plus ranimer ces scènes décolo-
«rées! le soleil a-t-il trouvé une couche éternelle dans la
«vague de l'occident! Non; bientôt l'orient s'enflammera de
«nouveaux feux; bientôt le printemps rendra la verdure et
«l'harmonie aux bocages.

«Et je resterois abandonné dans la poussière, quand une
«providence bienfaisante fera revivre les fleurs! Quoi! la
«voix de la nature, à l'homme seul injuste, le condamne-
«roit à périr, lorsqu'elle lui commande d'espérer! Loin de
«moi ces pensées! Il viendra, l'immortel printemps des
«cieux! la mâle beauté de l'homme fleurira de nouveau.»

C'étoit de son père religieux qu'Edwin avoit appris ces
vérités sublimes .... Mais voilà le romanesque enfant qui
sort de l'asile où il s'étoit mis à couvert des tièdes ondées
du midi. Elle est passée, la pluie de l'orage; maintenant
l'air est frais et parfumé. Dans l'orient obscur, déployant
un arc immense, l'iris brille au soleil couchant. Jeune insensé, qui crois pouvoir saisir le glorieux météore! combien vaine est la course que ton ardeur a commencée! La
brillante apparition s'éloigne à mesure que tu la poursuis.
Ah! puisses-tu savoir qu'il en est ainsi dans la jeunesse,
lorsque nous poursuivons les chimères de la vie! que cet
emblème d'une espérance trompée serve un jour à mo-
dérer tes passions, et à te consoler quand tes vœux seront

déçus. Mais pourquoi une triste prévoyance alarmeroit-elle ton cœur? Périsse cette vaine sagesse qui étouffe les jeunes désirs! Poursuis, aimable enfant, poursuis ton radieux fantôme; livre-toi aux illusions et à l'espérance; trop tôt, hélas! l'espérance et les illusions s'évanouiront elles-mêmes.

Quand la cloche du soir, balancée dans les airs, chargeoit de ses gémissements la brise solitaire, le jeune Edwin, marchant avec lenteur, et prêtant une oreille attentive, se plongeoit dans le fond des vallées; tout autour de lui il croyoit voir errer des convois funèbres, de pâles ombres, des fantômes traînant des chaînes ou de longs voiles : mais bientôt ces bruits de la mort se perdoient dans le cri lugubre du hibou, ou dans les murmures du vent des nuits, qui ébranloit par intervalles les vieux dômes d'une église.

Si la lune rougeâtre se penchoit à son couchant sur la mer mélancolique et sombre, Edwin alloit chercher les bords de ces sources inconnues où s'assembloient sur des bruyères les magiciennes des temps passés. Là, souvent le sommeil venoit le surprendre, et lui apportoit ses visions. D'abord une brise sauvage commençoit à siffler à son oreille, puis des lampes allumées tout à coup par une flamme magique illuminoient la voûte de la nuit.

Soudain, dans son rêve, s'élève devant lui un château dont le portique est chargé de blasons. La trompette sonne, le pont-levis s'abaisse; bientôt sortent du manoir gothique des guerriers aux casques verts, tenant à la main des boucliers d'or et des lances de diamant. Leur regard est affable, leur démarche hardie; au milieu d'eux, de vénérables troubadours, vêtus de longues robes, animent d'un souffle harmonieux le chalumeau guerrier.

Au bruit des chansons et des timbales, une troupe de belles dames s'avance du fond d'un bocage de myrtes. Les guerriers déposent la lance et le bouclier, et les danses commencent au son d'une musique vive et joyeuse. On se mêle, on se quitte; on fuit, on revient; on confond les détours du dédale mobile; les forêts resplendissent au loin de l'éclat des flambeaux, de l'or et des pierreries.

Le songe a fui.... Edwin, réveillé avec l'aurore, ouvre ses yeux enchantés sur les scènes du matin; chaque zéphyr lui apporte mille sons délicieux; on entend le bêlement du troupeau, le tintement de la cloche de la brebis, le bourdonnement de l'abeille; la cornemuse fait retentir les rochers, et se mêle au bruit sourd de l'Océan lointain qui bat ses rivages.

Le chien de la cabane aboie en voyant passer le pèlerin matinal; la laitière, couronnée de son vase, chante en descendant la colline; le laboureur traverse les guérets en sifflant; le lourd chariot crie en gravissant le sentier de la montagne; le lièvre étonné sort des épis vacillants; la perdrix s'élève sur son aile bruyante; le ramier gémit dans son arbre solitaire; et l'alouette gazouille au haut des airs.

O nature! que tes beautés sont ravissantes! tu donnes à tes amants des plaisirs toujours nouveaux. Que n'ai-je la voix et l'ardeur du séraphin pour chanter ta gloire avec un amour religieux!..............................
....

Salut, savants maîtres de la lyre! poëtes, enfants de la nature, amis de l'homme et de la vérité! Salut, vous dont les vers, pleins d'une douceur sublime, charmèrent mon enfance et instruisirent ma jeunesse!..................
....

Hélas! caché dans des retraites ignorées, le pauvre Edwin n'a jamais connu votre art. Quand les pluies de l'hiver et les neiges entassées ont fermé la porte de la cabane, seulement alors il entend quelques troubadours voyageurs chanter les faits de la chevalerie....... ou redire cette ballade touchante des deux enfants abandonnés dans le bois. En versant des pleurs sur l'attendrissante histoire, Edwin admire les prodiges de la muse.

Quand la tempête a cessé de rugir, il parcourt l'uniforme désert des neiges; il contemple les nuages qui se balancent comme de gros vaisseaux sur les vagues de l'Océan, et cinglent vers l'horizon bleuâtre. Parmi ces décorations changeantes et toujours nouvelles, Edwin découvre des fleuves, des gouffres, des géants, des rochers entassés sur des rochers, et des tours penchées sur des tours. Alors descendant au rivage, l'enthousiaste solitaire marche le long des grèves, en écoutant avec un plaisir mêlé de terreur le mugissement des vagues roulantes. C'est encore ainsi que, pendant l'été, lorsque les nuages de l'orage allongent leur colonne ténébreuse sur le sommet des collines, Edwin se hâte de quitter la demeure de l'homme ; c'est encore ainsi qu'il s'enfonce dans la noire solitude, pour jouir des premiers feux de l'éclair et des premiers bruits du tonnerre, sous la voûte retentissante des cieux.

Quand la jeunesse du village danse au son du chalumeau, Edwin, assis à l'écart, se plaît à rêver au bruit de la musique. Oh ! comme alors tous les jeux bruyants semblent vains et tumultueux à son âme ! Céleste mélancolie, que sont près de toi les profanes plaisirs du vulgaire !

Est-il un cœur que la musique ne peut toucher ? Ah ! que ce cœur doit être insensible et farouche ! Est-il un cœur qui ne sentit jamais ces transports mystérieux, enfants de la solitude et de la rêverie ? Qu'il ne s'adresse point aux muses ; les muses repoussent ses vœux........ Tel ne fut point Edwin. Le chant fut son premier amour, souvent la harpe de la montagne soupira sous sa main aventureuse, et la flûte plaintive gémit suspendue à son souffle. Sa muse, encore enfant, ignoroit l'art du poëte, fruit du travail et du temps. Edwin atteignit pourtant cette perfection si rare, ainsi que mes vers le diront quelque jour.

On voit par ce dernier vers que Beattie se proposoit de continuer son poëme. En effet, on trouve un second chant, écrit quelque temps après; mais il est bien inférieur au premier. Edwin, en errant dans le désert, entend un jour une voix grave qui s'élève du fond d'une vallée : c'est celle d'un vieux solitaire, qui, après avoir connu les illusions du monde, s'est enseveli dans cette retraite, pour y recueillir son âme et chanter les merveilles du Créateur. Cet ermite instruit le jeune *minstrel* et lui révèle le secret de son propre génie. On voit combien cette idée étoit heureuse; mais l'exécution n'a pas répondu au premier dessein de l'auteur : le solitaire parle trop long-temps, et dit des choses trop communes sur les grandeurs et les misères de la vie. Toutefois on trouve encore dans ce second chant quelques passages qui rappellent le charme et le talent du premier. Les dernières strophes en sont consacrées au souvenir d'un ami que le poëte venoit de perdre. Il paroît que Beattie étoit destiné à verser souvent des pleurs. La mort de son fils unique l'a profondément affecté, et l'a enlevé totalement aux muses. Il vit encore sur les rochers de Morven : mais ces rochers n'inspirent plus ses chants : comme Ossian qui a perdu son Oscar, il a suspendu sa harpe aux branches d'un chêne. On dit que son fils annonçoit un grand talent pour la poésie; peut-être étoit-il ce jeune *minstrel* qu'un père sensible avoit peint, et dont il ne voit plus les pas sur le sommet de la montagne[1].

[1] Le poëte Beattie n'a pas survécu long-temps à la perte de son fils. Il traîna quelque temps sa douleur dans les montagnes d'Écosse, et mourut le 18 août 1803, à l'âge de soixante-huit ans. Beattie a publié, en outre de son poëme du *Minstrel*, d'autres poésies très remarquables par le sentiment mélancolique dont elles sont empreintes. (*Note de l'Éditeur.*)

ALEXANDRE MACKENSIE.

Juillet 1801.

Il faut peut-être chercher dans l'inconstance et les dégoûts du cœur humain le motif de l'intérêt général qu'inspire la lecture des *Voyages*. Fatigués de la société où nous vivons, et des chagrins qui nous environnent, nous aimons à nous égarer en pensée dans des pays lointains et chez des peuples inconnus. Si les hommes que l'on nous peint sont plus heureux que nous, leur bonheur nous délasse; s'ils sont plus infortunés, leurs maux nous consolent.

Mais l'intérêt attaché au récit des voyages diminue chaque jour, à mesure que le nombre des voyageurs augmente; l'esprit philosophique a fait cesser les merveilles du désert :

Les bois désenchantés ont perdu leurs miracles [1].

Quand les premiers François qui descendirent sur les rivages du *Canada* parlent de lacs semblables à des mers, de cataractes qui tombent du ciel, de forêts dont on ne peut sonder la profondeur, l'esprit est bien plus fortement ému que lorsqu'un marchand anglois, ou un savant moderne, vous apprend qu'il a pénétré jusqu'à l'océan Pacifique,

[1] Fontanes.

et que la chute du Niagara n'a que cent quarante-quatre pieds de hauteur.

Ce que nous gagnons en connoissances, nous le perdons en sentiment. Les vérités géométriques ont tué certaines vérités de l'imagination bien plus importantes à la morale qu'on ne pense. Quels étoient les premiers voyageurs dans la belle antiquité? C'étoient les législateurs, les poëtes et les héros; c'étoient Jacob, Lycurgue, Pythagore, Homère, Hercule, Alexandre : *dies peregrinationis*[1]! Alors tout étoit prodige, sans cesser d'être réalité, et les espérances de ces grandes âmes aimoient à dire : « Là-bas la terre inconnue! la terre immense! » *Terra ignota! terra immensa!* Nous avons naturellement la haine des bornes; je dirois presque que le globe est trop petit pour l'homme, depuis qu'il en a fait le tour. Si la nuit est plus favorable que le jour à l'inspiration et aux vastes pensées, c'est qu'en cachant toutes les limites, elle prend l'air de l'immensité.

Les voyageurs françois et les voyageurs anglois semblent, comme les guerriers de ces deux nations, s'être partagé l'empire de la terre et de l'onde. Les derniers n'ont rien à opposer aux Tavernier, aux Chardin, aux Parennin, aux Charlevoix; ils n'ont point de monument tel que les *Lettres édifiantes;* mais les premiers, à leur tour, n'ont point d'Anson, de Byron, de Cook, de Vancouver. Les voyageurs françois ont plus fait pour la connoissance des mœurs

---

[1] *Genèse.*

et des coutumes des peuples : νόον ἔγνω, *mores cognovit;* les voyageurs anglois ont été plus utiles aux progrès de la géographie universelle : ἐν πόντῳ πάθεν, *in mari passus est* [1]. Ils partagent, avec les Espagnols et les Portugais, la gloire d'avoir ajouté de nouvelles mers et de nouveaux continents au globe, et d'avoir fixé les limites de la terre.

Les prodiges de la navigation sont peut-être ce qui donne une plus haute idée du génie de l'homme. On frissonne et on admire lorsqu'on voit Colomb s'enfonçant dans les solitudes d'un océan inconnu, Vasco de Gama doublant le cap des Tempêtes, Magellan sortant d'une vaste mer pour entrer dans une mer plus vaste encore, Cook volant d'un pôle à l'autre, et, resserré de toutes parts par les rivages du globe, ne trouvant plus de mers pour ses vaisseaux!

Quel beau spectacle n'offre point cet illustre navigateur, cherchant de nouvelles terres, non pour en opprimer les habitants, mais pour les secourir et les éclairer, portant à de pauvres sauvages les nécessités de la vie, jurant concorde et amitié, sur leurs rives charmantes, à ces simples enfants de la nature, semant, parmi les glaces australes, les fruits d'un plus doux climat, en imitant ainsi la Providence, qui prévoit les naufrages et les besoins des hommes!

La mort n'ayant pas permis au capitaine Cook d'achever ses importantes découvertes, le capitaine

---

[1] *Odyss.*

Vancouver fut chargé, par le gouvernement anglois, de visiter toute la côte américaine, depuis la Californie jusqu'à la rivière de Cook, et de lever les doutes qui pouvoient rester encore sur un passage au nord-ouest du Nouveau-Monde. Tandis que cet habile marin remplissoit sa mission avec autant d'intelligence que de courage, un autre voyageur anglois, parti du Haut-Canada, s'avançoit à travers les déserts et les forêts jusqu'à la mer boréale et l'océan Pacifique.

M. Mackenzie, dont je vais faire connoître les travaux, ne prétend ni à la gloire du savant ni à celle de l'écrivain. Simple trafiquant de pelleteries parmi les Indiens, il ne donne modestement son voyage que pour le journal de sa route.

Le 15, le vent souffloit de l'ouest : nous fîmes quatre milles au sud, deux milles au sud-ouest, etc. Le fleuve étoit rapide : nous eûmes un portage, nous vîmes des huttes abandonnées ; le pays étoit fertile ou aride ; nous traversâmes des plaines ou des montagnes ; il tomba de la neige ; mes gens étoient fatigués ; ils voulurent me quitter ; je fis une observation astronomique, etc., etc.

Tel est à peu près le style de M. Mackenzie. Quelquefois cependant il interrompt son journal pour décrire une scène de la nature, ou les mœurs des sauvages ; mais il n'a pas toujours l'art de faire valoir ces petites circonstances si intéressantes dans les récits de nos missionnaires. On connoît à peine les compagnons de ses fatigues ; point de transports en découvrant la mer, but si désiré de l'entreprise ;

point de scènes attendrissantes lors du retour. En un mot, le lecteur n'est point embarqué dans le canot d'écorce avec un voyageur, et ne partage point avec lui ses craintes, ses espérances et ses périls.

Un plus grand défaut encore se fait sentir dans l'ouvrage : il est malheureux qu'un simple journal de voyage manque de méthode et de clarté. M. Mackenzie expose confusément son sujet. Il n'apprend point au lecteur quel est ce fort *Chipiouyan* d'où il part; où en étoient les découvertes lorsqu'il a commencé les siennes; si l'endroit où il s'arrête à l'entrée de la mer Glaciale étoit une baie, ou simplement une expansion du fleuve, comme on est tenté de le soupçonner; comment le voyageur est certain que cette grande rivière de l'ouest, qu'il appelle *Tacoutché-Tessé,* est la rivière de *Colombia,* puisqu'il ne l'a pas descendue jusqu'à son embouchure; comment il se fait que la partie du cours de ce fleuve qu'il n'a pas visitée soit cependant marquée sur sa carte, etc., etc.

Malgré ces nombreux défauts, le mérite du journal de M. Mackenzie est fort grand; mais il a besoin de commentaires, soit pour donner une idée des déserts que le voyageur traverse, et colorer un peu la maigreur et la sécheresse de son récit, soit pour éclaircir quelques points de géographie. Je vais essayer de remplir cette tâche auprès du lecteur.

L'Espagne, l'Angleterre et la France doivent leurs possessions américaines à trois Italiens, *Colomb, Cabot* et *Verazani.* Le génie de l'Italie, enseveli sous des ruines, comme les géants sous les monts qu'ils avoient entassés, semble se réveiller quelquefois pour étonner le monde. Ce fut vers l'an 1523 que François Ier donna ordre à *Jean Verazani* d'aller découvrir de nouvelles terres. Ce navigateur reconnut plus de six cents lieues de côtes le long de l'Amérique septentrionale; mais il ne fonda point de colonie.

Jacques Cartier, son successeur, visita tout le pays appelé *Kannata* par les Sauvages, c'est-à-dire *amas de cabanes*[1]. Il remonta le grand fleuve qui reçut de lui le nom de *Saint-Laurent*, et s'avança jusqu'à l'île de *Montréal*, qu'on nommoit alors *Hochélaga*.

M. de Roberval obtint, en 1540, la vice-royauté du Canada. Il y transporta plusieurs familles avec son frère, que François Ier avoit surnommé le gendarme d'Annibal, à cause de sa bravoure; mais ayant fait naufrage en 1540, « avec eux tombèrent, « dit Charlevoix, toutes les espérances qu'on avoit « conçues de faire un établissement en Amérique, « personne n'osant se flatter d'être plus habile ou « plus heureux que ces deux braves hommes. »

Les troubles qui peu de temps après éclatèrent en France, et qui durèrent cinquante années, empêchèrent le gouvernement de porter ses regards au dehors. Le génie d'Henri IV ayant étouffé les discordes civiles, on reprit avec ardeur le projet d'un établissement au Canada. Le marquis de la

---

[1] Les Espagnols avoient certainement découvert le Canada avant Jacques Cartier et Verazani, et quelques auteurs prétendent que le mot CANADA vient des deux mots espagnols ACA, NADA.

Roche s'embarqua en 1598, pour tenter de nouveau la fortune ; mais son expédition eut une fin désastreuse. M. Chauvin succéda à ses projets et à ses malheurs ; enfin, le commandeur de Chatte, s'étant chargé, vers l'an 1603, de la même entreprise, en donna la direction à Samuel de Champelain, dont le nom rappelle le fondateur de Québec et le père des colonies françoises dans l'Amérique septentrionale.

Depuis ce moment les jésuites furent chargés du soin de continuer les découvertes dans l'intérieur des forêts canadiennes. Alors commencèrent ces fameuses missions qui étendirent l'empire françois des bords de l'Atlantique et des glaces de la baie d'Hudson aux rivages du golfe Mexicain. Le père *Biart* et le père *Enemond-Masse* parcoururent toute l'Acadie ; le père *Joseph* s'avança jusqu'au lac Nipissing, dans le nord du Canada ; les pères de *Brébeuf* et *Daniel* visitèrent les magnifiques déserts des Hurons, entre le lac de ce nom, le lac Michighan et le lac Érié ; le père de *Lamberville* fit connoître le lac Ontario et les cinq cantons iroquois. Attirés par l'espoir du martyre et par le récit des souffrances qu'enduroient leurs compagnons, d'autres ouvriers évangéliques arrivèrent de toutes parts, et se répandirent dans toutes les solitudes. « On les « envoyoit, dit l'historien de la Nouvelle-France, et « ils alloient avec joie...; ils accomplissoient la pro- « messe du Sauveur du monde, de faire annoncer « son Évangile par toute la terre. »

La découverte de l'*Ohio* et du *Meschacebé* à l'occident, du *lac Supérieur* et du *lac des Bois* au nord-ouest, du fleuve *Bourbon* et de la côte intérieure de la baie de *James* au nord, fut le résultat de ces courses apostoliques. Les missionnaires eurent même connoissance de ces *montagnes Rocheuses* [1], que M. Mackenzie a franchies pour se rendre à l'océan Pacifique, et du grand fleuve qui devoit couler à l'ouest; c'est le fleuve Colombia. Il suffit de jeter les yeux sur les anciennes cartes des jésuites, pour se convaincre que je n'avance ici que la vérité.

Toutes les grandes découvertes étoient donc faites ou indiquées dans l'intérieur de l'Amérique septentrionale lorsque les Anglois sont devenus les maîtres du Canada. En imposant de nouveaux noms aux lacs, aux montagnes, aux fleuves et aux rivières, ou en corrompant les anciens noms françois, ils n'ont fait que jeter du désordre dans la géographie. Il n'est pas même bien prouvé que les latitudes et les longitudes qu'ils ont données à certains lieux soient plus exactes que les latitudes et les longitudes fixées par nos savants missionnaires [2]. Pour se faire une idée nette du point de départ et des voyages de M. Mackenzie, voici donc peut-être ce qu'il est essentiel d'observer.

[1] Ils les appellent les montagnes des Pierres brillantes.

[2] M. Arrowsmith est à présent le géographe le plus célèbre en Angleterre : si l'on prend sa grande carte des États-Unis, et qu'on la compare aux dernières cartes d'Imley, on y trouvera une prodigieuse différence, surtout dans la partie qui s'étend entre les lacs du Canada et l'Ohio ; les cartes des missionnaires, au contraire, se rapprochent beaucoup des cartes d'Imley.

Les missionnaires françois et les coureurs canadiens avoient poussé les découvertes jusqu'au lac *Ouinipic* ou *Ouinipigon* [1], à l'ouest, et jusqu'au lac des *Assiniboïls* ou *Cristinaux*, au nord. Le premier semble être le lac de *l'Esclave* de M. Mackenzie.

La société anglo-canadienne, qui fait le commerce des pelleteries, a établi une factorerie au Chipiouyan [2], sur un lac appelé le *lac des Montagnes,* et qui communique au lac de l'Esclave par une rivière.

Du lac de l'Esclave sort un fleuve qui coule au nord, et que M. Mackenzie a nommé de son nom. Le fleuve Mackenzie se jette dans la mer du pôle par les 69° 14′ de latitude septentrionale, et les 135° de longitude ouest, méridien de Greenwich. La découverte de ce fleuve et sa navigation jusqu'à l'océan boréal sont l'objet du premier voyage de M. Mackenzie. Parti du fort Chipiouyan le 3 de juin 1789, il est de retour à ce fort le 12 de septembre de la même année.

Le 10 d'octobre 1792, il part une seconde fois du fort Chipiouyan pour faire un nouveau voyage. Dirigeant sa course à l'ouest, il traverse le lac des Montagnes, et remonte une rivière appelée *Oungigah*, ou la rivière de la Paix. Cette rivière prend sa source dans les montagnes Rocheuses. Un grand fleuve, descendant du revers de ces montagnes,

---

[1] Les cartes françoises le placent au 50ᵉ degré latitude nord, et les cartes angloises au 53ᵉ.

[2] 50° 40′ lat. nord, et 10° 30′ longitude ouest, mér. de Greenwich.

coule à l'ouest, et va se perdre dans l'océan Pacifique. Ce fleuve s'appelle *Tacoutché-Tessé*, ou la rivière de Colombia.

La connoissance du passage de la rivière de la Paix dans celle de Colombia, la facilité de la navigation de cette dernière, du moins jusqu'à l'endroit où M. Mackenzie abandonna son canot pour se rendre par terre à l'océan Pacifique : telles sont les découvertes qui résultent de la seconde expédition du voyageur. Après une absence de onze mois, il revint au lieu de son départ.

Il faut observer que la rivière de la Paix, sortant des montagnes Rocheuses pour se jeter dans un bras du lac des Montagnes, que le lac des Montagnes communiquant au lac de l'Esclave par une rivière qui porte ce dernier nom, que le lac de l'Esclave, à son tour, versant ses eaux dans l'océan boréal par le fleuve Mackenzie, il en résulte que la rivière de la Paix, la rivière de l'Esclave, et le fleuve Mackenzie, ne sont réellement qu'un seul fleuve qui sort des montagnes Rocheuses à l'ouest, et se précipite au nord, dans la mer du pôle. Partons maintenant avec le voyageur, et descendons avec lui le fleuve Mackenzie, jusqu'à cette mer hyperborée.

«Le mercredi 3 juin 1789, à neuf heures du matin, je «partis du fort Chipiouyan, situé sur la côte méridionale «du lac des Montagnes. J'étois embarqué dans un canot «d'écorce de bouleau, et j'avois pour conducteurs un Al-«lemand et quatre Canadiens, dont deux étoient accompa-«gnés de leurs femmes.

«Un Indien, qui portoit le titre de chef anglois, me sui-

«voit dans un petit canot, avec ses deux femmes; et deux
«autres jeunes Indiens, ses compagnons, étoient dans un
«autre petit canot. Les Sauvages s'étoient engagés à me
«servir d'interprètes et de chasseurs. Le premier avoit au-
«trefois accompagné le chef qui conduisit M. Hearne à la
«rivière des Mines de cuivre.»

M. Mackenzie traverse le lac des Montagnes, entre dans la rivière de l'Esclave, qui le conduit au lac du même nom, côtoie le rivage septentrional de ce lac, et découvre enfin le fleuve Mackenzie.

«Le cours du fleuve prend une direction à l'ouest et dans
«un espace de vingt-quatre milles; son lit se rétrécit gra-
«duellement, et finit par n'avoir qu'un demi-mille de large.
«Depuis le lac jusque-là, les terres du côté du nord
«sont basses et couvertes d'arbres; le côté du sud est plus
«élevé, mais il y a aussi beaucoup de bois....... Nous y
«vîmes beaucoup d'arbres renversés et noircis par le feu,
«au milieu desquels s'élevoient de jeunes peupliers qui
«avoient poussé depuis l'incendie. Une chose très digne de
«remarque, c'est que lorsque le feu dévore une forêt de
«sapins et de bouleaux, il y croît des peupliers, quoique
«auparavant il n'y eût dans le même endroit aucun arbre
«de cette espèce.»

Les naturalistes pourront contester l'exactitude de cette observation à M. Mackenzie, car en Europe tout ce qui dérange nos systèmes est traité d'ignorance ou de rêve de l'imagination; mais ce que les savants ne peuvent nier, et ce que tout l'art ne sauroit peindre, c'est la beauté du cours des eaux dans les solitudes du Nouveau-Monde. Qu'on se représente un fleuve immense, coulant au travers des plus épaisses forêts; qu'on se figure tous les accidents, des arbres qui accompagnent ces rives : des chênes-saules, tombés de vieillesse, baignent dans les flots leur tête chenue; des planes d'occident se mirent dans l'onde avec les écureuils noirs, et les hermines blanches, qui grimpent sur leurs troncs, ou se jouent dans leurs lianes; des sycomores du Canada se réunissent en groupe; des peupliers de la Virginie croissent solitaires ou s'allongent en mobile avenue. Tantôt une rivière, accourant du fond du désert, vient former avec le fleuve, au carrefour d'une pompeuse futaie, un confluent magnifique; tantôt une cataracte bruyante tapisse le flanc des monts de ses voiles d'azur. Les rivages fuient, serpentent, s'élargissent, se resserrent; ici ce sont des rochers qui surplombent; là de jeunes ombrages dont la cime est nivelée, comme la plaine qui les nourrit. De toutes parts règnent des murmures indéfinissables : il y a des grenouilles qui mugissent comme des taureaux[1], il y en a d'autres qui vivent dans le tronc des vieux saules[2], et dont le cri répété ressemble tour à tour au tintement de la sonnette d'une brebis et à l'aboiement d'un chien[3], le voyageur, agréablement trompé dans ces lieux sauvages, croit approcher de la chaumière d'un laboureur et entendre les murmures et la marche d'un troupeau. Enfin de vastes harmonies, élevées tout à coup par les vents, remplissent la profondeur des bois, comme

---

[1] Bull-Frog.   [2] Tree-Frog.

[3] « Elles font leurs petits dans les souches d'arbres à moitié « pourris...; elles ne coassent pas comme celles d'Europe, mais « pendant la nuit elles aboient comme des chiens. » (Le père DU TERTRE, *Hist. nat. des Antilles,* tom. III.)

le chœur universel des hamadryades; mais bientôt ces concerts s'affoiblissent, et meurent graduellement dans la cime de tous les cèdres et de tous les roseaux; de sorte que vous ne sauriez dire le moment même où les bruits se perdent dans le silence, s'ils durent encore ou s'ils ne sont plus que dans votre imagination.

M. Mackenzie, continuant à descendre le fleuve, rencontre bientôt des Sauvages de la tribu des Indiens-Esclaves. Ceux-ci lui apprennent qu'il trouvera plus bas, sur le cours des eaux, d'autres Indiens appelés Indiens-Lièvres, et enfin plus bas encore, en approchant de la mer, la nation des Esquimaux.

« Pendant le peu de temps que nous restâmes avec cette « petite peuplade, les naturels cherchèrent à nous amuser « en dansant au son de leur voix..... Ils sautoient et pre- « noient diverses postures... Les femmes laissoient pendre « leurs bras, comme si elles n'avoient pas eu la force de les « remuer. »

Les chants et les danses des Sauvages ont toujours quelque chose de mélancolique ou de voluptueux.

« Les uns jouent de la flûte, dit le père du Tertre, « les autres chantent et forment une espèce de mu- « sique qui a bien de la douceur à leur goût. » Selon Lucrèce, on cherchoit à rendre avec la voix le gazouillement des oiseaux, long-temps avant que de doux vers, accompagnés de la lyre, charmassent l'oreille des hommes.

> Atque liquidas avium voces imita ore
> Ante fuit multo quam lævia carmina cantu
> Concelebrare homines possent, auresque juvare.

Quelquefois vous voyez une pauvre Indienne, dont le corps est tout courbé par l'excès du travail et de la fatigue, et un chasseur qui ne respire que la gaieté. S'ils viennent à danser ensemble, vous êtes frappé d'un contraste étonnant : la première se redresse et se balance avec une mollesse inattendue; le second fait entendre les sons les plus tristes. La jeune femme semble vouloir imiter les ondulations gracieuses des bouleaux de son désert, et le jeune homme, les murmures plaintifs qui s'échappent de leurs cimes.

Lorsque les danses sont exécutées au bord d'un fleuve, dans la profondeur des bois, que des échos inconnus répètent pour la première fois les soupirs d'une voix humaine, que l'ours des déserts regarde du haut de son rocher ces jeux de l'homme sauvage, on ne peut s'empêcher de trouver quelque chose de grand dans la rudesse même du tableau, de s'attendrir sur la destinée de cet enfant de la nature, qui naît inconnu du monde, danse un moment dans des vallées où il ne repassera jamais, et bientôt cache sa tombe sous la mousse de ces déserts, qui n'a pas même gardé l'empreinte de ses pas : *Fuissem quasi non essem* [1]!

En passant sous des montagnes stériles, le voyageur aborde au rivage, et gravit des roches escarpées avec un de ses chasseurs indiens.

«Mais, dit-il, nous n'étions pas à moitié chemin du som-
«met, que nous fûmes assaillis par une si grande quantité

---

[1] *Job.*

« de maringouins, que nous ne pûmes pas aller plus loin.
« Je remarquai que la chaîne des monts se terminoit en
« cet endroit. »

Quatre chaînes de montagnes forment les quatre grandes divisions de l'Amérique septentrionale.

La première, partant du Mexique, et n'étant que le prolongement de la chaîne des Andes, qui traverse l'isthme de Panama, s'étend du midi au nord, le long de la grande mer du Sud, en s'abaissant toujours jusqu'à la rivière de Cook. M. Mackenzie l'a franchie, sous le nom de *montagnes Rocheuses*, entre la source de la rivière de la Paix et de la rivière Colombia, en se rendant à l'océan Pacifique.

La seconde chaîne commence aux Apalaches, sur le bord oriental du Meschacebé, se prolonge, au nord-est, sous les divers noms d'*Alleghanys*, de *montagnes Bleues*, de *montagnes des Lauriers*, derrière les Florides, la Virginie, la Nouvelle-Angleterre, et va, par l'intérieur de l'Acadie, aboutir au golfe Saint-Laurent. Elle divise les eaux qui tombent dans l'Atlantique de celles qui grossissent le Meschacebé, l'Ohio, et les lacs du Canada inférieur.

Il est à croire que cette chaîne bordoit autrefois l'Atlantique, et lui servoit de barrière, comme la première chaîne borde encore l'océan Indien. Vraisemblablement l'ancien continent de l'Amérique ne commençoit que derrière ces montagnes. Du moins les trois différents niveaux de terrain, marqués si régulièrement depuis les plaines de la Pensylvanie jusqu'aux savanes des Florides, semblent indiquer que ce sol fut à différentes époques couvert et puis abandonné par les eaux.

Vis-à-vis le rivage du golfe Saint-Laurent (où, comme je l'ai dit, cette seconde chaîne vient se terminer), s'élève sur la côte du Labrador une troisième chaîne presque aussi longue que les deux premières. Elle court d'abord au sud-ouest jusqu'à l'Outaouas, en formant la double source des fleuves qui se précipitent dans la baie d'Hudson, et de ceux qui portent le tribut de leurs ondes au golfe Saint-Laurent. De là tournant au nord-ouest, et longeant la côte septentrionale du lac Supérieur, elle arrive au lac Sainte-Anne, où elle forme une fourche sud-ouest et nord-ouest.

Son bras méridional passe au sud du grand lac Ouinipic, entre les marais qui fournissent la rivière d'Albanie à la baie de James, et les fontaines d'où sort le Meschacebé, pour se rendre au golfe Mexicain.

Son bras septentrional rasant le lac du Cygne, la factorerie d'Onasburgk, et traversant la rivière de Severn, atteint le fleuve du port Nelson, en passant au nord du lac Ouinipic, et vient se nouer enfin à la quatrième chaîne des montagnes.

Celle-ci, moins étendue que toutes les autres, prend naissance vers les bords de la rivière Susfçatchiouayne, se déploie au nord-est, entre la rivière de l'Élan et la rivière Churchill, s'allonge au nord jusque vers le 57e degré de latitude, se partage en deux branches, dont l'une, continuant à remonter au septentrion, atteint les côtes de la mer Glaciale, tandis que l'autre, courant à l'ouest, rencontre le fleuve Mackenzie. Les neiges éternelles dont ces montagnes sont couronnées nourrissent d'un côté les rivières qui descendent dans le nord de la baie d'Hudson, et de l'autre celles qui s'engloutissent dans l'océan boréal.

Ce fut une des cimes de cette dernière chaîne que M. Mackenzie voulut gravir avec son chasseur. Ceux qui n'ont vu que les Alpes et les Pyrénées ne peuvent se former une idée de l'aspect de ces solitudes hyperboréennes, de ces régions désolées, où l'on voit, comme après le déluge, « *de rares animaux errer sur des montagnes inconnues.* »

<small>Rara per ignotos errant animalia montes.</small>

Des nuages, ou plutôt des brouillards humides, fument sans cesse autour des sommets de ces monts déserts. Quelques rochers, battus par des pluies éternelles, percent de leurs flancs noircis ces vapeurs blanchâtres, et ressemblent par leurs formes et leur immobilité à des fantômes qui se regardent dans un affreux silence.

Entre les gorges de ces montagnes, on aperçoit de profondes vallées de granit, revêtues de mousse, où coule quelque torrent. Des pins rachitiques, de l'espèce appelée *spruce* par les Anglois, et de petits étangs d'eau saumâtre, loin de varier la monotonie du tableau, en augmentent l'uniformité et la tristesse. Ces lieux ne retentissent que du cri extraordinaire de l'oiseau des terres boréales. De beaux cygnes qui nagent sur ces eaux sauvages, des bouquets de framboisiers qui croissent à l'abri d'un roc, sont là comme pour consoler le voyageur et l'empêcher d'oublier cette Providence, qui sait répandre des grâces et des parfums jusque sur ces affreuses contrées.

Mais la scène ne se montre dans toute son horreur qu'au bord même de l'Océan. D'un côté s'étendent de vastes champs de glaces contre lesquels se brise une mer décolorée où jamais n'apparut une voile; de l'autre s'élève une terre bordée de mornes stériles. Le long des grèves on ne voit qu'une triste succession de baies dévastées et de promontoires orageux. Le soir le voyageur se réfugie dans quelque trou de rocher, dont il chasse l'aigle marin, qui s'envole avec de grands cris. Toute la nuit il écoute avec effroi le bruit des vents que répètent les échos de sa caverne, et le gémissement des glaces qui se fendent sur la rive.

M. Mackenzie arriva au bord de l'océan boréal, le 12 juillet 1789, ou plutôt dans une baie glacée, où il aperçut des baleines, et où le flux et le reflux se faisoient sentir. Il débarqua sur une île, dont il détermina la latitude au 69° 14′ nord; ce fut le terme de son premier voyage. Les glaces, le manque de vivres, et le découragement de ses gens ne lui permirent pas de descendre jusqu'à la mer, dont il étoit sans doute peu éloigné. Depuis long-temps le soleil ne se couchoit plus pour le voyageur, et il voyoit cet astre pâle et élargi tourner tristement autour d'un ciel glacé.

Miserable they
Who, here entangled in the gath'ring ice,
Take their last look of the descending sun!
While, full of death, and fierce with tenfold frost,
The long, long night, incumbent o'er their head,
Falls horrible [1].

« Malheureux celui qui, embarrassé dans les
« glaces croissantes, suit de ses derniers regards le
« soleil qui s'enfonce sous l'horizon, tandis que,
« pleine de frimas et pleine de mort, la longue,
« longue nuit, qui pendoit sur sa tête, descend
« horrible ! »

En quittant la baie pour remonter le fleuve et retourner au fort Chipiouyan, M. Mackenzie dépasse quatre établissements indiens, qui sembloient avoir été récemment habités.

« Nous abordâmes, dit le voyageur, une petite île ronde,
« très rapprochée de la rive orientale, et qui, sans doute,
« avoit quelque chose de sacré pour les Indiens, puisque
« l'endroit le plus élevé contenoit un grand nombre de
« tombeaux. Nous y vîmes un petit canot, des gamelles,
« des baquets, et d'autres ustensiles qui avoient appartenu
« à ceux qui ne pouvoient plus s'en servir ; car, dans ces
« contrées, ce sont les offrandes accoutumées que reçoi-
« vent les morts. »

M. Mackenzie parle souvent de la religion de ces peuples, et de leur vénération pour les tombeaux. Donc un malheureux Sauvage bénit Dieu sur les glaces du pôle, et tire de sa propre misère

---

[1] Thoms., *Winter.*

des espérances d'une autre vie; tandis que l'homme civilisé renie son âme et son Créateur sous un ciel clément, et au milieu de tous les dons de la Providence.

Ainsi nous avons vu les habitants de ces contrées danser à la source du fleuve dont le voyageur nous a tracé le cours, et nous trouvons maintenant leurs tombeaux près de la mer, à l'embouchure de ce même fleuve, emblème frappant du cours de nos années, depuis ces fontaines de joie où se plonge notre enfance, jusqu'à cet océan de l'éternité qui nous engloutit. Ces cimetières indiens, répandus dans les forêts américaines, sont des espèces de clairières ou de petits enclos dépouillés de leurs bois. Le sol en est tout hérissé de monticules de forme conique; et des carcasses de buffles et d'orignaux, ensevelies sous l'herbe, s'y mêlent çà et là à des squelettes humains. J'ai quelquefois vu dans ces lieux un pélican solitaire perché sur un ossement blanchi et à moitié rongé de mousse, semblable, par son silence et son attitude pensive, à un vieux Sauvage pleurant et méditant sur ces débris. Les coureurs de bois qui font le commerce de pelleteries, profitent de ces terrains à demi défrichés par la mort, pour y semer en passant différentes sortes de graines. Le voyageur rencontre tout à coup ces colonies de végétaux européens, avec leur port, leur costume étranger, leurs mœurs domestiques, au milieu des plantes natives et sauvages de ce climat lointain. Elles émigrent souvent le long des collines, et se répandent à travers les bois, selon les habitudes et les amours qu'elles ont apportées de leur sol natal; c'est ainsi que des familles exilées choisissent de préférence dans le désert des sites qui leur rappellent la patrie.

Le 12 de septembre 1789, après une absence de cent deux jours, M. Mackenzie se retrouve enfin au fort Chipiouyan. Je vais maintenant rendre compte de son voyage à l'océan Pacifique, montrer ce que les sciences et le commerce ont gagné aux découvertes de ce courageux voyageur, et ce qui reste à faire pour compléter la géographie de l'Amérique septentrionale.

J'ai déjà fait observer que la rivière de la Paix, la rivière de l'Esclave et le fleuve Mackenzie ne sont qu'un seul et même fleuve qui prend sa source dans les montagnes Rocheuses, à l'ouest, et se jette, au nord, dans les mers du pôle. C'est en descendant ce fleuve que M. Mackenzie a découvert l'océan boréal, et c'est en le remontant qu'il est arrivé à l'océan Pacifique.

Le 10 d'octobre 1792, trois ans après son premier voyage, M. Mackenzie part une seconde fois du fort Chipiouyan, traverse le lac des Montagnes, et gagne la rivière de la Paix. Il en refoule les eaux pendant vingt journées, et arrive le 1er de novembre dans un endroit où il se propose de bâtir une maison, et de passer l'hiver. Il emploie toute la saison des glaces à faire le commerce avec les Indiens, et à prendre des renseignements sur son voyage.

«Parmi les Sauvages qui vinrent me visiter, étoient deux
«Indiens des montagnes Rocheuses........... Ils préten-
«dirent qu'ils étoient les vrais et seuls indigènes du pays
«qu'ils habitoient, ajoutant que celui qui s'étendoit de là
«jusqu'aux montagnes, offroit partout, ainsi que le haut
«de la rivière de la Paix, le même aspect que les environs
«de ma résidence; que le pays étoit rempli d'animaux,
«mais que la navigation de la rivière étoit interrompue
«près des montagnes et dans les montagnes mêmes, par
«des écueils multipliés et de grandes cascades.

«Ces Indiens m'apprirent aussi qu'on trouvoit du côté du
«midi une autre grande rivière, qui couroit vers le sud, et
«sur les bords de laquelle on pouvoit se rendre en peu de
«temps, en traversant les montagnes.

«Le 20 d'avril (1793) la rivière étoit encore couverte de
«glaces. Sur l'autre rive, on voyoit des plaines charmantes.
«Les arbres bourgeonnoient, et plusieurs plantes commen-
«çoient à fleurir.»

Ce qu'on appelle le *grand dégel*, dans l'Amérique septentrionale, offre aux yeux d'un Européen un spectacle non moins pompeux qu'extraordinaire. Dans les premiers quinze jours du mois d'avril, les nuages, qui jusque-là venoient rapidement du nord-ouest, s'arrêtent peu à peu dans les cieux, et flottent quelque temps incertains de leur course. Le colon sort de sa cabane, et va sur ses défrichements examiner le désert. Bientôt on entend un cri: *Voilà la brise du sud-est.* A l'instant un vent tiède tombe sur vos mains et sur votre visage, et les nuages commencent à refluer lentement vers le septentrion. Alors tout change dans les bois et dans les vallées. Les angles moussus des rochers se montrent les premiers sur l'uniforme blancheur des frimas; les flèches rougeâtres des sapins apparoissent ensuite, et de précoces arbrisseaux remplacent, par des festons de fleurs, les cristaux glacés qui pendent à leur cime.

La nature, aux approches du soleil, entr'ouvre par degrés son voile de neige. Les poëtes américains pourront un jour la comparer à une épouse nouvelle, qui dépouille timidement, et comme à regret, sa robe virginale, décelant en partie, et essayant encore de cacher ses charmes à son époux.

C'est alors que les Sauvages, dont M. Mackenzie alloit visiter les déserts, sortent avec joie de leurs cavernes. Comme les oiseaux de leurs climats, l'hiver les rassemble en troupe, et le printemps les disperse: chaque couple retourne à son bois solitaire, pour bâtir son nouveau nid et chanter ses nouvelles amours.

Cette saison, qui met tout en mouvement dans les forêts américaines, donne le signal du départ à notre voyageur. Le jeudi 9 mai 1793, M. Mackenzie s'embarque dans un canot d'écorce avec sept Canadiens et deux chasseurs sauvages. Si des bords de la rivière de la *Paix* il avoit pu voir alors ce qui se passoit en Europe, chez une grande nation civilisée, la hutte de l'Esquimaux lui eût semblé préférable au palais des rois, et la solitude au commerce des hommes.

Le traducteur du voyage de M. Mackenzie observe que les compagnons du marchand anglois, un seul excepté, étoient tous d'origine françoise. Les François s'habituent facilement à la vie sauvage, et sont fort aimés des Indiens. Lorsqu'en 1729, le Canada tomba entre les mains des Anglois, les naturels s'aperçurent bientôt du changement de leurs hôtes.

« Les Anglois, dit le père Charlevoix, dans le peu de
« temps qu'ils furent maîtres du pays, ne surent pas gagner
« l'affection des Sauvages : les Hurons ne parurent point à
« Québec ; les autres, plus voisins de cette capitale, et
« dont plusieurs, pour des mécontentements particuliers,
« s'étoient ouvertement déclarés contre nous à l'approche
« de l'escadre angloise, s'y montrèrent même assez rare-
« ment. Tous s'étoient trouvés un peu déconcertés, lors-
« qu'ayant voulu prendre avec ces nouveaux venus les
« mêmes libertés que les François ne faisoient aucune diffi-
« culté de leur permettre, ils s'aperçurent que ces manières
« ne leur plaisoient pas.

« Ce fut bien pis encore, au bout de quelque temps,
« lorsqu'ils se virent chassés à coups de bâton des maisons,
« où, jusque-là, ils étoient entrés aussi librement que dans
« leurs cabanes. Ils prirent donc le parti de s'éloigner, et
« rien ne les a, dans la suite, attachés plus fortement à nos
« intérêts que cette différence de manière et de caractère
« des deux peuples qu'ils ont vus s'établir dans leur voisi-
« nage. Les missionnaires, qui furent bientôt instruits de
« l'impression qu'elle avoit déjà faite sur eux, surent bien
« en profiter pour les gagner à Jésus-Christ, et pour les
« affectionner à la nation françoise. »

Les François ne cherchent point à civiliser les Sauvages ; cela coûte trop de soins : ils aiment mieux se faire sauvages eux-mêmes. Les forêts n'ont point de chasseurs plus adroits, de guerriers plus intrépides. On les a vus supporter les tourments du bûcher avec une constance qui étonnoit jusqu'aux Iroquois, et malheureusement devenir quelquefois aussi barbares que leurs bourreaux. Seroit-ce que les extrémités du cercle se rapprochent, et que le dernier degré de la civilisation, comme la perfection de l'art, touche de près la nature? ou plutôt est-ce une sorte de talent universel ou de mobilité de mœurs qui rend le François propre à tous les climats et à tous les genres de vie? Quoi qu'il en soit, le François et le Sauvage ont la même bravoure, la même indifférence pour la vie, la même imprévoyance du lendemain, la même haine du travail, la même facilité à se dégoûter des biens qu'ils possèdent, la même constance en amitié, la même légèreté en amour, le même goût pour la danse et pour la guerre, pour les fatigues de la chasse et les loisirs du festin. Ces rapports d'humeur entre le François et le Sauvage leur donnent un grand penchant l'un pour l'autre, et font aisément de l'habitant de Paris *un coureur de bois* canadien.

M. Mackenzie remonte la rivière de la Paix avec ses François-Sauvages, et décrit la beauté de la nature autour de lui:

«De l'endroit d'où nous étions partis le matin, jusque-là,
«la rive occidentale présente le plus beau paysage que
«j'aie vu. Le terrain s'élève par gradins à une hauteur
«considérable, et s'étend à une très grande distance. A
«chaque gradin on voit de petits espaces doucement in-
«clinés, et ces espaces sont entrecoupés de rochers per-
«pendiculaires qui s'élèvent jusqu'au dernier sommet, ou

« du moins aussi loin que l'œil peut les distinguer. Ce spec-
« tacle magnifique est décoré de toutes les espèces d'arbres,
« est peuplé de tous les genres d'animaux que puisse pro-
« duire le pays. Des bouquets de peupliers varient la scène,
« et dans les intervalles paissent de nombreux troupeaux
« de buffles et d'élans. Ces derniers cherchent toujours les
« hauteurs et les sites escarpés, tandis que les autres pré-
« fèrent les plaines.

« Lorsque je traversai ce canton, les femelles de buffles
« étoient suivies par leurs petits, qui bondissoient autour
« d'elles, et les femelles d'élans ne devoient pas tarder à
« avoir des faons. Toute la campagne se paroit de la plus
« riche verdure; les arbres qui fleurissoient étoient prêts à
« s'épanouir, et le velouté de leurs branches, réfléchissant
« le soir et le matin les rayons obliques de l'astre du jour,
« ajoutoit à ce spectacle une magnificence que nos expres-
« sions ne peuvent rendre. »

Ces paysages en amphithéâtre sont assez communs en Amérique. Aux environs d'Apalachucla,
dans les Florides, le terrain, à partir du fleuve
Chata-Uche, s'élève graduellement, et monte dans
les airs en se retirant à l'horizon : mais ce n'est pas
par une inclinaison ordinaire, comme celle d'une
vallée; c'est par des terrasses posées régulièrement
les unes au-dessus des autres, comme les jardins
artificiels de quelque puissant potentat. Ces terrasses sont plantées d'arbres divers, et arrosées
d'une multitude de fontaines, dont les eaux, expo-
sées au soleil levant, brillent parmi les gazons, ou
ruissèlent en filets d'or le long des roches mous-
sues. Des blocs de granit surmontent cette vaste
structure, et sont eux-mêmes dominés par de
grands sapins. Lorsque du bord de la rivière vous

découvrez cette superbe échelle et la cime des rochers qui la couronnent au-dessus des nuages, vous croiriez voir le sommet des colonnes du temple de la nature, et le magnifique perron qui y conduit.

Le voyageur arrive au pied des montagnes Rocheuses, et s'engage dans leurs détours. Les obstacles et les périls se multiplient : là, on est obligé de porter les bagages par terre, pour éviter des cataractes et des *rapides;* ici on refoule l'impétuosité du courant, en halant péniblement le canot avec une cordelle :

Il faut entendre M. Mackenzie lui-même :

« Quand le canot fut rechargé, moi et ceux de mes gens
« qui n'avoient pas besoin d'y rester, nous suivîmes le bord
« de la rivière..... J'étois si élevé au-dessus de l'eau que
« les hommes qui conduisoient le canot et doubloient une
« pointe ne purent pas m'entendre lorsque je leur criai de
« toute ma force de mettre à terre une partie de la cargai-
« son, pour alléger le canot.

« Je ne pus alors m'empêcher d'éprouver beaucoup
« d'anxiété en voyant combien mon entreprise étoit hasar-
« deuse. La rupture de la cordelle, ou un faux pas de ceux
« qui la tiroient auroit fait perdre le canot et tout ce qui
« étoit dedans. Il franchit l'écueil sans accident ; mais il
« fut bientôt exposé à de nouveaux périls. Des pierres, les
« unes grosses, les autres petites, rouloient sans cesse du
« haut des rochers, de sorte que ceux qui haloient le canot
« au-dessous couroient le plus grand risque d'être écrasés ;
« en outre, la pente du terrain les exposoit à tomber dans
« l'eau à chaque pas. En les voyant, je tremblois, et
« quand je les perdois de vue, mon inquiétude ne me quit-
« toit pas. »

Tout le passage de M. Mackenzie à travers les montagnes Rocheuses est d'un grand intérêt. Tantôt, pour se frayer un chemin, il est forcé d'abattre des forêts et de tailler des marches dans les hautes falaises; tantôt il saute de rochers en rochers, au péril de ses jours, et reçoit l'un après l'autre ses compagnons sur ses épaules. La cordelle se rompt, le canot heurte des écueils; les Canadiens se découragent et refusent d'aller plus loin. En vain M. Mackenzie s'égare dans le désert pour découvrir le passage au fleuve de l'ouest; quelques coups de fusil qu'il entend avec effroi retentir dans ces lieux solitaires, lui font supposer l'approche des Sauvages ennemis. Il monte sur un grand arbre; mais il n'aperçoit que des monts couronnés de neige, au milieu de laquelle on distingue quelques bouleaux flétris, et au-dessous, des bois qui se prolongent sans fin.

Rien n'est triste comme l'aspect de ces bois, vus du sommet des montagnes, dans le Nouveau-Monde. Les vallées que vous avez traversées, et que vous dominez de toutes parts, apparoissent au-dessous de vous, régulièrement ondées, comme les houles de la mer après une tempête. Elles semblent diminuer de largeur à mesure qu'elles s'éloignent. Les plus voisines de votre œil sont d'un vert rougeâtre; celles qui suivent prennent une légère teinte d'azur; et les dernières forment des zones parallèles d'un bleu céleste.

M. Mackenzie descend de son arbre, et cherche à rejoindre ses compagnons. Il ne voit point le canot au bord de la rivière: il tire des coups de fusil, mais on ne répond point à son signal. Il va, revient, monte et descend le long du fleuve. Il retrouve enfin ses amis; mais ce n'est qu'après vingt-quatre heures d'angoisses et de mortelles inquiétudes. Il ne tarda pas à rencontrer quelques Sauvages. Interrogés par le voyageur, ils feignent d'abord d'ignorer l'existence du fleuve de l'ouest; mais un vieillard, bientôt gagné par les caresses et les présents de M. Mackenzie, lui dit, en montrant de la main le haut de la rivière de la Paix:

« Il ne faut traverser que trois petits lacs et au-
« tant de portages pour atteindre à une petite ri-
« vière qui se jette dans la grande. »

Qu'on juge des transports du voyageur à cette heureuse nouvelle! Il se hâte de se rembarquer avec un Indien, qui consent à lui servir de guide jusqu'au fleuve inconnu. Bientôt il quitte la rivière de la Paix, entre dans une autre petite rivière qui sort d'un lac voisin, traverse ce lac, et de lacs en lacs, de rivières en rivières, après un naufrage et divers accidents, il se trouve enfin, le 18 de juin 1793, sur le Tacoutché-Tessé, ou le fleuve Colombia, qui porte ses eaux à l'océan Pacifique.

Entre deux chaînes de montagnes s'étend une superbe vallée qu'ombragent des forêts de peupliers, de cèdres et de bouleaux. Au-dessus de ces forêts montent des colonnes de fumée qui décèlent au voyageur les invisibles habitants de ces déserts. Des argiles rouges et blanches, placées dans l'escarpement des montagnes, imitent çà et là des ruines d'anciens châteaux. Le fleuve Colombia serpente au milieu de ces belles retraites; et sur les îles nombreuses qui divisent son cours, on voit de grandes cabanes à moitié cachées dans des bocages de pins, où les naturels viennent passer les jours de l'été.

Quelques Sauvages s'étant montrés sur la rive, le voyageur s'en approcha, et parvint à tirer d'eux quelques renseignements utiles.

«La rivière, dont le cours est très étendu, lui dirent les «indigènes, va vers le soleil du midi; et selon ce que nous «avons appris, des hommes blancs bâtissent des maisons à «son embouchure. Les eaux coulent avec une force tou-«jours égale; mais il y a trois endroits où des cascades «et des courants extrêmement rapides en interceptent la «navigation. Dans les trois endroits, les eaux se précipi-«tent par-dessus des rochers perpendiculaires, beaucoup «plus hauts et plus escarpés que dans le haut de la rivière; «mais, indépendamment des difficultés et des dangers de «la navigation, il faut combattre les divers habitants de «ces contrées, qui sont très nombreux.»

Ces détails jetèrent M. Mackenzie dans une grande perplexité, et découragèrent de nouveau ses compagnons. Il cacha le mieux qu'il put son inquiétude, et suivit encore pendant quelque temps le cours des eaux. Il rencontra d'autres indigènes qui lui confirmèrent le récit des premiers, mais qui lui dirent que s'il vouloit quitter le fleuve, et marcher droit au couchant, à travers les bois, il arriveroit en peu de jours à la mer par un chemin fort aisé et fort connu des Sauvages.

M. Mackenzie se détermine à prendre aussitôt cette nouvelle route. Il remonte le fleuve, jusqu'à l'embouchure d'une petite rivière qu'on lui avoit indiquée, et laissant là son canot, il s'enfonce dans les bois, sur la foi d'un Sauvage qui lui servoit de guide, et qui, au moindre caprice, pouvoit le livrer à des hordes ennemies ou l'abandonner au milieu des déserts.

Chaque Canadien portoit sur ses épaules une charge de quatre-vingt-dix livres, indépendamment de son fusil, d'un peu de poudre et de quelques balles. M. Mackenzie, outre ses armes et son télescope, portoit lui-même un fardeau de vivres et de quincailleries, du poids de soixante-dix livres.

La nécessité, la fatigue, et je ne sais quelle confiance qu'on acquiert par l'accoutumance des périls, ôtèrent bientôt à nos voyageurs toute inquiétude. Après de longues journées de marche au travers des buissons et des halliers, tantôt exposés à un soleil brûlant, tantôt inondés par de grandes pluies, le soir ils s'endormoient paisiblement au chant des Indiens.

« Il consistoit, dit M. Mackenzie, en sons doux,
« mélancoliques, d'une mélodie assez agréable, et
« ayant quelque rapport avec le chant de l'église. »
Lorsqu'un voyageur se réveille sous un arbre, au milieu de la nuit, dans les déserts de l'Amérique, qu'il entend le concert lointain de quelques Sauvages, entrecoupé par de longs silences et par le murmure des vents dans la forêt, rien ne lui donne plus l'idée de cette musique aérienne dont parle Ossian, et que les bardes décédés font entendre, aux rayons de la lune, sur les sommets du *Slimora*.

Bientôt nos voyageurs arrivèrent chez des tribus indiennes, dont M. Mackenzie cite des traits de mœurs fort touchants. Il vit une femme presque aveugle, et accablée de vieillesse, que ses parents portoient tour à tour parce que l'âge l'empêchoit de marcher. Dans un autre endroit, une jeune femme, avec son enfant, lui présenta un vase plein d'eau, au passage d'une rivière, comme Rébecca pencha son vase pour le serviteur d'Abraham au puits de Nâchor, et lui dit : *Bibe, quin et camelis tuis dabo potum;* « Buvez, je donnerai ensuite à boire à vos chameaux. »

J'ai passé moi-même chez une peuplade indienne qui se prenoit à pleurer à la vue d'un voyageur, parce qu'il lui rappeloit des amis partis pour la *Contrée des Ames*, et depuis long-temps en *voyage*.

«Nos guides, dit M. Mackenzie, ayant aperçu des In-
«diens..... hâtèrent le pas pour les rejoindre. A leur appro-
«che, l'un des étrangers s'avança avec une hache à la main.
«C'étoit le seul homme de la troupe. Il avoit avec lui deux
«femmes et deux enfants. Quand nous les joignîmes, la
«plus âgée des femmes, qui probablement étoit la mère
«de l'homme, s'occupoit à arracher les mauvaises herbes
«dans un espace circulaire d'environ cinq pieds de diamè-
«tre, et notre présence n'interrompit point ce travail pres-
«crit par le respect dû aux morts. C'est dans ce lieu, objet
«des tendres soins de cette femme, qu'étoient les restes
«d'un époux et d'un fils; et toutes les fois qu'elle y passoit
«elle s'arrêtoit pour leur payer ce pieux tribut.»

Tout est important pour le voyageur des déserts. La trace des pas d'un homme, nouvellement impri-

-mée dans un lieu sauvage, et plus intéressante pour lui que les vestiges de l'antiquité dans les champs de la Grèce. Conduit par les indices d'une peuplade voisine, M. Mackenzie traverse le village d'une nation hospitalière, où chaque cabane est accompagnée d'un tombeau. De là, après avoir franchi des montagnes, il atteint les bords de la rivière du *Saumon*, qui se décharge dans l'océan Pacifique. Un peuple nombreux, plus propre, mieux vêtu et mieux logé que les autres Sauvages, le reçoit avec cordialité. Un vieillard perce la foule et vient le presser dans ses bras : on lui sert un grand festin; on lui fournit des vivres en abondance. Un jeune homme détache un beau manteau de ses épaules, pour le suspendre aux siennes. C'est presque une scène d'Homère.

M. Mackenzie passa plusieurs jours chez cette nation. Il examina le cimetière, qui n'étoit qu'un grand bois de cèdres, où l'on brûloit les morts, et le temple où l'on célébroit deux fêtes chaque année, l'une au printemps, l'autre en automne. Tandis qu'il parcouroit le village, on lui amena des malades pour les guérir; naïveté touchante d'un peuple chez qui l'homme est encore cher à l'homme, et qui ne voit qu'un avantage dans la supériorité des lumières, celui de soulager des malheureux.

Enfin le chef de la nation donne au voyageur son propre fils pour l'accompagner, et un canot de cèdre pour le conduire à la mer. Ce chef raconta à M. Mackenzie que dix hivers auparavant, s'étant embarqué dans le même canot, avec quarante Indiens, il avoit rencontré sur la côte deux vaisseaux remplis d'hommes blancs ; c'étoit le bon *Toolec* [1], dont le souvenir sera long-temps cher aux peuples qui habitent les bords de l'océan Pacifique.

Le samedi 20 de juillet 1793, à huit heures du matin, M. Mackenzie sortit de la rivière du Saumon, pour entrer dans le bras de mer où cette rivière se jette par plusieurs embouchures. Il seroit inutile de le suivre dans la navigation de cette baie, où il trouva partout des traces du capitaine Vancouver. Il observa la latitude à 52° 21′ 33″, et il écrivit avec du vermillon sur un rocher : *Alexandre Mackenzie est venu du Canada ici par terre, le 20 juillet 1793.*

Les découvertes de ce voyageur offrent deux résultats très importants, l'un pour le commerce, l'autre pour la géographie. Quant au premier, M. Mackenzie s'en explique lui-même.

« En ouvrant cette communication entre les deux océans,
« et en formant des établissements réguliers dans l'intérieur
« du pays, et aux deux extrémités de la route, ainsi que
« tout le long des côtes et des îles voisines, on seroit
« entièrement maître de tout le commerce des pelleteries
« de l'Amérique septentrionale, depuis le quarante-hui-
« tième degré de latitude jusqu'au pôle, excepté la partie
« de la côte qui appartient aux Russes, dans l'océan Paci-
« fique.

« On peut ajouter à cet avantage celui de la pêche dans
« les deux mers, et la facilité d'aller vendre des pelleteries
« dans les quatre parties du globe. Tel est le champ ouvert
« à une entreprise commerciale. Les produits de cette en-
« treprise seroient incalculables, si elle étoit soutenue par

[1] Le capitaine Cook.

« une partie du crédit et des capitaux dont la Grande-Bre-
« tagne possède une si grande accumulation. »

Ainsi l'Angleterre voit, par les découvertes de ses voyageurs, s'ouvrir devant elle une nouvelle source de trésors et une nouvelle route à ses comptoirs des Indes et de la Chine.

Quant aux progrès de la géographie, qui en dernier résultat tournent également au profit du commerce, le voyage de M. Mackenzie à l'ouest est, sous ce point de vue, moins important que son voyage au nord. Le capitaine Vancouver avoit suffisamment prouvé qu'il n'y a point de passage sur la côte occidentale de l'Amérique, depuis Nootka-Sund jusqu'à la rivière de Cook. Grâce aux travaux de M. Mackenzie, ce qui reste maintenant à faire au nord est très peu de chose.

Le fond de la baie du Rufus se trouve à peu près par les 68° de latitude nord, et les 85° de longitude occidentale, méridien de Greenwich.

En 1771, Hearne, parti de la baie d'Hudson, vit la mer à l'embouchure de la rivière des Mines de Cuivre, à peu près par les 69° de latitude, et par les 110° et quelques minutes de longitude.

Il n'y a donc que cinq ou six degrés de longitude entre la mer vue par Hearne et la mer du fond de la baie d'Hudson.

A une latitude si élevée, les degrés de longitude sont forts petits. Supposez-les de douze lieues, vous n'aurez guère plus de soixante-douze lieues à découvrir entre les deux points indiqués.

A cinq degrés de longitude, à l'ouest de l'embouchure de la rivière des Mines de Cuivre, M. Mackenzie vient de découvrir la mer par les 69° 7' nord.

En suivant notre premier calcul, nous n'aurons que soixante lieues de côtes inconnues, entre la mer de Hearne et celle de M. Mackenzie [1].

Continuant de toucher à l'occident, nous trouvons enfin le détroit de Behring. Le capitaine Cook s'est avancé au-delà de ce détroit jusqu'au 69° ou 70° degré de latitude nord, et au 275° de longitude occidentale. Soixante-douze lieues, ou tout au plus six degrés de longitude, séparent l'océan boréal de Cook de l'océan boréal de M. Mackenzie.

Voilà donc une chaîne de points connus, où l'on a vu la mer autour du pôle, sur le côté septentrional de l'Amérique, depuis le fond du détroit de Behring jusqu'au fond de la baie d'Hudson. Il ne s'agit plus que de franchir par terre les trois intervalles qui divisent ces points (et qui ne peuvent pas composer entre eux plus de 250 lieues d'étendue), pour s'assurer que le continent de l'Amérique est borné de toutes parts par l'Océan, et qu'il règne à son extrémité septentrionale une mer peut-être accessible aux vaisseaux.

Me permettra-t-on une réflexion? M. Mackenzie a fait, au profit de l'Angleterre, des découvertes que j'avois entreprises et proposées jadis au gouvernement, pour l'avantage de la France. Du moins

---

[1] Tous ces calculs ne sont pas exacts, et les découvertes du capitaine Franklin et du capitaine Parry ont répandu une grande clarté sur la géographie de ces régions polaires.

le projet de ce voyage, qui vient d'être achevé par un étranger, ne paroîtra plus chimérique. Comme d'autres sollicitent la fortune et le repos, j'avois sollicité l'honneur de porter, au péril de mes jours, des noms françois à des mers inconnues, de donner à mon pays une colonie sur l'océan Pacifique, d'enlever les trésors d'un riche commerce à une puissance rivale, et de l'empêcher de s'ouvrir de nouveaux chemins aux Indes.

En rendant compte des travaux de M. Mackenzie, j'ai donc pu mêler mes observations aux siennes, puisque nous nous sommes rencontrés dans les mêmes desseins, et qu'au moment où il exécutoit son premier voyage, je parcourois aussi les déserts de l'Amérique; mais il a été secondé dans son entreprise; il avoit derrière lui des amis heureux et une patrie tranquille : je n'ai pas eu le même bonheur.

SUR

LA LÉGISLATION PRIMITIVE

DE M. LE VICOMTE DE BONALD.

Novembre 1802.

Peu d'hommes naissent avec une disposition particulière et déterminée à un seul objet, qu'on appelle talent; bienfait de la nature, si des circonstances favorables en secondent le développement, en permettent l'emploi; malheur réel, tourment de l'homme si elles le contrarient.

Ce passage est tiré du livre même que nous annonçons aujourd'hui au public. Rien n'est plus touchant et en même temps plus triste que les plaintes involontaires qui échappent quelquefois au *véritable* talent. L'auteur de la *Législation primitive*, comme tant d'écrivains célèbres, semble n'avoir reçu les dons de la nature que pour en sentir les dégoûts. Comme Épictète, il a pu réduire la philosophie à ces deux maximes : « souffrir et s'abstenir, » ἀνέχου καὶ ἀπέχου. C'est dans l'obscure chaumière d'un paysan d'Allemagne, au fond d'une terre étrangère, qu'il a composé sa *Théorie du pouvoir politique et religieux*[1]; c'est au milieu de toutes les privations de la vie, et encore sous la

---

[1] Cet ouvrage, qui parut en 1796, fut supprimé par le Directoire, et n'a pas été réimprimé.

menace d'une loi de proscription, qu'il a publié ses observations sur le *divorce*, traité admirable, dont les dernières pages surtout sont un modèle de cette éloquence de pensées, bien supérieure à l'éloquence de mots, et qui soumet tout, comme le dit Pascal, par *droit de puissance;* enfin c'est au moment où il va abandonner Paris, les lettres, et pour ainsi dire son génie, qu'il nous donne sa *Législation primitive* : Platon couronna ses ouvrages par ses *Lois*, et Lycurgue s'exila de Lacédémone après avoir établi les siennes. Malheureusement nous n'avons pas, comme les Spartiates, juré d'observer les *saintes* lois de notre nouveau législateur. Mais que M. de Bonald se rassure : quand on joint comme lui l'autorité des bonnes mœurs à l'autorité du génie; quand on n'a aucune de ces foiblesses qui prêtent des armes à la calomnie et consolent la médiocrité, les obstacles tôt ou tard s'évanouissent, et l'on arrive à cette position où le talent n'est plus un *malheur*, mais un *bienfait.*

Les jugements que l'on porte sur notre littérature moderne nous semblent un peu exagérés. Les uns prennent notre jargon scientifique et nos phrases ampoulées pour les progrès des lumières et du génie; selon eux la langue et la raison ont fait un pas depuis Bossuet et Racine : quel pas ! Les autres, au contraire, ne trouvent plus rien de passable; et, si on veut les en croire, nous n'avons pas un seul bon écrivain. Cependant, n'est-il pas à peu près certain qu'il y a eu des époques en France où les lettres ont été au-dessus de ce qu'elles sont aujourd'hui ? Sommes-nous juges compétents dans cette cause, et pouvons-nous bien apprécier les écrivains qui vivent avec nous ? Tel auteur contemporain dont nous sentons à peine la valeur sera peut-être un jour la gloire de notre siècle. Combien y a-t-il d'années que les grands hommes du siècle de Louis XIV sont mis à leur véritable place ? Racine et La Bruyère furent presque méconnus de leur vivant. Nous voyons Rollin, cet homme plein de goût et de savoir, balancer le mérite de Fléchier et de Bossuet, et faire assez comprendre qu'on donnoit généralement la préférence au premier. La manie de tous les âges a été de se plaindre de la rareté des bons écrivains et des bons livres. Que n'a-t-on point écrit contre le *Télémaque*, contre les *Caractères* de La Bruyère, contre les chefs-d'œuvre de Racine ! Qui ne connoît l'épigramme sur *Athalie?* D'un autre côté, qu'on lise les journaux du dernier siècle ; il y a plus : qu'on lise ce que La Bruyère et Voltaire ont dit eux-mêmes de la littérature de leur temps ; pourroit-on croire qu'ils parlent de ces temps où vécurent Fénelon, Bossuet, Pascal, Boileau, Racine, Molière, La Fontaine, J.-J. Rousseau, Buffon et Montesquieu ?

La littérature françoise va changer de face ; avec la révolution vont naître d'autres pensées, d'autres vues des choses et des hommes. Il est aisé de prévoir que les écrivains se diviseront. Les uns s'efforceront de sortir des anciennes routes ; les autres tâcheront de suivre les antiques modèles, mais toutefois en les présentant sous un jour nouveau. Il est assez probable que les derniers finiront par l'emporter sur leurs adversaires, parce qu'en s'appuyant sur les grandes traditions et sur les grands hommes, ils auront des guides bien plus sûrs et des documents bien plus féconds.

M. de Bonald ne contribuera pas peu à cette victoire : déjà ces idées commencent à se répandre; on les retrouve par lambeaux dans la plupart des journaux et des livres du jour. Il y a de certains sentiments et de certains styles qui sont pour ainsi dire contagieux, et qui (si l'on nous pardonne l'expression) teignent de leurs couleurs tous les esprits. C'est à la fois un bien et un mal : un mal, en ce que cela dégoûte l'écrivain dont on fane la fraîcheur, et dont on rend l'originalité vulgaire; un bien, quand cela sert à répandre des vérités utiles.

Le nouvel ouvrage de M. de Bonald est divisé en quatre parties. La première (comprise dans le discours préliminaire) traite du rapport des êtres et des principes fondamentaux de la législation.

La seconde considère l'état ancien du *ministère public* en France.

La troisième regarde *l'éducation publique*, et la quatrième examine l'état de l'Europe chrétienne et mahométane.

Si, dans l'extrait que l'on va donner de la *Législation primitive*, on se permet quelquefois de n'être pas de l'opinion de l'auteur, il voudra bien le pardonner. Combattre un homme tel que lui, c'est lui préparer de nouveaux triomphes.

Pour remonter aux principes de la législation, M. de Bonald commence par remonter aux principes des êtres, afin de trouver la loi primitive, exemplaire éternel des lois humaines, qui ne sont bonnes ou mauvaises qu'autant qu'elles se rapprochent ou s'éloignent de cette loi, qui n'est qu'un écoulement de la sagesse divine... *Lex... rerum omnium principem expressa naturam, ad quam leges hominum diriguntur, quæ supplicio improbos afficiunt, et defendunt et tuentur bonos*[1]. M. de Bonald trace rapidement l'histoire de la *philosophie*, qui, selon lui, vouloit dire chez les anciens, *amour de la sagesse*, et parmi nous, *recherche de la vérité*. Ainsi les Grecs faisoient consister la sagesse dans la *pratique* des mœurs, et nous dans la *théorie*. « Notre « philosophie, dit l'auteur, est vaine dans ses pen- « sées, superbe dans ses discours. Elle a pris des « stoïciens l'orgueil, et des épicuriens la licence. « Elle a ses sceptiques, ses pyrrhoniens, ses éclec- « tiques ; et la seule doctrine qu'elle n'ait pas em- « brassée est celle des privations. »

Sur la cause de nos erreurs, M. de Bonald fait cette observation profonde :

« On peut préjuger en physique des erreurs par- « ticulières ; on doit préjuger en morale des vérités « générales ; et c'est pour avoir fait le contraire, « pour avoir préjugé la vérité en physique, que le « genre humain a cru si long-temps aux absurdités « de la physique ancienne ; comme c'est pour avoir

---

[1] Cic., *de Leg.*, lib. II.

« préjugé l'erreur dans la morale générale des nations
« que plusieurs ont, de nos jours, fait naufrage. »

L'auteur est bientôt conduit à l'examen du problème des idées *innées*. Sans embrasser l'opinion qui les rejette, ni se ranger au parti qui les adopte, il croit que Dieu a donné aux hommes en *général*, et non à l'homme en *particulier*, une certaine quantité de principes et de sentiments innés (tels que la révélation de l'Être-Suprême, de l'immortalité de l'âme, des premières notions sur la morale, etc.) absolument nécessaires à l'établissement de l'ordre social : d'où il arrive qu'on peut trouver, à la rigueur, un homme isolé qui n'ait aucune connoissance de ces principes, mais qu'on n'a jamais rencontré une société d'hommes qui les ait totalement ignorés. Si ce n'est pas là la vérité, convenons du moins qu'un esprit qui sait produire de pareilles raisons n'est pas un esprit ordinaire.

De là M. de Bonald passe à l'examen d'un autre principe sur lequel il a élevé toute sa législation, savoir : *que la parole a été enseignée à l'homme et qu'il n'a pu l'inventer lui-même.*

Il reconnoît trois sortes de paroles, le geste, la parole et l'écriture.

Il fonde son opinion sur des raisons qui paroissent d'un très grand poids.

1° Parce qu'il est nécessaire de penser sa parole avant de parler sa pensée.

2° Parce que le sourd de naissance qui *n'entend* pas la parole est muet, preuve que la parole est chose apprise et non inventée ;

3° Parce que si la parole est d'invention humaine, il n'y a plus de vérités nécessaires.

M. de Bonald revient souvent à cette idée, d'où dépend, selon lui, toute la controverse des théistes et des athées, des chrétiens et des philosophes. On peut dire, en effet, que, s'il étoit prouvé que la parole est révélée et non inventée, on auroit une preuve physique de l'existence de Dieu, et Dieu n'auroit pu donner le verbe à l'homme sans lui donner aussi des règles et des lois. Tout deviendroit positif dans la société; et c'étoit déjà, ce nous semble, l'opinion de Platon et du philosophe romain : *Legem neque hominum ingeniis excogitatam, neque scitum aliquod esse populorum, sed æternum quiddam, etc.*

Il devenoit nécessaire à M. de Bonald de développer son idée, et c'est ce qu'il a fait dans une excellente dissertation qui se trouve au second volume de son ouvrage. On y remarque cette comparaison, que l'on croiroit traduite du *Phédon* ou de la *République :*

Cette correspondance naturelle et nécessaire des pensées et des mots qui les expriment, et cette nécessité de la parole pour rendre présentes à l'esprit ses propres pensées et les pensées des autres, peuvent être rendues sensibles par une comparaison..... dont l'extrême exactitude prouveroit toute seule une analogie parfaite entre les lois de notre être intelligent et celles de notre être physique.

Si je suis dans un lieu obscur, je n'ai pas la vision oculaire, ou la connoissance par la vue de l'existence des corps qui sont près de moi, pas même de mon propre corps; et sous ce rapport ces êtres sont à mon égard comme s'ils n'étoient pas. Mais si la lumière vient tout à coup à paroître, tous les objets en reçoivent une couleur relative, pour chacun, à la contexture particulière de sa surface; chaque corps se produit à mes yeux, je les vois tous; et je juge les rapports de forme, d'étendue, de distance, que ces corps ont entre eux et avec le mien.

Notre entendement est ce lieu obscur où nous n'apercevons aucune idée, pas même celle de notre propre intelligence, jusqu'à ce que la parole, pénétrant par le sens de l'ouïe ou de la vue, porte la lumière dans les ténèbres, et appelle pour ainsi dire chaque idée, qui répond comme les étoiles dans Job, *Me voilà*. Alors seulement nos idées sont *exprimées*, nous avons la conscience ou la connoissance de nos pensées, et nous pouvons la donner aux autres; alors seulement nous nous *idéons* nous-mêmes, nous *idéons* les autres êtres et les rapports qu'ils ont entre eux et avec nous; et de même que l'œil distingue chaque corps à sa couleur, l'esprit distingue chaque idée à son expression.

Trouve-t-on souvent une aussi puissante métaphysique unie à une si vive expression? Chaque idée, *qui répond à la parole comme les étoiles dans Job,* ME VOILA, n'est-ce pas là un ordre de pensées bien élevé, un caractère de style bien rare? J'en appelle à des hommes plus habiles que moi : *Quantum eloquentia valeat, pluribus credere potest.*

Cependant nous oserons proposer quelques doutes à l'auteur, et soumettre nos observations à ses lumières. Nous reconnoissons, comme lui, le principe de la transmission ou de l'enseignement de la parole. Mais ne pose-t-il pas trop rigoureusement le principe? En en faisant la seule preuve positive de l'existence de Dieu et des lois fondamentales de la société, ne met-il pas en péril les plus grandes vérités, si l'on vient à lui contester sa preuve unique ? La raison qu'il tire des sourds-muets, en faveur de l'enseignement de la parole, n'est peut-être pas assez convaincante ; car on peut lui dire : Vous prenez un exemple dans une exception, et vous allez chercher une preuve dans une imperfection de la nature. Supposons un homme sauvage, ayant tous ses sens, mais point encore la parole. Cet homme, pressé par la faim, rencontre dans les forêts un objet propre à la satisfaire ; il pousse un cri de joie en le voyant ou en le portant à sa bouche. N'est-il pas possible qu'ayant *entendu* le cri, le son tel quel, il le retienne et le répète ensuite toutes les fois qu'il apercevra le même objet, ou sera pressé du même besoin ? Le cri deviendra le premier mot de son vocabulaire, et ainsi de suite, jusqu'à l'expression des idées purement intellectuelles.

Il est certain que l'idée ne peut sortir de l'entendement sans la parole ; mais on pourroit peut-être admettre que l'homme, avec la permission de Dieu, allume lui-même *ce flambeau du verbe*, qui doit éclairer son âme ; que le sentiment ou l'idée fait naître d'abord l'expression, et que l'expression à son tour rentre dans l'intelligence, pour y porter la lumière. Si l'auteur disoit que, pour former une langue de cette sorte, il faudroit des millions d'années, et que J. J. Rousseau lui-même *a cru que la parole est bien nécessaire pour inventer la parole*, nous convenons aussi de la difficulté : mais M. de Bonald ne doit pas oublier qu'il a affaire à des hommes qui nient toutes les traditions, et qui disposent à leur gré de l'*éternité* du monde.

Il y a, d'ailleurs, une objection plus sérieuse. Si la parole est nécessaire à la manifestation de l'idée, et que la parole entre par les sens, l'âme dans une autre vie, dépouillée des organes du corps, n'a donc pas la conscience de ses pensées ? Il n'y auroit plus qu'une ressource, qui seroit de dire que Dieu l'éclaire alors de son propre verbe, et qu'elle voit ses idées dans la Divinité : c'est retomber dans le système de Malebranche.

Les esprits profonds aimeront à voir comment M. de Bonald déroule le vaste tableau de l'ordre social ; comment il suit et définit l'administration civile, politique et religieuse. Il prouve évidemment que la religion chrétienne a achevé l'homme, comme le suprême législateur le dit lui-même en expirant :

Tout est consommé.

M. de Bonald donne une singulière élévation et une profondeur immense au christianisme; il suit les rapports mystiques du *Verbe* et du *Fils*, et montre que le véritable Dieu ne pouvoit être connu que par la révélation ou l'*Incarnation* de son *Verbe*, comme la pensée de l'homme n'a été manifestée que par la parole ou l'*incarnation de la pensée*. Hobbes, dans sa *Cité chrétienne*, avoit expliqué le verbe comme l'auteur de la législation : *in Testamento Novo græcè scripto,* VERBUM DEI *sæpe ponitur non pro eo quod loquutus est Deus, sed pro eo quod de Deo et de regno ejus.... In hoc autem sensu idem significant* λόγος Θεοῦ.

M. de Bonald distingue essentiellement la constitution de la société domestique, ou l'ordre de famille, de la constitution politique; rapports qu'on a trop confondus dans ces derniers temps. Dans l'examen de l'ancien *ministère public* en France, il montre une connoissance approfondie de notre histoire. Il examine le principe de la souveraineté du peuple, que Bossuet avoit attaqué dans son *cinquième avertissement*, en réponse à M. Jurieu. « Où « tout est indépendant, dit l'évêque de Meaux, il n'y « a rien de souverain. » Axiome foudroyant, manière d'argumenter précisément telle que l'exigeoient les ministres protestants, qui se piquoient surtout de raison et de logique. Ils s'étoient plaints d'être écrasés par l'éloquence de Bossuet; l'orateur s'étoit aussitôt dépouillé de son éloquence, comme ces guerriers chrétiens qui, s'apercevant, au milieu d'un combat, que leurs adversaires étoient désarmés, jetoient à l'écart leurs armes, pour ne pas remporter une victoire trop aisée. Bossuet, passant ensuite aux preuves historiques, et montrant que le prétendu *pacte social* n'a jamais existé, fait voir, ainsi qu'il le dit lui-même, qu'il y a là *autant d'ignorance que de mots;* que si le peuple est souverain, il a le droit incontestable de changer tous les jours sa constitution, etc. Ce grand homme (que M. de Bonald, digne d'être son admirateur, cite avec tant de complaisance) établit aussi l'excellence de la succession au pouvoir suprême. « C'est un bien

« pour le peuple, dit-il dans le même *avertissement*,
« que le gouvernement devienne aisé; qu'il se per-
« pétue par les mêmes lois qui perpétuent le genre
« humain, et qu'il aille pour ainsi dire avec la
« nature. »

M. de Bonald nous reproduit cette forme de bon sens, et quelquefois cette simple grandeur de style. C'est un sujet d'étonnement dont on a peine à revenir, que l'ignorance ou la mauvaise foi dans laquelle est tombé notre siècle, relativement au siècle de Louis XIV. On croit que ces écrivains ont méconnu les principes de l'ordre social, et cependant il n'y a pas de question politique dont Bossuet n'ait parlé, soit dans son *Histoire universelle*, soit dans sa *politique tirée de l'Écriture*, soit surtout dans ses controverses avec les protestants.

Au reste, si l'on peut faire quelques objections à M. de Bonald sur les deux premiers volumes de son ouvrage, il n'en est pas ainsi du troisième. L'auteur y parle de l'*éducation* avec une supériorité de lumière, une force de raisonnement, une netteté de vue, dignes des plus grands éloges. C'est véritablement dans les questions particulières de morale ou de politique que M. de Bonald excelle. Il y répand partout une *modération féconde*, pour employer la belle expression de d'Aguesseau. Je ne doute point que son *Traité d'éducation* n'attire les yeux des hommes d'État, comme sa question de divorce fixa l'attention des meilleurs esprits de la France. On reviendra incessamment sur ce troisième volume, qui mérite seul un extrait.

Le style de M. de Bonald pourroit être quelquefois plus harmonieux et moins négligé. Sa pensée est toujours éclatante et d'un heureux choix ; mais je ne sais si son expression n'est pas quelquefois un peu terne et commune ; légers défauts que le travail fera disparoître. On pourroit aussi désirer plus d'ordre dans les matières, et plus de clarté dans les idées. Les génies forts et élevés ne compatissent pas assez à la foiblesse de leurs lecteurs ; c'est un abus naturel de la puissance. Quelquefois encore, les distinctions de l'auteur paroissent trop ingénieuses, trop subtiles. Comme Montesquieu, il aime à appuyer une grande vérité sur une petite raison. La définition d'un mot, l'explication d'une étymologie, sont des choses trop curieuses et trop arbitraires pour qu'on puisse les avancer au soutien d'un principe important.

Au reste, on a voulu seulement, par ce peu de mots, sacrifier à la triste coutume, qui veut qu'on joigne toujours la critique à l'éloge. A Dieu ne plaise que nous observions misérablement quelque tache dans les écrits d'un homme aussi supérieur que M. de Bonald. Comme nous ne sommes point une autorité, nous avons permission d'admirer avec le vulgaire, et nous en profitons amplement pour l'auteur de la *Législation primitive*.

Heureux les États qui possèdent encore des citoyens comme M. de Bonald ; hommes que les injustices de la fortune ne peuvent décourager, qui combattent pour le seul amour du bien, lors même qu'ils n'ont pas l'espérance de vaincre !

L'auteur de cet article ne peut se refuser une image qui lui est fournie par la position dans laquelle il se trouve. Au moment même où il écrit ces derniers mots, il descend un des plus grands fleuves de la France; sur deux montagnes opposées s'élèvent deux tours en ruines; au haut de ces tours sont attachées de petites cloches que les montagnards sonnent à notre passage. Ce fleuve, ces montagnes, ces sons, ces monuments gothiques, amusent un moment les yeux des spectateurs; mais personne ne s'arrête pour aller où la cloche l'invite: ainsi les hommes qui prêchent aujourd'hui morale et religion donnent en vain le signal du haut de leurs ruines à ceux que le torrent du siècle entraîne; le voyageur s'étonne de la grandeur des débris, de la douceur des bruits qui en sortent, de la majesté des souvenirs qui s'en élèvent; mais il n'interrompt point sa course, et au premier détour du fleuve tout est oublié.

SUR

LA LÉGISLATION PRIMITIVE.

Décembre 1802.

On peut remarquer dans l'histoire que la plupart des révolutions des peuples civilisés ont été précédées des mêmes opinions, et annoncées par les mêmes écrits : *Quid est quod fuit ? ipsum quod futurum est.* Quintilien et Élien nous parlent de cet Archiloque qui osa le premier publier l'histoire honteuse de sa conscience à la face de l'univers, et qui florissoit en Grèce avant la réforme de Solon. Au rapport d'Eschine, Dracon avoit fait un Traité de l'éducation, où, prenant l'homme à son berceau, il le conduisoit pas à pas jusqu'à sa tombe. Cela rappelle l'éloquent sophiste dont M. de La Harpe a fait un portrait admirable.

La *Cyropédie* de Xénophon, une partie de la *République* de Platon, et les premiers livres de ses *Lois,* peuvent être aussi regardés comme de beaux traités plus ou moins propres à former le cœur de la jeunesse. Sénèque, et surtout le judicieux Quintilien, placés sur un autre théâtre, et plus rapprochés de nos temps, ont laissé d'excellentes leçons aux maîtres et aux disciples. Malheureusement, de tant de bons écrits sur l'éducation, nous n'avons emprunté que la partie systématique, et précisément celle qui, tenant aux mœurs des anciens, ne peut s'appliquer à nos mœurs. Cette fatale imitation, que nous avons poussée en tout à l'excès, a causé bien des malheurs : en naturalisant chez nous les dévastations et les assassinats de Sparte et d'Athènes, sans atteindre à la grandeur de ces fameuses cités, nous avons imité ces tyrans qui, pour embellir leur patrie, y faisoient transporter les ruines et les tombeaux de la Grèce.

Si la fureur de tout détruire n'avoit pas été le caractère dominant de ce siècle, qu'avions-nous besoin, cependant, d'aller chercher des systèmes d'éducation dans les débris de l'antiquité? N'avions-nous pas les institutions du christianisme? Cette religion si calomniée (et à qui nous devons toutefois jusqu'à l'art qui nous nourrit), cette religion arracha nos pères aux ténèbres de la barbarie. D'une main, les Bénédictins guidoient les premières charrues dans les Gaules; de l'autre, ils transcrivoient les poëmes d'Homère; et tandis que les *clercs de la vie commune* s'occupoient de la collation des anciens manuscrits, les *pauvres frères des écoles pieuses* enseignoient *gratis* aux enfants du peuple les premiers rudiments des lettres ; ils obéissoient à ce commandement du livre où tout se trouve: *Non des illi potestatem in juventute, et ne despicias cogitatus illius.*

Bientôt parut cette société fameuse qui donna le Tasse à l'Italie et Voltaire à la France, et dont, pour ainsi dire, chaque membre fut un homme de lettres distingué. Le jésuite, mathématicien à la Chine, législateur au Paraguay, antiquaire en Égypte, martyr au Canada, étoit en Europe un maître savant et poli, dont l'urbanité ôtoit à la science ce pédantisme qui dégoûte la jeunesse. Voltaire consultoit sur ses tragédies les pères Porrée et Brumoy : « On a lu *Jules César* devant dix jésuites, écrit-il à « M. de Cideville, ils en pensent comme vous. » La rivalité qui s'établit un moment entre *Port-Royal* et la *Société* força cette dernière à veiller plus scrupuleusement sur sa morale, et les *Lettres provinciales* achevèrent de la corriger. Les jésuites étoient des hommes tolérants et doux, qui cherchoient à rendre la religion aimable, par indulgence pour notre foiblesse, et qui s'égarèrent d'abord dans ce charitable dessein : Port-Royal étoit inflexible et sévère, et, comme le roi-prophète, il sembloit vouloir égaler la rigueur de sa pénitence à la hauteur de son génie. Si le poëte le plus tendre fut élevé à l'école des *Solitaires*, le prédicateur le plus austère sortit du sein de la *Société*. Bossuet et Boileau penchoient pour les premiers : Fénelon et La Fontaine pour la seconde.

« Anacréon se tait devant les jansénistes. »

Port-Royal, sublime à sa naissance, changea et s'altéra tout à coup, comme ces emblèmes antiques qui n'ont que la tête d'aigle ; les jésuites, au contraire, se soutinrent et se perfectionnèrent jusqu'à leur dernier moment. La destruction de cet ordre a fait un mal irréparable à l'éducation et aux lettres; on en convient aujourd'hui. Mais, selon la réflexion touchante d'un historien : *Quis beneficorum servat memoriam ? aut quis ullam calamitosis deberi putat gratiam ? aut quando fortuna non mutat fidem ?*

Ce fut donc sous le siècle de Louis XIV (siècle qui enfanta toutes les grandeurs de la France) que le système de l'éducation pour les deux sexes parvint à son plus haut point de perfection. On se rappelle avec admiration ces temps où l'on vit sortir des écoles chrétiennes, Racine, Molière, Montfaucon, Sévigné, La Fayette, Dacier; ces temps où le chantre d'Antiope donnoit des leçons aux épouses des hommes, où les pères Hardouin et Jouvency expliquoient la belle antiquité, tandis que les génies de Port-Royal écrivoient pour des écoliers de sixième, et que le grand Bossuet se chargeoit du catéchisme des petits enfants.

Rollin parut bientôt à la tête de l'Université; ce savant homme, que l'on prend aujourd'hui pour un pédant de collége plein de ridicules et de préjugés, est pourtant un des premiers écrivains françois qui aient parlé d'un philosophe anglois avec éloge : « Je ferai grand usage de deux auteurs mo« dernes (dit-il dans son *Traité des Études*); ces au« teurs sont M. de Fénelon, archevêque de Cambrai, « et M. Locke, Anglois, dont les écrits sur cette ma« tière sont fort estimés, et avec raison. Le dernier « a quelques sentiments particuliers que je ne vou« drois pas toujours adopter. Je ne sais, d'ailleurs, « s'il étoit bien versé dans la connoissance de la

« langue grecque et dans l'étude des belles-lettres,
« il ne paroît pas au moins en faire assez de cas. »

C'est, en effet, à l'ouvrage de Locke sur l'éducation qu'on peut faire remonter la date de ces opinions systématiques, qui tendent à faire de tous les enfants des héros de roman ou de philosophie. L'*Émile*, où ces opinions sont malheureusement consacrées par un grand talent, et quelquefois par une haute éloquence; l'*Émile* est jugé maintenant comme livre pratique; sous ce rapport il n'y a pas de livre élémentaire pour l'enfance qui ne lui soit bien préférable: on s'en est enfin aperçu, et une femme célèbre a publié de nos jours, sur l'éducation, des préceptes beaucoup plus sains et plus utiles. Un homme, dont le génie a été mûri par les orages de la révolution, achève maintenant de renverser les principes d'une fausse philosophie et de rasseoir l'éducation sur ses bases morales et religieuses. Le troisième volume de la *Législation primitive* est consacré à cet important sujet: nous avons promis de le faire connoître à nos lecteurs.

M. de Bonald commence par poser en principe que l'homme naît ignorant et foible, mais capable d'apprendre; « bien différent de la brute, l'homme
« naît, dit-il, *perfectible*, et l'animal naît *parfait*. »

Que faut-il enseigner à l'homme? Tout ce qui est bon, c'est-à-dire tout ce qui est nécessaire à la *conservation* des êtres.

Et quel est le moyen général de cette conservation? La *société*.

Comment la société exprime-t-elle ses rapports?

Elle les exprime par des *volontés* qui s'appellent *lois*.

Les lois sont donc des volontés, d'où résultent, pour les membres de la société, des *actions* appelées *devoirs*.

Donc l'*éducation* proprement dite est l'*enseignement des lois et des devoirs de la société*.

L'homme, sous le rapport religieux et politique, appartient à une *société domestique* et à une *société publique*. Il y a donc deux systèmes d'éducation, savoir :

L'éducation domestique, qui suit l'enfant dans la maison paternelle ; elle a pour but de former l'homme pour la famille, et de l'instruire des éléments de la religion.

L'éducation publique, qui est celle que les enfants reçoivent de l'État dans des établissements publics ; son but est de former l'homme pour la société publique et les devoirs religieux et politiques qu'elle commande.

L'éducation, dans son principe, doit être essentiellement religieuse. Ici M. de Bonald combat fortement l'auteur d'*Émile*. Dire qu'on ne doit donner à l'enfance aucun principe religieux, c'est une des erreurs les plus funestes que jamais ait avancées la philosophie. L'auteur de la *Législation primitive* cite l'exemple effrayant de soixante-quinze enfants au-dessous de seize ans, jugés à la police correctionnelle, dans l'espace de cinq mois, pour *larcins, vols et atteintes aux mœurs*. M. Scipion Bexon, vice-président du tribunal de première instance du département de la Seine, à qui l'on doit la connoissance de ce fait, ajoute, dans son rapport, *que plus de la moitié des vols qui ont lieu dans Paris sont commis par des enfants.*

«Que des établissements publics, dit M. Necker dans son *Cours de morale religieuse,* assurent à tous les enfants des instructions élémentaires de morale et de religion. Votre indifférence vous rendroit un jour responsables des égarements que vous seriez forcés de punir; votre conscience au moins seroit effrayée du reproche que pourroit vous adresser un jeune homme traduit devant un tribunal criminel, un jeune homme prêt à subir une condamnation rigoureuse. Que pourriez-vous répondre en effet s'il disoit: «Je n'ai jamais été formé à la vertu par aucune leçon; j'ai «été dévoué à des travaux mercenaires; j'ai été lancé dans «le monde avant qu'on eût gravé dans mon cœur ou dans «mon souvenir un seul principe de conduite: on m'a parlé «de liberté, d'égalité, jamais de mes devoirs envers les «autres, jamais de l'autorité religieuse qui m'auroit soumis «à ces devoirs: on m'a laissé l'enfant de la nature, et l'on «veut me juger par des lois que le *génie social* a compo- «sées: ce n'étoit pas avec une sentence de mort qu'il falloit «m'enseigner les obligations de la vie!» Tel est le langage terrible que pourroit tenir un jeune homme en entendant sa condamnation.»

En parlant d'abord de l'éducation domestique, M. de Bonald veut qu'on rejette toutes ces pratiques angloises, américaines, philosophiques, inventées par l'esprit de système et soutenues par la mode.

«Des vêtements légers, dit-il, la tête découverte, un lit dur, sobriété et exercices, des privations plutôt que des jouissances, en un mot, presque toujours ce qui coûte le moins, est en tout ce qui convient le mieux, et la nature n'emploie ni tant de frais ni tant de soins pour élever ce frêle édifice qui ne doit durer qu'un instant, et qu'un souffle peut renverser.»

Il conseille ensuite le rétablissement des *corporations,*

«que le gouvernement doit, dit-il, regarder comme l'éducation domestique des enfants du peuple. Ces corporations, où la religion fortifioit par ses pratiques les règlements de l'autorité civile, avoient, entre autres avantages, celui de contenir par le devoir un peu dur des maîtres une jeunesse grossière, que le besoin de vivre soustrait de bonne heure au pouvoir paternel, et que son obscurité dérobe au pouvoir politique.»

C'est voir les choses de bien haut, et considérer en véritable législateur ce que tant d'écrivains n'ont aperçu qu'en économistes.

L'auteur, passant à l'éducation publique, prouve d'abord, comme Quintilien, l'insuffisance d'une éducation privée, et la nécessité d'une éducation commune. Après avoir parlé des lieux où l'on doit établir les colléges, et fixé le nombre des élèves que chaque collége doit à peu près contenir, il examine la grande question sur les *maîtres;* laissons-le parler lui-même :

«Il faut une éducation perpétuelle, universelle, uni«forme, et par conséquent un instituteur perpétuel, uni«versel, uniforme : il faut donc un corps, car hors d'un «corps il ne peut y avoir ni perpétuité, ni généralité, ni «uniformité.

« Ce corps (car il n'en faut qu'un), chargé de l'éducation
« publique, ne peut pas être un corps purement séculier ;
« car où seroit le lien qui en assureroit la perpétuité, et
« par conséquent l'uniformité? Seroit-ce l'intérêt person-
« nel? Mais des séculiers auront ou pourront avoir une
« famille. Ils appartiendront donc plus à leur famille qu'à
« l'État, à leurs enfants plus qu'aux enfants des autres, à
« leur intérêt personnel plus qu'à l'intérêt public; car l'a-
« mour de soi, dont on veut faire le lien universel, est et
« sera toujours le mortel ennemi de l'amour des autres. ...
« ....
« ....

« Si les instituteurs publics sont célibataires, quoique
« séculiers, ils ne pourront faire corps entre eux, leur agré-
« gation fortuite ne sera qu'une succession continuelle d'in-
« dividus entrés pour vivre, et sortis pour s'établir; et quel
« père de famille osera confier ses enfants à des céliba-
« taires, dont une discipline religieuse ne garantira pas les
« mœurs? S'ils sont mariés, comment l'État pourroit-il as-
« surer à des hommes chargés de famille, animés d'une
« juste ambition de fortune, et plus capables que d'autres
« de s'y livrer avec succès, comment pourroit-il leur as-
« surer un établissement qui puisse les détourner d'une spé-
« culation plus lucrative?. Si, par des vues d'économie, on
« les réunit sous le même toit avec leurs femmes et leurs
« enfants, la concorde est impossible; si on leur permet de
« vivre séparément, les frais sont incalculables. Des hommes
« instruits ne voudront pas soumettre leur esprit à des rè-
« glements devenus routiniers, à des méthodes d'enseigne-
« ment qui leur paroîtront défectueuses; des hommes avides
« et accablés de besoins voudront s'enrichir; des pères de
« famille oublieront les soins publics pour les affections
« domestiques. L'État peut être assuré de ne conserver dans
« les établissements d'éducation que les hommes qui ne se-
« ront propres à aucune autre profession, des mauvais
« sujets; et l'on peut s'en convaincre aisément en se rap-
« pelant que les instruments les plus actifs de nos désordres

« ont été, à Paris, cette classe d'instituteurs laïques atta-
« chés aux colléges, qui, dans leurs idées classiques, ont
« vu le *forum* de Rome à l'assemblée de leurs sections, se
« sont crus des orateurs chargés des destinées de la répu-
« blique, lorsqu'ils n'étoient que des brouillons bouffis
« d'orgueil et impatients de sortir de leur état. Il faut donc
« un corps qui ne puisse se dissoudre; un corps où des
« hommes fassent, à une règle commune, le sacrifice de
« leurs opinions personnelles; à une richesse commune, le
« sacrifice de leur cupidité personnelle; à la famille com-
« mune de l'État, le sacrifice de leurs familles personnelles.
« Mais, quelle autre force que celle de la religion, quels
« autres engagements que ceux qu'elle consacre, peuvent
« lier des hommes à des devoirs aussi austères, et leur com-
« mander des sacrifices aussi pénibles? »

La vigoureuse dialectique de ce morceau sera remarquée de tous les lecteurs. M. de Bonald presse l'argument de manière à ne laisser aucun refuge à ses adversaires. On pourroit seulement lui objecter les universités protestantes; mais il pourroit répondre que les professeurs de ces universités, bien qu'ils soient mariés, sont cependant des *ministres* ou des *prêtres;* que ces universités sont d'ailleurs des fondations *chrétiennes*, dont les revenus et les fonds sont indépendants du gouvernement; qu'après tout, les désordres sont tels dans ces universités, que des parents sages craignent souvent d'y envoyer leurs enfants. Tout cela change absolument l'état de la question, et sert même, en dernière analyse, à confirmer le raisonnement de l'auteur.

M. de Bonald ne s'occupant qu'à poser les principes, néglige de donner des avis particuliers aux maîtres. On les trouve d'ailleurs, ces avis, dans les écrits du bon Rollin. Le seul titre de ces chapitres fait aimer cet excellent homme : *prendre de l'autorité sur les enfants; se faire aimer et craindre; inconvénients et dangers des châtiments; parler raison aux enfants, les piquer d'honneur, faire usage des louanges, des récompenses, des caresses; rendre l'étude aimable; accorder du repos et de la récréation aux enfants; piété, religion, zèle pour le salut des enfants;* c'est sous ce dernier titre qu'on lit ces mots qui font presque verser des larmes d'attendrissement :

«Qu'est-ce qu'un maître chrétien, chargé de l'éducation
«de jeunes gens? C'est un homme entre les mains de qui
«Jésus-Christ a remis un certain nombre d'enfants, qu'il
«a rachetés de son sang et pour lesquels il a donné sa vie;
«en qui il habite comme dans sa maison et dans son temple;
«qu'il regarde comme ses membres, comme ses frères et
«ses cohéritiers, dont il veut faire autant de rois et de
«prêtres qui règneront et serviront Dieu avec lui et par
«lui pendant toute l'éternité; et il les leur a confiés pour
«conserver en eux le précieux et l'inestimable dépôt de
«l'innocence. Or, quelle grandeur, quelle noblesse une
«commission si honorable n'ajoute-t-elle point à toutes les
«fonctions des maîtres?............................
«.......................... Un bon maître doit s'ap-
«pliquer ces paroles que Dieu faisoit continuellement re-
«tentir aux oreilles de Moïse, le conducteur de son peuple:
«Portez-les dans votre sein comme une nourrice a accou-
«tumé de porter son petit enfant; *Porta eos in sinu tuo,*
«*sicut portare solet infantulum.*»

Des maîtres, M. de Bonald passe aux élèves. Il veut qu'on les occupe principalement de l'étude des langues anciennes, qui ouvrent aux enfants les trésors du passé, et promènent leur esprit et leur cœur sur de beaux souvenirs et de grands exemples. Il s'élève contre cette éducation philosophique « qui « encombre, dit-il, la mémoire des enfants de vaines « nomenclatures de minéraux, de plantes, qui ré- « trécissent leur intelligence, etc. »

On doit aimer à se rencontrer dans les mêmes sentiments et les mêmes opinions, avec un homme tel que M. de Bonald. Nous avons eu le bonheur d'attaquer un des premiers cette dangereuse manie de notre siècle[1]. Personne, peut-être, ne sent plus que nous le charme de l'*histoire naturelle*. Mais quel abus n'en fait-on pas aujourd'hui, et dans la manière dont on l'étudie, et dans les conséquences qu'on veut en tirer! L'histoire naturelle, proprement dite, ne peut être, ne doit être qu'une suite de tableaux, comme dans la nature. Buffon avoit un souverain mépris pour les *classifications*, qu'il appeloit *des échafaudages pour arriver à la science, et non pas la science elle-même*[2]. Indépendamment des autres dangers qu'entraîne l'étude exclusive des sciences, comme elles ont un rapport immédiat avec le vice originel de l'homme, elles nourrissent beaucoup plus l'orgueil que les lettres. « Descartes « croyoit, dit le savant auteur de sa vie, qu'il étoit « *dangereux* de s'appliquer trop sérieusement à ces « démonstrations superficielles, que l'industrie et « l'expérience fournissent moins souvent que le

---

[1] Dans le *Génie du Christianisme*.

[2] *Hist. nat.*, tom. I, prem. Disc., pag. 79, édit. 17.

« hasard. Sa maxime étoit[1] que cette application
« nous désaccoutume insensiblement de l'usage de
« notre raison, et nous expose à perdre la route
« que la lumière nous trace[2]. » Et l'on peut ajouter
ces paroles de Locke : « *Entêtés de cette folle pen-*
« *sée, que rien n'est au-dessus de notre compréhen-*
« *sion*[3]. »

Voulez-vous apprendre l'histoire naturelle aux
enfants, sans dessécher leur cœur et sans flétrir
leur innocence, mettez entre leurs mains le commentaire de la *Genèse*, par *M. de Luc*, ou l'ouvrage
cité par Rollin, dans le livre de ses *Études*, intitulé *de la Philosophie*. Quelle philosophie, et combien peu elle ressemble à la nôtre! Citons un morceau au hasard :

« Quel architecte a enseigné aux oiseaux à choisir un lieu
« ferme, et à bâtir sur un fondement solide? Quelle mère
« tendre leur a conseillé d'en couvrir le fond de matières
« molles et délicates, telles que le duvet et le coton? et,
« lorsque ces matières manquent, qui leur a suggéré cette
« ingénieuse charité, qui les porte à s'arracher avec le bec
« autant de plumes de l'estomac qu'il en faut pour préparer
« un berceau commode à leurs petits?

« Est-ce pour les oiseaux, Seigneur, que vous avez uni
« ensemble tant de miracles qu'ils ne connoissent point?
« Est-ce pour les hommes qui n'y pensent pas? Est-ce pour
« des curieux qui se contentent de les admirer sans remon-
« ter jusqu'à vous? et n'est-il pas visible que votre dessein
« a été de nous rappeler à vous par un tel spectacle, de nous

---

[1] Lettre de 1639, pag. 412. DESCARTES, lib. *de Direct. ingén. regula*, n° 5.

[2] *OEuvres de Desc.*, tom. I, pag. 112.

[3] *Entend. hum.*, liv. 1, ch. III, art. 4, trad. de M. Cotte.

« rendre sensibles votre providence et votre sagesse infinie,
« et de nous remplir de confiance en votre bonté, si atten-
« tive et si tendre pour des oiseaux, dont une couple ne
« vaut qu'une obole [1]? »

Il n'y a que les *Études de la nature* de M. Bernardin de Saint-Pierre qui offrent des peintures aussi religieuses et aussi touchantes. La plus belle page de Buffon n'égale peut-être pas la tendre éloquence de ce mouvement chrétien : *Est-ce pour les oiseaux, Seigneur, etc.*

Un étranger se trouvoit, il y a quelque temps, dans une société où l'on parloit du fils de la maison, enfant de sept ou huit ans, comme d'un prodige. Bientôt on entend un grand bruit, les portes s'ouvrent, et l'on voit paroître le petit docteur, les bras nus, la poitrine découverte, et habillé comme un singe qu'on va montrer à la foire. Il arrivoit se roulant d'une jambe sur l'autre, d'un air assuré, regardant avec effronterie, importunant tout le monde de ses questions, et tutoyant également les femmes et les hommes âgés. On le place sur une table, au milieu de l'assemblée en extase; on l'interroge : « Qu'est-ce que l'homme? lui demande gravement un instituteur. — C'est un animal *mammifère*, qui a quatre extrémités, dont deux se terminent en mains. — Y a-t-il d'autres animaux de sa classe ? — Oui : les chauves-souris et les singes. » L'assemblée poussa des cris d'admiration. L'étranger se tournant vers nous, nous dit brusque-

[1] Matth., 10, 20.

ment : « Si j'avois un enfant qui sût de pareilles
« choses, en dépit des larmes de sa mère, je lui
« donnerois le fouet jusqu'à ce qu'il les eût oubliées.
« Je me souviens des paroles de votre Henri IV :
« *M'amie,* disoit-il à sa femme, *vous pleurez quand*
« *je donne le fouet à notre fils; mais c'est pour son*
« *bien, et la peine que je vous fais à présent vous*
« *épargnera un jour bien des peines.* »

Ces petits *naturalistes*, qui ne savent pas un mot
de leur religion et de leurs devoirs, sont à quinze
ans des personnages insupportables. Déjà hommes,
sans être hommes, vous les voyez traîner leur
figure pâle et leur corps énervé dans les cercles
de Paris, décidant de tout en maîtres, ayant une
opinion en morale et en politique, prononçant sur
ce qui est bon ou mauvais, jugeant de la beauté
des femmes, de la bonté des livres, du jeu des
acteurs, de la danse des danseurs, se regardant
danser eux-mêmes avec admiration, se piquant
d'être déjà *blasés* sur leurs *succès,* et, pour comble
de ridicule et d'horreur, ayant quelquefois recours
au suicide.

Ah! ce ne sont pas là ces enfants d'*autrefois*, que
leurs parents envoyoient chercher tous les jeudis
au collége. Ils arrivoient avec des habits simples,
et modestement fermés. Ils s'avançoient timidement
au milieu du cercle de la famille, rougissant quand
on leur parloit, baissant les yeux, saluant d'un air
gauche et embarrassé, mais empruntant des grâces
de leur simplicité même et de leur innocence; et
cependant le cœur de ces pauvres enfants bondis-

soit de joie. Quelles délices pour eux qu'une journée passée ainsi sous le toit paternel, au milieu des complaisances des domestiques, des embrassements des sœurs et des dons secrets de la mère ! Si on les interrogeoit sur leurs études, ils ne répondoient pas que l'homme est un animal *mammifère*, placé entre les chauves-souris et les singes, car ils ignoroient ces importantes vérités ; mais ils répétoient ce qu'ils avoient appris dans Bossuet ou dans Fénelon, que Dieu a créé l'homme pour l'aimer et le servir ; qu'il a une âme immortelle ; qu'il sera puni ou récompensé dans une autre vie, selon ses mauvaises ou bonnes actions ; que les enfants doivent être respectueux envers leurs père et mère ; enfin toutes ces vérités du catéchisme qui font pitié à la philosophie. Ils appuyoient cette *histoire naturelle* de l'homme de quelques passages fameux, en vers grecs ou latins, empruntés d'Homère ou de Virgile ; et ces belles citations du génie de l'antiquité se marioient assez bien aux génies non moins antiques de l'auteur de *Télémaque* et de celui de l'*Histoire universelle*.

Mais il est temps de passer au résumé général de *la Législation primitive ;* tels sont les principes que M. de Bonald a posés :

Il y a un Être-Suprême ou une cause générale.

Cet Être-Suprême est Dieu. Son existence est surtout prouvée par la parole, que l'homme n'a pas pu trouver, et qui lui a été enseignée.

La cause générale, ou Dieu, a produit un effet également général dans le monde : c'est l'homme.

Ces deux termes, cause et effet, Dieu et l'homme, ont un terme moyen nécessaire, sans quoi il n'y auroit point de rapports entre eux. »

Ce terme moyen nécessaire doit se proportionner à la perfection de la cause et à l'imperfection de l'effet.

Quel est ce terme moyen? où étoit-il? « C'étoit là, dit l'auteur, la grande énigme de l'univers. »

Il étoit annoncé à un peuple; il devoit être connu d'un autre.

Il est venu au terme marqué. Avant lui les véritables rapports de l'homme avec Dieu n'étoient point connus, parce que les êtres ne sont point connus par eux-mêmes, qu'ils ne le sont que par leurs rapports, et que tout terme moyen ou tout rapport manquoit entre l'homme et Dieu.

Ainsi il y aura véritable connoissance de Dieu et de l'homme partout où le médiateur sera connu, et ignorance de Dieu et de l'homme partout où le médiateur sera inconnu.

Là où il y a connoissance de Dieu et de l'homme, et de leur rapport naturel, il y a nécessairement de bonnes lois, puisque les lois sont l'expression des rapports naturels; donc la civilisation suivra la connoissance du médiateur, et la barbarie l'ignorance du médiateur.

Donc il y a eu civilisation commencée chez les Juifs et civilisation consommée chez les chrétiens. Les peuples païens ont été des *barbares*.

Il faut entendre le mot *barbare* dans le sens de l'auteur. Les arts pour lui ne constituent pas un peuple *civilisé*, mais un peuple *policé*. Il n'attache le mot de civilisation qu'aux lois morales et politiques; on sent que tout ceci, bien que supérieurement enchaîné, est sujet à de grandes objections. On aura toujours un peu de peine à admettre qu'un Turc d'aujourd'hui est plus *civilisé* qu'un Athénien d'autrefois, parce qu'il a une *connoissance confuse du médiateur*. Les systèmes exclusifs qui mènent à de grandes choses et à de grandes découvertes, ont inévitablement des dangers et des parties foibles.

Les trois termes primitifs étant établis, M. de Bonald les applique au mode social ou moral, parce que ces trois termes renferment en effet l'ordre de l'univers. La *cause*, le *moyen* et l'*effet* deviennent alors pour la société, le *pouvoir*, le *ministre* et le *sujet*.

La société est religieuse ou politique, domestique ou publique.

L'état purement domestique de la société religieuse s'appelle religion naturelle.

L'état purement domestique de la société politique s'appelle famille.

L'accomplissement de la société religieuse a été de faire passer le genre humain au *déisme* ou à la religion *nationale* des Juifs, et de là à la religion *générale* des chrétiens.

Le perfectionnement de la société politique en Europe a été de faire passer les hommes de l'état domestique à l'état public et fixe des peuples civilisés qui composent la chrétienté.

Le lecteur doit s'apercevoir ici qu'il a quitté la partie systématique de l'ouvrage de M. de Bonald, et qu'il entre dans une série de principes les plus féconds et les plus nouveaux.

Dans tous les modes particuliers de la société, le pouvoir *veut* la société, c'est-à-dire sa conservation; le ministre *agit*, en exécution de la volonté du pouvoir. Le sujet est *l'objet de la volonté* du pouvoir et *le terme de l'action* des ministres.

Le pouvoir *veut ;* il doit être un : les ministres agissent, ils doivent être plusieurs.

Ainsi M. de Bonald arrive à la base fondamentale de son système politique ; base qu'il a été chercher, comme on le voit, jusque dans le sein de Dieu. La monarchie, selon lui, ou l'unité du pouvoir, est le seul gouvernement qui dérive de l'essence des choses et de la souveraineté du Tout-Puissant sur la nature. Toute forme politique qui s'en éloigne ramène plus ou moins l'homme à l'enfance des peuples, ou la barbarie de la société.

Dans le livre second de son ouvrage, M. de Bonald montre l'application aux états particuliers de la société. Il établit pour la famille, ou la société domestique, les divers rapports entre les maîtres et les domestiques, entre les pères et les enfants. Dans la société publique, il déclare que le pouvoir public doit être comme le pouvoir domestique, commis à Dieu seul et indépendant des hommes, c'est-à-dire qu'il doit être un, masculin, propriétaire, perpétuel ; car, sans unité, sans masculinité, sans propriété, sans perpétuité, il n'y a pas de véritable indépendance. Les attributions du pouvoir, l'état de paix et de guerre, le code des lois, sont examinés par l'auteur. D'accord avec son titre, il se renferme pour tout cela dans les éléments de la législation. Il a senti la nécessité de rappeler les notions les plus simples, lorsque tous les principes ont été bouleversés dans la société.

Dans le traité du *ministère public,* qui suit les

deux livres de principes, l'auteur cherche à prouver par l'histoire des temps modernes, et surtout par celle de France, la vérité des principes qu'il a avancés.

La religion chrétienne, en paroissant au monde, dit-il, appela à son berceau des bergers et des rois; et leurs hommages, les premiers qu'elle ait reçus, annoncèrent à l'univers qu'elle venoit régler les familles et les États, l'homme privé et l'homme public.

Le combat s'engage entre l'idolâtrie et le christianisme; il fut sanglant. La religion perd ses plus généreux athlètes, mais elle triomphe. Jusqu'alors renfermée dans la famille ou la société domestique, elle passe dans l'État; elle devient propriétaire. Aux petites églises d'Éphèse et de Thessalonique succèdent les grandes églises des Gaules et de la Germanie. L'état politique se forme avec l'état religieux, ou plutôt est constitué naturellement par lui. Les grandes monarchies de l'Europe se forment avec les grandes églises: l'Église a son chef, ses ministres, ses fidèles; l'État, son chef, ses ministres, ses féaux ou sujets. Division de juridiction, hiérarchie dans les fonctions, nature des propriétés, tout, jusqu'aux dénominations, devient peu à peu semblable dans le ministère religieux et le ministère politique. L'Église est divisée en métropoles, diocèses, etc.; l'État, en gouvernements ou duchés, districts ou comtés, etc. L'Église a ses ordres religieux, chargés de l'éducation et du dépôt des sciences; l'État a ses ordres militaires, voués à la défense de la religion: partout l'État s'élève avec l'Église, le donjon à côté du clocher, le seigneur ou le magistrat à côté du prêtre; le noble ou le défenseur de l'État vit à la campagne; le religieux habite les déserts. Bientôt le premier ordre s'altère, et s'altère à la fois dans l'ordre politique et religieux. Le noble vient habiter les villes, qui s'agrandissent; le prêtre quitte en même temps la solitude. Les propriétés se dénaturent; les invasions des Normands, les changements des races régnantes, les Croisades, les guerres des rois contre les vassaux font passer dans les mains du clergé un grand nombre de fiefs, propriété naturelle et exclusive de l'ordre politique ; et dans les mains des nobles, des dîmes ecclésiastiques, propriété naturelle et exclusive de l'ordre clérical : les devoirs suivirent naturellement les propriétés auxquelles ils étoient attachés. Le noble nomma des bénéfices et quelquefois les rendit héréditaires dans sa famille. Le prêtre institua des juges et leva des soldats, où même jugea et combattit lui-même, et l'esprit de chaque ordre fut altéré, en même temps que les propriétés furent confondues.

Enfin l'époque de la grande révolution religieuse arrive : elle est d'abord préparée dans l'Église par l'imprudente institution des ordres mendiants, que la cour de Rome crut devoir opposer au clergé riche et corrompu ; mais ces corps deviennent bientôt en France, chez une nation élégante et spirituelle, l'objet des sarcasmes des savants[1]. En même temps que Rome avoit établi ses milices, l'État avoit fondé les siennes. Les Croisades, les usurpations de la couronne ayant appauvri l'ordre des nobles, il fallut avoir recours pour la défense de l'État aux troupes soldées. La force militaire, sous Charles VII, passe au *peuple armé* ou aux troupes soldées ; la force judiciaire, sous François Ier, passe au *peuple lettré*, par la vénalité des offices judiciaires. La réformation dans l'Église vient concourir avec les innovations dans l'État. Les simples citoyens

---

[1] Lorsque les ordres mendiants furent établis dans l'Église, peut-on dire que les François fussent alors une nation ÉLÉGANTE ? D'ailleurs l'auteur n'oublie-t-il pas les services innombrables que ces ordres ont rendus à l'humanité ? Les premiers savants qui parurent à la renaissance des lettres étoient bien loin de tourner les ordres mendiants en ridicule, puisqu'un grand nombre de ces savants étoient eux-mêmes des religieux. Il nous semble donc que l'auteur confond ici les époques ; mais on peut lui accorder qu'il eût été bon de diminuer insensiblement les ordres mendiants, à mesure que l'élégance des mœurs françoises s'est développée.

avoient pris la place des magistrats, constitués dans les fonctions politiques ; les simples fidèles usurpèrent sur les prêtres les fonctions religieuses. Luther attenta au sacerdoce public. Calvin le remplaça dans la famille. Le popularisme entra dans l'État, et le presbytérianisme dans l'Église. Le ministère public passa au peuple en attendant qu'il s'arrogeât le souverain pouvoir, et alors furent proclamés les deux dogmes parallèles et correspondants de la démocratie religieuse et de la démocratie politique : l'un, que l'autorité religieuse est dans le corps des fidèles, l'autre que la souveraineté politique est dans l'assemblée des citoyens.

Avec le changement dans les principes, vient le changement dans les mœurs. Les nobles abandonnent les belles fonctions de juges, pour embrasser uniquement le métier des armes. La licence militaire vient relâcher les nœuds de la morale ; les femmes influent sur le ministère public ; le luxe s'introduit à la cour et dans les villes ; un peuple de citadins remplace une nation agricole ; au défaut de considération on veut obtenir des titres ; la noblesse est vendue, en même temps que les biens de l'Église sont mis à l'encan ; les grands noms s'éteignent ; les premières familles de l'État tombent dans la pauvreté ; le clergé perd son autorité et sa considération ; enfin, le philosophisme, sortant du fond de ce chaos religieux et politique, achève de renverser la monarchie ébranlée.

Ce morceau très remarquable est tiré de la *Théorie du pouvoir politique et religieux*, ouvrage supprimé par le directoire, et dont il n'est échappé qu'un très petit nombre d'exemplaires. Il seroit à désirer qu'on donnât un résumé de ce livre important, supérieur même à la *Législation primitive*, et dont celui-ci n'est, pour ainsi dire, qu'un extrait. On sauroit alors d'où sortent toutes ces idées si neuves en politique, et que des écrivains mettent aujourd'hui en avant, sans indiquer la source où ils les ont puisées.

Au reste, nous avons trouvé partout (et nous nous en faisons gloire), dans l'ouvrage de M. de Bonald, la confirmation des principes littéraires et religieux que nous avons énoncés dans le *Génie du Christianisme*. Il va même plus loin que nous à quelques égards; car nous ne nous sentons pas assez d'autorité pour oser dire comme lui, *qu'il faut prendre aujourd'hui les plus grandes précautions pour n'être pas ridicule en parlant de la mythologie*. Nous croyons qu'un heureux génie peut encore tirer bien des trésors de cette mine féconde : mais nous pensons aussi, et nous avons peut-être été le premier à l'avancer, qu'il y a plus de ressource pour la poésie dramatique dans la religion chrétienne que dans la religion des anciens; que les merveilles sans nombre qui résultent nécessairement pour le poëte de la lutte des passions et d'une religion chaste et inflexible, peuvent compenser amplement la perte des beautés mythologiques. Quand nous n'aurions fait naître qu'un doute sur cette importante question littéraire, sur cette question décidée, en faveur de la fable, par les plus grandes autorités, ne seroit-ce pas avoir obtenu une espèce de victoire[1]?

---

[1] Madame de Staël elle-même, dans la préface d'un roman, veut bien nous accorder quelque chose, et convenir que les idées religieuses sont favorables au développement du génie; cependant elle semble avoir écrit son livre pour combattre ces mêmes idées et pour prouver qu'il n'y a rien de plus sec que le christianisme, et

M. de Bonald s'élève aussi contre ces esprits timides, qui, par *respect* pour la religion, laisseroient volontiers la religion périr. Il s'exprime presque dans les mêmes termes que nous :

> Lorsqu'on méconnoît d'un bout de l'Europe à l'autre ces vérités nécessaires à l'ordre social..... seroit-il besoin de se justifier devant des esprits timides et des âmes timorées, d'oser soulever un coin du voile qui dérobe ces vérités aux regards inattentifs? et y auroit-il des chrétiens d'une foi assez foible pour penser qu'elles seront moins respectées à mesure qu'elles seront plus connues?

Au milieu des violentes critiques qui nous ont assailli dès nos premiers pas dans la littérature, nous avouerons qu'il est extrêmement flatteur et consolant pour nous de voir aujourd'hui notre foible travail sanctionné par une opinion aussi grave que celle de M. de Bonald. Cependant nous prendrons la liberté de lui dire que, dans l'ingénieuse comparaison qu'il fait de son ouvrage au nôtre, il prouve qu'il sait se servir mieux que nous des armes de l'imagination, et que s'il ne les emploie pas plus souvent, c'est qu'il les dédaigne. Il est, quoi qu'il en puisse dire, le savant architecte du temple, dont nous ne sommes que l'inhabile décorateur.

---

de plus tendre que la philosophie. A-t-elle atteint ou manqué son but? c'est au public à prononcer. Mais du moins elle a donné de nouvelles preuves d'un esprit distingué et d'une imagination brillante; et quoiqu'elle essaie de faire valoir des opinions qui glacent et dessèchent le cœur, on sent percer dans tout son ouvrage cette bonté que les systèmes philosophiques n'ont pu altérer, et cette générosité que les malheureux n'ont jamais réclamée en vain.

On doit beaucoup regretter que M. de Bonald n'ait pas eu le temps ni la fortune nécessaire pour ne faire qu'un seul ouvrage de sa *Théorie du Pouvoir*, de son *Divorce*[1], de sa *Législation primitive*, et de ses divers *Traités de politique*. Mais la Providence qui dispose de nous, a marqué d'autres devoirs à M. de Bonald : elle a demandé à son cœur le sacrifice de son génie. Cet homme rare et modeste consacre aujourd'hui ses moments à une famille malheureuse, et les soucis paternels lui font oublier les soins de la gloire. On fera de lui l'éloge que l'Écriture fait des patriarches : *Homines divites in virtute, pulchritudinis studium habentes : pacificantes in domibus suis.*

Le génie de M. de Bonald nous semble encore plus profond qu'il n'est haut; il creuse plus qu'il ne s'élève. Son esprit nous paroît à la fois solide et fin : son imagination n'est pas toujours, comme les imaginations éminemment poétiques, portée par un sentiment vif ou une grande image ; mais aussi elle est spirituelle, ingénieuse; ce qui fait qu'elle a plus de calme que de mouvement, plus de lumière que de chaleur. Quant aux sentiments de M. de Bonald, ils respirent partout cet honneur françois, cette probité, qui font le caractère dominant des écrivains du siècle de Louis XIV. On sent que ces écrivains ont découvert la vérité, moins

---

[1] M. de Fontanes, dans un extrait de cet excellent ouvrage, a placé le premier M. de Bonald au rang qu'il doit occuper dans les lettres.

encore par la force de leur esprit que par la droiture de leur cœur.

On a si rarement de pareils hommes et de pareils ouvrages à annoncer au public, qu'on nous pardonnera la longueur de cet extrait. Quand les clartés qui brillent encore sur notre horizon littéraire se cachent ou s'éteignent par degré, on arrête complaisamment ses regards sur une nouvelle lumière qui se lève. Tous ces hommes vieillis glorieusement dans les lettres, ces écrivains depuis longtemps connus, auxquels nous succéderons, mais que nous ne remplacerons pas, ont vu des jours plus heureux. Ils ont vécu avec Buffon, Montesquieu et Voltaire; Voltaire avoit connu Boileau; Boileau avoit vu mourir le vieux Corneille; et Corneille enfant avoit peut-être entendu les derniers accents de Malherbe. Cette belle chaîne du génie françois s'est brisée. La révolution a creusé un abîme qui a séparé à jamais l'avenir et le passé. Une génération moyenne ne s'est point formée entre les écrivains qui finissent et les écrivains qui commencent. Un seul homme pourtant tient encore le fil de l'antique tradition, et s'élève dans cet intervalle désert. On reconnoîtra sans peine celui que l'amitié n'ose nommer, mais que l'auteur célèbre, oracle du goût et de la critique, a déjà désigné pour son successeur. Toutefois, si les écrivains de l'âge nouveau, dispersés par la tempête, n'ont pu s'instruire auprès des anciennes autorités, s'ils ont été obligés de tirer tout d'eux-mêmes, la solitude et l'adversité ne sont-elles pas aussi de grandes écoles? Compagnons des mêmes infortunes, amis avant d'être auteurs, puissent-ils ne voir jamais renaître parmi eux ces honteuses jalousies qui ont trop souvent déshonoré un art noble et consolateur ! Ils ont encore besoin d'union et de courage : les lettres seront long-temps orageuses. Elles ont produit la révolution, et elles seront le dernier asile des haines révolutionnaires. Un demi-siècle suffira à peine pour calmer tant de vanités compromises, tant d'amours-propres blessés. Qui peut donc espérer de voir des jours plus sereins pour les muses ? La vie est trop courte ; elle ressemble à ces carrières où l'on célébroit les jeux funèbres chez les anciens, et au bout desquelles apparoissoit un tombeau.

Ἐσηκεξύγον αὖον ὅσον, etc.

« De ce côté, dit Nestor à Antiloque, s'élève de « terre le tronc dépouillé d'un chêne ; deux pierres « le soutiennent dans un chemin étroit ; c'est une « tombe antique, et la borne marquée à votre « course. »

SUR

LE PRINTEMPS D'UN PROSCRIT,

POËME,

PAR M. J. MICHAUD.

Janvier 1803.

Voltaire a dit : « Ou chantez vos plaisirs, « ou laissez vos chansons. » Ne pourroit-on pas dire avec autant de vérité : « Ou chantez vos « malheurs, ou laissez vos chansons ? »

Condamné à mort pendant les jours de la terreur, obligé de fuir une seconde fois après le 18 fructidor, l'auteur du *Printemps d'un proscrit* est reçu, par des cœurs hospitaliers, dans les montagnes du Jura, et trouve dans le tableau de la nature à la fois de quoi consoler et nourrir ses regrets.

Lorsque la main de la Providence nous éloigne du commerce des hommes, nos yeux moins distraits se fixent sur le spectacle de la création, et nous y découvrons des merveilles que nous n'aurions jamais soupçonnées. Du fond de la solitude on contemple les tempêtes du monde, comme un homme jeté sur une île déserte se plaît, par une secrète mélancolie, à voir les flots se briser sur les côtes où il fit naufrage. Après la perte de nos amis, si nous ne succombons pas à la douleur, notre cœur se replie sur lui-même ; il forme le projet de se détacher de tout autre sentiment, et de vivre uniquement avec ses souvenirs. Nous sommes alors moins propres à la société, mais notre sensibilité se développe aussi davantage. Que celui qui est abattu par le chagrin s'enfonce dans l'épaisseur des forêts ; qu'il erre sous leur voûte mobile ; qu'il gravisse la montagne d'où l'on découvre des pays immenses, ou le soleil se levant sur les mers ; sa douleur ne tiendra point contre un tel spectacle, non qu'il oublie ceux qu'il aima (car alors qui ne craindroit d'être consolé ?) ; mais le souvenir de ses amis se confondra avec le calme des bois et des cieux ; il gardera sa douceur, et ne perdra que son amertume : heureux ceux qui aiment la nature ; ils la trouveront, et ne trouveront qu'elle, au jour de l'adversité [1] !

Ces réflexions nous ont été fournies par l'ouvrage aimable que nous annonçons. Ce n'est point un poëte qui cherche seulement la pompe et la perfection de l'art ; c'est un infortuné qui s'entretient avec lui-même, et qui touche la lyre pour rendre l'expression de sa douleur plus harmonieuse ; c'est un proscrit qui dit à son livre, comme Ovide au sien :

« Mon livre, vous irez à Rome, et vous irez à « Rome sans moi !...... Hélas ! que n'est-il permis « à votre maître d'y aller lui-même ! Partez, mais

---

[1] Ce paragraphe est emprunté de l'*Essai historique*.

« sans appareil, comme il convient au livre d'un
« poëte exilé. »

L'ouvrage, divisé en trois chants, s'ouvre par
une description des premiers beaux jours de l'année. L'auteur compare la tranquillité des campagnes à la terreur qui régnoit alors dans les villes;
il peint le laboureur donnant asile à des proscrits :

. . . .
Dans cet âge de fer, ami des malheureux,
Il pleure sur leurs maux, console leur misère,
Et comme à ses enfants leur ouvre sa chaumière.
Les bois qu'il a plantés, sous leurs rameaux discrets,
Dérobent aux méchants les heureux qu'il a faits.
Le pâle fugitif y cache ses alarmes,
Et loin des factions, loin du fracas des armes,
Pleure en paix sur les maux de l'État ébranlé.

La religion, persécutée dans les villes, trouve à
son tour un asile dans les forêts, bien qu'elle y ait
aussi perdu ses autels et ses temples.

Quelquefois le hameau que rassemble un saint zèle,
Au Dieu dont il chérit la bonté paternelle,
Vient, au milieu des nuits, offrir, au lieu d'encens,
Les vœux de l'innocence et les fleurs du printemps.
L'écho redit aux bois leur timide prière.
Hélas! qu'est devenu l'antique presbytère,
Cette croix, ce clocher élancé dans les cieux,
Et du temple sacré l'airain religieux ;
Et le saint du hameau dont le vitrau gothique
Montroit l'éclat pieux et l'image rustique?
Ces murs, où de Dieu même on proclamoit les lois,
D'un pasteur révéré n'entendent plus la voix.

Ces vers sont naturels et faciles. Quant aux sentiments du poëte, ils sont doux et pieux, et se mêlent bien aux objets dont il compose le fond de son tableau. Nos églises donnent à nos hameaux et à nos villes un caractère singulièrement moral. Les yeux du voyageur viennent d'abord s'attacher sur la flèche religieuse de nos clochers, dont l'aspect réveille dans son sein une foule de sentiments et de souvenirs. C'est la pyramide funèbre autour de laquelle dorment les aïeux; mais c'est aussi le monument de joie où la cloche annonce la vie du fidèle. C'est là que les époux s'unissent; c'est là que les chrétiens se prosternent au pied des autels : le foible pour prier le Dieu de force, le coupable pour implorer le Dieu de miséricorde, l'innocent pour chanter le Dieu de bonté. Un paysage paroît-il nu, triste et désert, placez-y un clocher champêtre, à l'instant tout va s'animer, les douces idées de *pasteur* et de *troupeau*, d'asile pour le voyageur, d'aumône pour le pèlerin, d'hospitalité et de fraternité chrétienne, vont naître de toutes parts.

Un curé de campagne frappé d'une loi de mort, ne voulant pas abandonner son troupeau, et allant la nuit consoler le laboureur, étoit un tableau qui devoit naturellement s'offrir à un poëte proscrit :

> Il erre au sein des bois : ô nuit silencieuse!
> Prête ton ombre amie à sa course pieuse.
> S'il doit souffrir encore, ô Dieu! sois son appui;
> C'est la voix du hameau qui t'implore pour lui.
> Et vous, qu'anime encore une rage cruelle,
> Pardonnez aux vertus dont il est le modèle.
> Au cachot échappé, vingt fois chargé de fers,
> Il prêche le pardon des maux qu'il a soufferts;
> Et chez l'infortuné, qui se plait à l'entendre,
> Il va sécher les pleurs que vous faites répandre,

En fuyant à travers ces fertiles vallons,
Pauvre et sans espérance il bénit les sillons;
Seul au courroux céleste il s'offre pour victime;
Et dans ce siècle impie, où règne en paix le crime,
Lorsqu'un destin cruel nous condamne à souffrir,
Il nous apprend à vivre, et nous aide à mourir.

Il nous semble que ces vers sont pleins de simplicité et d'onction. Nous sommes-nous donc beaucoup trompé, lorsque nous avons soutenu que la religion est favorable à la poésie, et qu'en la repoussant on se prive d'un des plus grands moyens de remuer les cœurs?

L'auteur, caché dans son désert, se rappelle les amis qu'il ne verra plus :

Oh! que ne puis-je voir dans mon humble retraite
Du poëte romain l'immortel interprète!
C'est lui qui m'inspira le goût si pur des champs,
Aux spectacles que j'aime il consacra ses chants;
Mariant son génie à celui de Virgile,
Il s'éleva semblable à la vigne fertile
Qui s'unit à l'ormeau devenu son appui,
Suit les mêmes penchants et s'élève avec lui.
Il n'est plus avec nous, et sa muse exilée
Erre sur d'autres bords, plaintive et désolée [1].
. . . .
O chantre du malheur, je ne t'entendrai plus!
Et vous dont j'admirois les talents, les vertus,
Près de vous, aux leçons de l'austère sagesse,
Je perds l'espoir heureux de former ma jeunesse :
Fontanes, dont la voix consola les tombeaux;
Saint-Lambert, qui chantas les vertus des hameaux,
Morellet, dont la plume éloquente et hardie
Plaida pour le malheur devant la tyrannie;

---

[1] M. Delille étoit alors en Angleterre.

Suard, qui réunis, émule d'Addison,
Le savoir à l'esprit, la grâce à la raison;
La Harpe, qui du goût proclamas les oracles;
Sicard, dont les travaux sont presque des miracles;
Jussieu, Laplace, et toi, vertueux Daubenton,
Qui m'appris des secrets inconnus à Buffon;
Je ne vous verrai plus!

Ces regrets sont touchants, et les éloges que l'auteur donne ici à ses amis ont le mérite bien rare d'être d'accord avec l'opinion publique : d'ailleurs, tout cela nous semble dans le goût de l'antiquité. N'est-ce pas ainsi que le poëte latin que nous avons déjà cité s'adresse aux amis qu'il a laissés à Rome ? « Il y a, dit Ovide, dans le pays natal, je ne sais « quoi de doux qui nous appelle, qui nous charme, « et ne nous permet pas de l'oublier..... Vous espé- « rez, cher Rufin, que les chagrins qui me tuent « céderont aux consolations que vous m'envoyez « dans mon exil; commencez donc, ô mes amis! à « être moins aimables, afin qu'on puisse vivre sans « vous avec moins de peine. »

Hélas! en lisant le nom de M. de La Harpe dans les vers de M. Michaud, qui ne se sentiroit attendri! A peine avons-nous retrouvé les personnes qui nous sont chères, qu'il faut encore, et pour toujours, nous séparer d'elles! Nul ne comprend mieux que nous toute l'étendue du malheur qui menace en ce moment les lettres et la religion. Nous avons vu M. de La Harpe abattu, comme Ézéchias, sous la main de Dieu; il n'y a qu'une foi vive et une sainte espérance qui puissent donner une résignation aussi parfaite, un courage aussi grand, des pensées aussi hautes et aussi touchantes, au milieu des douleurs d'une lente agonie et des épreuves de la mort.

Les poëtes aiment à peindre les malheurs de l'exil, si féconds en sentiments tendres et tristes. Ils ont chanté Patrocle, réfugié aux foyers d'Achille, Cadmus abandonnant les murs de Sidon, Tydée retiré chez Adraste, et Teucer trouvant un abri dans l'île de Vénus. Le chœur dans *Iphigénie en Tauride*, voudroit pouvoir traverser les airs : « J'ar-« rêterois mon vol sur la maison paternelle; je re-« verrois ces lieux si chers à mon souvenir, où, sous « les yeux d'une mère, je célébrois un innocent « hymen. » Eh! qui ne connoît le *dulces moriens reminiscitur Argos?* Qui ne se rappelle Ulysse errant loin de sa patrie, et désirant pour tout bonheur, d'apercevoir seulement la fumée de son palais? Mercure le trouve assis tristement sur le rivage de l'île de Calypso : *il regardoit, en versant des pleurs, cette mer éternellement agitée.* (irrequietum),

Πόντον ἐπ' ἀτρύγετον δερκέσκετο δάκρυα λείβων.

Vers admirable, que Virgile a traduit en l'appliquant aux Troyennes exilées.

Cunctæque profundum
Pontum aspectabant flentes.

Ce *flentes* rejeté à la fin de la phrase est bien beau. Ossian a peint avec des couleurs différentes, mais qui ont aussi beaucoup de charmes, une jeune femme morte loin de son pays, dans une terre étrangère.

«There lovely Moïna is often seen when the sunbeam «darts on the rock, and all around is dark. There she is «seen, Malvina, but not like the daughters of the hill. «Her robes are from the stranger's land; and she is still «alone. »

« Quand un rayon du soleil frappe le rocher, et « que tout est obscur à l'entour, c'est là (au tombeau « de Carthon et de Clessamor) qu'on voit souvent « l'ombre de la charmante Moïna; on l'y voit sou- « vent, ô Malvina! mais non telle que les filles de « la colline. Ses vêtements sont du pays de l'étran- « ger, et elle est encore solitaire. »

On devine, par la douceur des plaintes de l'auteur du poëme du *Printemps*, qu'il avoit *ce mal du pays*, ce mal qui attaque surtout les François loin de leur patrie. Monime, au milieu des Barbares, ne pouvoit oublier le *doux sein de la Grèce*. Les médecins ont appelé cette tristesse de l'âme *nostalgie*, de deux mots grecs νοστος, retour, et ἄλγος, douleur, parce qu'on ne peut la guérir qu'en retournant aux foyers paternels. Eh! comment M. Michaud, qui sait faire soupirer sa lyre, n'eût-il pas mis de la sensibilité dans un sujet que Gresset lui-même n'a pu chanter sans s'attendrir! Dans son ode sur l'*Amour de la patrie*, on trouve cette strophe touchante :

Ah! dans sa course déplorée,
S'il succombe au dernier sommeil,

Sans revoir la douce contrée
Où brilla son premier soleil;
Là son dernier soupir s'adresse,
Là son expirante tendresse
Veut que ses os soient ramenés :
D'une région étrangère,
La terre seroit moins légère
A ses mânes abandonnés !

Au milieu des douces consolations que la retraite fournit à notre poëte exilé, il s'écrie :

O beaux jours du printemps! ô vallons enchantés!
Quel chef-d'œuvre des arts égale vos beautés?
Tout Voltaire vaut-il un rayon de l'aurore,
Ou la moindre des fleurs que Zéphyr fait éclore?

Mais Voltaire (dont nous détestons d'ailleurs les impiétés tout autant que M. Michaud) n'exprime-t-il pas quelquefois des sentiments aimables[1]? N'a-t-il pas connu jusqu'à ces doux regrets de la patrie ? « Je vous écris à côté d'un poêle, dit-il à madame « Denis, la tête pesante et le cœur triste en jetant « les yeux sur la rivière de la Sprée, parce que la « Sprée tombe dans l'Elbe, l'Elbe dans la mer, et « que la mer reçoit la Seine, et que notre maison « de Paris est assez près de cette rivière. »

On dit qu'un François, obligé de fuir pendant la terreur, avoit acheté de quelques deniers une barque sur le Rhin. Il s'y étoit logé avec sa femme et ses deux enfants. N'ayant point d'argent, il n'y avoit point pour lui d'hospitalité. Quand on le

---

[1] M. Michaud a depuis corrigé ce passage.

chassoit d'un rivage, il passoit sans se plaindre à l'autre bord; souvent, poursuivi sur les deux rives, il étoit obligé de jeter l'ancre au milieu du fleuve. Il pêchoit pour nourrir sa famille, mais les hommes lui disputoient encore les secours de la Providence, et lui envioient quelques petits poissons qu'avoient mangés ses enfants. La nuit il cueilloit des herbes sèches pour faire un peu de feu, et sa femme demeuroit dans de mortelles angoisses jusqu'à son retour. Cette famille, à qui l'on ne pouvoit reprocher que ses malheurs, n'avoit pas sur le vaste globe un seul coin de terre où elle osât reposer sa tête. Obligée de se faire sauvage entre quatre grandes nations civilisées, toute sa consolation étoit qu'en errant dans le voisinage de la France, elle pouvoit quelquefois respirer un air qui avoit passé sur son pays[1].

M. Michaud erroit ainsi sur les montagnes d'où il pouvoit du moins découvrir la cime des arbres de la patrie. Mais comment passer le temps sur un sol étranger? comment occuper ses journées? N'est-il pas tout naturel alors d'aller visiter ces tombeaux champêtres, où, pleines de joie, des âmes chrétiennes ont terminé leur exil? C'est ce que fait l'auteur du poëme du *Printemps;* et, grâce à la saison qu'il a choisie, l'asile de la mort est un beau champ couvert de fleurs.

> Sous ces débris couverts d'une mousse légère,
> Sous cet antique ormeau dont l'abri solitaire

---

[1] Ce morceau est emprunté du *Génie du Christianisme*.

Répand sur l'horizon un deuil religieux,
Reposent du hameau les rustiques aïeux.
Bravant les vains mépris de la foule insensée,
Jamais l'ambition ne troubla leur pensée.
Peut-être en ce cercueil, d'humbles fleurs entouré,
Dort un fils d'Apollon, d'Apollon ignoré,
Un héros dont le bras eût fixé la victoire,
Qui n'a point su combattre, et qui mourut sans gloire.
Un Cromwell, un Sylla, du hameau dédaigné,
Qui respecta les lois et qui n'a point régné.
Ainsi la fleur qui naît sur les monts solitaires,
Ne montre qu'au désert ses couleurs passagères ;
Et l'or, roi des métaux, cache en des souterrains
Son éclat trop funeste au repos des humains.

Peut-être l'auteur eût-il mieux fait de se rapprocher davantage du poëte anglois qu'il imite. Il a substitué l'image de l'or enfoui dans les entrailles de la terre à celle de la *perle cachée dans le sein des mers ;* la fleur qui ne *montre qu'au désert ses couleurs passagères*, n'est peut-être pas exactement *la fleur qui est née pour rougir sans être vue* (is born to blush unseen [1].)

> Full many a gem of purest ray serene,
>   The dark unfathom'd caves of ocean bear ;
> Full many a flower is born to blush unseen,
>   And waste its sweetness in the desert air.

Nous avions essayé autrefois de rendre ainsi ces quatre vers, qu'on doit juger avec indulgence, car nous ne sommes pas poëte :

---

[1] M. Michaud a depuis rectifié ces deux vers de la manière suivante :

« Ainsi vain ornement d'une rive inconnue,
« La rose du désert rougit sans être vue », etc.

Ainsi brille la perle au fond des vastes mers ;
Ainsi passent aux champs des roses solitaires
Qu'on ne voit point rougir, et qui, loin des bergères,
D'inutiles parfums embaument les déserts.

La vue de ces paisibles tombeaux rappelle au poëte ces sépultures troublées où dormoient nos *princes anéantis*[1]. Leurs monuments ne devoient s'ouvrir qu'à la consommation des siècles ; mais un jugement particulier de la Providence a voulu les briser avant la fin des temps. Une effroyable résurrection a dépeuplé les caveaux funèbres de Saint-Denis ; les fantômes des rois sont sortis de l'ombre éternelle ; mais, comme s'ils avoient été épouvantés de reparoître seuls à la lumière, et de ne pas *se retrouver dans le monde avec tous les morts*, comme parle le prophète, ils se sont replongés dans le sépulcre :

Et ces rois exhumés par la main des bourreaux,
Sont descendus deux fois dans la nuit des tombeaux.

On voit, par ces beaux vers, que M. Michaud sait prendre tous les tons.

C'est sans doute une chose bien remarquable que quelques-uns de ces spectres, noircis par le cercueil[2], eussent conservé une telle ressemblance avec la vie, qu'on les a facilement reconnus. On a pu distinguer sur leur front jusqu'aux caractères des passions, jusqu'aux nuances des idées qui les avoient jadis occupés. Qu'est-ce donc que cette

---

[1] Bossuet. [2] Le visage de Louis XIV étoit d'un noir d'ébène.

pensée de l'homme, qui laisse des traces si profondes jusque dans la poudre du néant? Puisque nous parlons de poésie, qu'il nous soit permis d'emprunter une comparaison d'un poëte : Milton nous dit qu'après avoir achevé le monde, le Fils divin se rejoignit à son Principe éternel, et que sa route à travers la matière créée fut marquée longtemps après par un sillon de lumière : ainsi notre âme, en rentrant dans le sein de Dieu, laisse dans le corps mortel la trace glorieuse de son passage.

On doit louer M. Michaud d'avoir fait usage de ces contrastes qui réveillent l'imagination des lecteurs. Les anciens les employoient souvent, même dans la tragédie. Un chœur de soldats veille à la garde du camp des Troyens; la nuit fatale à Rhésus vient à peine de finir sa course. Dans ce moment critique, croyez-vous que les gardes parlent de combats, de surprises, qu'ils se retracent des images terribles? Voici ce que dit le demi-chœur :

« Écoutez! ces accents sont ceux de Philomèle,
« qui, sur mille tons variés, déplore ses malheurs
« et sa propre vengeance. Les rives sanglantes du
« Simoïs répètent ses accents plaintifs. J'entends le
« son de la cornemuse; c'est l'heure où les bergers
« de l'Ida sortent pour paître leurs troupeaux dans
« les riants vallons. Un nuage se répand sur mes
« paupières appesanties; une douce langueur s'em-
« pare de mes sens : le sommeil versé par l'aurore
« est le plus délicieux. »

Avouons que nous n'avons pas assez de ces choses-là dans nos tragédies modernes, toutes parfaites qu'elles puissent être, et soyons assez justes pour convenir que Shakspeare a quelquefois trouvé ce naturel de sentiment, et cette naïveté d'images. Ce chœur d'Euripide rappellera facilement au lecteur le dialogue de Roméo et de Juliette : *Est-ce l'alouette qui chante, etc.?*

Mais si nous avons banni de la scène tragique ces peintures pastorales qui, en adoucissant la *terreur,* augmentoient la *pitié,* parce qu'elles faisoient *sourire sur un fond d'agonie,* comme s'exprime Fénelon; nous les avons transportées, ces peintures (et avec beaucoup de succès), dans des ouvrages d'un autre genre. Les modernes ont étendu et enrichi le domaine de la poésie descriptive. M. Michaud lui-même en fournit de beaux exemples :

> De la cime des monts, tout prêt à disparoître,
> Le jour sourit encore aux fleurs qu'il a fait naître.
> Sur ces toits élevés, d'un ciel tranquille et pur,
> L'ardoise fait au loin étinceler l'azur,
> Et le vitrau qui brille à la rive lointaine,
> D'un vaste embrasement allumé dans la plaine
> Montre aux regards trompés les feux éblouissants,
> Et ranime du jour les rayons pâlissants.
>
> Le chantre du printemps, à ces vallons fidèle,
> Charme l'écho du soir de sa plainte nouvelle;
> Et, caché dans les bois, dans les bosquets touffus,
> Il chante des malheurs aux muses inconnus.
> Tandis que la forêt, à sa voix attentive,
> Redit ses doux accents et sa chanson plaintive,
> Au buisson épineux, au tronc des vieux ormeaux,
> La muette Arachné suspend ses longs réseaux.
> Un reste de clarté perce encor le feuillage,
> Glisse sur l'eau du fleuve et meurt sur le rivage.
> L'insecte qu'un soleil voit naître et voit périr,
> Aux derniers feux du jour vient briller et mourir.

La caille, comme moi, sur ces bords étrangère,
Fait retentir les champs de sa voix printanière.
Sorti de son terrier, le lapin imprudent
Vient tomber sous les coups du chasseur qui l'attend :
Et, par l'ombre du soir la perdrix rassurée,
Redemande aux échos sa compagne égarée.

C'est ici le lieu de parler d'un reproche que M. Michaud nous a fait dans sa dissertation préliminaire; il combat avec autant de goût que de politesse notre opinion touchant la poésie descriptive. « L'auteur du *Génie du Christianisme*, dit-il, « attribue *l'origine* de la poésie descriptive à la re- « ligion chrétienne..., qui, en détruisant le charme « attaché aux fables mythologiques, a réduit les « poëtes à chercher la source de l'intérêt dans la « vérité et l'exactitude de leurs tableaux, etc. »

L'auteur du poëme du *Printemps* pense que nous nous sommes trompé.

D'abord nous n'avons point attribué *l'origine* de la poésie descriptive au christianisme; nous lui avons seulement attribué son *développement;* ce qui nous semble une chose fort différente. De plus nous n'avons eu garde de dire que le christianisme détruit le *charme* des fables mythologiques; nous avons cherché à prouver au contraire que tout ce qu'il y a de beau dans la mythologie, tel, par exemple, que les *allégories morales*, peut être encore employé par un poëte chrétien, et que la véritable religion n'a privé les muses que des fictions médiocres ou dégoûtantes du paganisme. La perte des *allégories physiques* est-elle donc si regrettable ? qu'importe que Jupiter soit l'éther, que Junon soit l'air, etc.? Mais puisqu'un critique [1] dont les jugements sont des lois a cru devoir aussi combattre notre opinion sur l'emploi de la mythologie, qu'on nous permette de rappeler le chapitre qui fait l'objet de la discussion.

Après avoir montré que les anciens n'ont presque pas connu la *poésie descriptive* dans le *sens* que nous attachons à ce mot; après avoir fait voir que ni leurs poëtes, ni leurs philosophes, ni leurs naturalistes, ni leurs historiens n'ont fait de descriptions de la nature, nous ajoutons :

> On ne peut guère soupçonner que des hommes aussi sensibles que l'étoient les anciens, aient manqué d'yeux pour voir la nature, et de talent pour la peindre. Il faut donc qu'une cause puissante les ait aveuglés. Or, cette cause étoit la mythologie, qui, peuplant l'univers d'élégants fantômes, ôtoit à la création sa gravité, sa grandeur, sa solitude et sa mélancolie. Il a fallu que le christianisme vînt chasser tout ce peuple de faunes, de satyres et de nymphes, pour rendre aux grottes leur silence, et aux bois leur rêverie. Les déserts ont pris, sous notre culte, un caractère plus triste, plus vague, plus sublime; le dôme des forêts s'est exhaussé, les fleuves ont brisé leurs petites urnes, pour ne plus verser que les eaux de l'abîme, du sommet des montagnes. Le vrai Dieu, en rentrant dans ses œuvres, a donné son immensité à la nature..............

Des sylvains et des naïades peuvent frapper agréablement l'imagination, pourvu toutefois qu'ils ne soient pas sans cesse reproduits. Nous ne voulons point

> ... Chasser les Tritons de l'empire des eaux,
> Oter à Pan sa flûte, aux Parques leurs ciseaux.

---

[1] M. DE FONTANES.

Mais, enfin, qu'est-ce que tout cela laisse au fond de l'âme? qu'en résulte-t-il pour le cœur? quel fruit peut en tirer la pensée? Oh! que le poëte chrétien est bien plus favorisé dans la solitude où Dieu se promène avec lui! Libres de ce troupeau de dieux ridicules, qui les bornoient de toutes parts, les bois se sont remplis d'une Divinité immense. Le don de prophétie et de sagesse, le mystère et la religion, semblent résider éternellement dans leurs profondeurs sacrées. Pénétrez dans ces forêts américaines aussi vieilles que le monde, etc., etc.

Le principe étant ainsi posé, il nous semble qu'il est au moins inattaquable par le fond, mais on peut disputer sur quelques détails. On demandera peut-être si nous ne trouvons rien de beau dans les allégories antiques. Nous avons répondu à cette question dans le chapitre où nous distinguons deux sortes d'allégories, l'allégorie *morale* et l'allégorie *physique*. M. de Fontanes nous a objecté que les anciens connoissoient aussi cette divinité solitaire et formidable qui habite dans les bois. Mais n'en étions-nous pas convenu nous-même? n'avions-nous pas dit : « Quant à ces dieux inconnus que les an-
« ciens plaçoient dans les bois déserts et sur les sites
« sauvages, ils étoient d'un bel effet, sans doute,
« mais ils ne tenoient plus au système *mythologique* :
« l'esprit humain retomboit ici dans la *religion na-*
« *turelle.* Ce que le voyageur tremblant adoroit en
« passant dans les solitudes, étoit quelque chose
« d'*ignoré*, quelque chose dont il ne savoit point le
« nom, et qu'il appeloit *la divinité du lieu.* Quelque-
« fois il lui donnoit le nom de *Pan,* et l'on sait que
« Pan étoit le *dieu universel.* Les grandes émotions

« qu'inspire la nature sauvage n'ont point cessé
« d'exister, et les bois conservent encore pour nous
« leur formidable divinité [1]. »

L'excellent critique que nous avons déjà cité soutient encore qu'il y a des peuples païens qui ont connu la poésie descriptive. Sans doute, et nous avions fait valoir cette circonstance même en faveur de notre opinion, puisque les nations qui n'ont point connu les dieux de la Grèce ont entrevu cette belle et simple nature que masquoit le système mythologique.

On dit que les modernes ont abusé de la poésie descriptive. Avons-nous avancé le contraire ? Telles sont encore nos propres paroles : « On nous objec« tera peut-être que les anciens avoient raison de « regarder la poésie descriptive comme la partie « accessoire, et non comme l'objet principal du ta« bleau ; nous le pensons aussi, et l'on fait de nos « jours un grand abus du genre descriptif. Mais « l'abus n'est pas la chose ; mais il n'en est pas moins « vrai que la poésie descriptive, telle que nous l'a« vons aujourd'hui, est un moyen de plus entre nos « mains, et qu'elle a étendu la sphère des images « poétiques sans nous priver de la peinture des « mœurs et des passions, telle que cette peinture « existoit pour les anciens [2]. »

Enfin M. Michaud pense que le genre de *poésie descriptive, tel qu'il est aujourd'hui fixé, n'a commencé à être un genre à part que dans le siècle der-*

---

[1] *Génie du Christianisme*, liv. v.
[2] *Idem*, liv. v, note D.

nier. Mais est-ce bien là le fond de la question? cela prouveroit-il que la poésie descriptive n'est pas due à la religion chrétienne? est-il bien certain d'ailleurs que cette poésie ne remonte qu'au siècle dernier? Dans notre chapitre intitulé, *Partie historique de la poésie descriptive chez les modernes,* nous avons suivi les progrès de cette poésie; nous l'avons vue commencer dans les écrits des Pères du désert; de là se répandre jusque dans l'histoire, passer chez les romanciers et les poëtes du Bas-Empire; bientôt se mêler au génie des Maures, et atteindre, sous le pinceau de l'Arioste et du Tasse, un genre de perfection trop éloigné de la vérité. Nos grands écrivains du siècle de Louis XIV rejetèrent cette poésie descriptive italienne, qui ne parloit que de *roses*, de *claires fontaines* et de *bois touffus.* Les Anglois, en l'adoptant, lui firent perdre son afféterie; mais ils la jetèrent dans un autre excès, en la surchargeant de détails. Enfin, elle revint en France dans le siècle dernier, se perfectionna sous la muse de MM. Delille, Saint-Lambert et Fontanes, et acquit dans la prose de Buffon et de Bernardin de Saint-Pierre une beauté qu'elle n'avoit point encore connue.

Nous n'en jugerons pas par notre propre sentiment, car il est trop peu de chose, et nous n'avons pas même, comme Chaulieu, *pour le lendemain,*

« Un peu de savoir-faire et beaucoup d'espérance; »

mais nous en appellerons à M. Michaud lui-même.

Eût-il rempli ses vers de tant d'agréables descriptions de la nature, si le christianisme n'avoit pris soin de débarrasser les bois des vieilles Dryades et des éternels Zéphires? L'auteur du poëme du *Printemps* n'auroit-il point été séduit par ses propres succès? Il a fait un usage charmant de la fable dans ses lettres *sur le sentiment de la pitié,* et l'on sait que Pygmalion adora sa statue. « Psyché, dit M. Mi- « chaud, voulut voir l'Amour; elle approcha la lampe « fatale, et l'Amour disparut pour toujours. Psyché « signifie *âme* dans la langue grecque. L'antiquité « a voulu prouver, par cette allégorie, que l'âme « voyoit s'évanouir ses plus doux sentiments à me- « sure qu'elle cherchoit à en pénétrer l'objet. » Cette explication est ingénieuse; mais l'antiquité a-t-elle vu cela dans la fable de Psyché? Nous avons essayé de prouver que le charme du mystère, dans les sentiments de la vie, est un des bienfaits que nous devons à la délicatesse de notre religion. Si l'antiquité païenne a conçu la fable de Psyché, il nous semble que c'est un chrétien qui l'interprète aujourd'hui.

Il y a plus : le christianisme, en bannissant les fables de la nature, a non-seulement rendu la grandeur aux déserts, mais il a même introduit pour le poëte une autre espèce de mythologie pleine de charmes, nous voulons dire, la *personnification* des plantes. Lorsque l'héliotrope étoit toujours Clytie, le mûrier toujours Thisbé, etc., l'imagination du poëte étoit nécessairement bornée; il n'auroit pu animer la nature par des fictions autres que les fictions consacrées, sans commettre une impiété. Mais la muse moderne transforme à son gré toutes les plantes en nymphes, sans préjudice des anges et des esprits célestes qu'elle peut répandre sur les montagnes, le long des fleuves et dans les forêts. Sans doute, il est possible d'abuser encore de la *personnification*, et M. Michaud se moque avec raison du poëte Darwin qui, dans ses *Amours des Plantes*, représente le GENISTA, le genêt, se *promenant tranquillement à l'ombre des bosquets de myrte*. Mais si l'auteur anglois est un de ces poëtes dont parle Horace, *qui sont condamnés à faire des vers pour avoir déshonoré* (MINXERIT) *les cendres de leurs pères*, cela ne prouve rien quant au fond de la chose. Qu'un autre poëte, avec plus de goût et de jugement, décrive *les Amours des Plantes*, elles lui offriront d'agréables tableaux. Lorsque, dans les chapitres que M. Michaud attaque, nous avons dit :

« Voyez dans un profond calme, au lever de l'au-
« rore, toutes les fleurs de cette vallée : immobiles
« sur les tiges, elles se penchent en mille attitudes
« diverses, et semblent regarder tous les points de
« l'horizon. Dans ce moment même, où vous croyez
« que tout est tranquille, un grand mystère s'ac-
« complit ; la nature conçoit, et ces plantes sont
« autant de jeunes mères tournées vers la région
« mystérieuse d'où leur doit venir la fécondité.
« Les sylphes ont des sympathies moins aériennes,
« des communications moins invisibles. Le narcisse
« livre aux ruisseaux sa race virginale ; la violette

« confie aux zéphyrs sa modeste postérité; une
« abeille cueille du miel de fleurs en fleurs, et, sans
« le savoir, féconde toute une prairie; un papillon
« porte un peuple entier sur son aile; un monde
« descend dans une goutte de rosée. Cependant
« toutes les amours des plantes ne sont pas égale-
« ment tranquilles: il y en a d'orageuses, comme
« celles des hommes. Il faut des tempêtes pour ma-
« rier, sur des hauteurs inaccessibles, le cèdre du
« Liban au cèdre du Sinaï, tandis qu'au bas de la
« montagne le plus doux vent suffit pour établir
« entre les fleurs un commerce de volupté. N'est-ce
« pas ainsi que le souffle des passions agite les rois
« de la terre sur leurs trônes, tandis que les ber-
« gers vivent heureux à leurs pieds ? »

Cela est bien imparfait sans doute, mais du moins on entrevoit, par cette foible ébauche, ce qu'un poëte habile pourroit tirer d'un pareil sujet.

Ce sont vraisemblablement ces rapports des choses inanimées aux choses animées, qui ont été une des premières sources de la mythologie. Lorsque l'homme sauvage, errant au milieu des bois, eut satisfait aux premiers besoins de la vie, il sentit un autre besoin dans son cœur, celui d'une puissance surnaturelle pour appuyer sa foiblesse. La chute d'une onde, le murmure du vent solitaire, tous les bruits qui s'élèvent de la nature, tous les mouvements qui animent les déserts, lui parurent tenir à cette cause cachée. Le hasard lia ces effets locaux à quelques circonstances heureuses ou malheureuses de ses chasses. Une couleur particulière, un objet singulier ou nouveau le frappa peut-être en même temps ; de là le *Manitou* du Canadien et le *Fétiche* du Nègre, la première de toutes les mythologies.

Cet élément des fausses croyances une fois développé, on vit s'ouvrir la vaste carrière des superstitions humaines. Les affections du cœur se changèrent bientôt en divinités d'autant plus dangereuses, qu'elles étoient plus aimables. Le Sauvage qui avoit élevé le *mont* du tombeau à son ami, la mère qui avoit rendu à la terre son petit enfant, vinrent chaque année, à la chute des feuilles, le premier, répandre des larmes, la seconde, épancher son lait sur le gazon sacré ; tous les deux crurent que ces *absents* si regrettés, et toujours vivants dans leurs pensées, ne pouvoient avoir cessé d'être. Ce fut sans doute l'Amitié en pleurs sur un monument qui retrouva le dogme de l'immortalité de l'âme, et proclama la religion des tombeaux.

Cependant l'homme sorti des forêts s'étoit associé à ses semblables. Bientôt la reconnoissance ou la frayeur des peuples plaça des législateurs, des héros et des rois au rang des divinités. En même temps quelques génies aimés du ciel, un Orphée, un Homère augmentèrent les habitants de l'Olympe ; sous leurs pinceaux créateurs, les accidents de la nature se transformèrent en esprits célestes. Ces nouveaux dieux régnèrent long-temps sur l'imagination enchantée des hommes : Anaxagore, Démocrite, Épicure, essayèrent toutefois de lever l'étendard contre la religion de leur pays. Mais (triste enchaînement des erreurs humaines!) Jupiter étoit sans doute un dieu abominable, et pourtant des atomes mouvants, une matière éternelle, valoient-ils mieux que ce Jupiter armé de la foudre, et vengeur du crime?

C'étoit à la religion chrétienne qu'il étoit réservé de renverser les autels des faux dieux, sans plonger les peuples dans l'athéisme, et sans détruire les charmes de la nature. Car, fût-il certain, comme il est douteux, que le christianisme ne puisse fournir aux poëtes un *merveilleux* aussi riche que celui de la fable, encore est-il vrai (et M. Michaud en conviendra) qu'il a une certaine poésie de l'âme, nous dirions presque une imagination du cœur dont on ne trouve aucune trace dans la mythologie. Les beautés touchantes qui émanent de cette source feroient seules une ample compensation pour les ingénieux mensonges de l'antiquité. Tout est machine et ressort, tout est extérieur, tout est fait pour les yeux dans les tableaux du paganisme; tout est sentiment et pensée, tout est intérieur, tout est créé pour l'âme dans les peintures de la religion chrétienne. Quel charme de méditation! quelle profondeur de rêverie! Il y a plus d'enchantements dans une de ces larmes divines que le christianisme fait répandre, que dans toutes les riantes erreurs de la mythologie. Avec une *Notre-Dame des Douleurs*, *une Mère de Pitié*, quelque saint obscur, patron de l'aveugle, de l'orphelin, du misérable, un auteur peut écrire une page plus attendrissante qu'avec tous les dieux du Panthéon. C'est bien là aussi de la poésie! c'est bien là du *merveilleux!* Mais voulez-vous du merveilleux plus sublime? Contemplez la vie et les douleurs du Christ, et souvenez-vous que votre Dieu s'est appelé *le Fils de l'homme.* Nous oserons le prédire, un temps viendra que l'on sera tout étonné d'avoir pu méconnoître les beautés admirables qui existent dans les seuls noms, dans les seules expressions du christianisme, et l'on aura de la peine à comprendre comment on a pu se moquer de cette religion céleste de la raison et du malheur.

SUR L'HISTOIRE

DE LA VIE DE JÉSUS-CHRIST,

DU PÈRE DE LIGNY,

DE LA COMPAGNIE DE JESUS.

Juin 1802.

L'HISTOIRE de la vie de Jésus-Christ est un des derniers ouvrages que nous devons à cette société célèbre, dont presque tous les membres étoient des hommes de lettres distingués. Le père de Ligny, né à Amiens en 1710, survécut à la destruction de son ordre, et prolongea jusqu'en 1788 une carrière commencée au temps des malheurs de Louis XIV, et finie à l'époque des désastres de Louis XVI. Si vous rencontriez dans le monde un ecclésiastique âgé, plein de savoir, d'esprit, d'aménité, ayant le ton de la bonne compagnie et les manières d'un homme bien élevé, vous étiez disposé à croire que cet ancien prêtre étoit un Jésuite. L'abbé Lenfant avoit aussi appartenu à cet ordre, qui a tant donné de martyrs à l'Église. Il avoit été l'ami du père de Ligny, et c'est lui qui le détermina à publier son *Histoire de la vie de Jésus-Christ.*

Cette histoire n'est qu'un commentaire de l'Évangile, et c'est ce qui fait son mérite à nos yeux. Le père de Ligny cite le texte du Nouveau-Testament, et paraphrase chaque verset de deux manières : l'une en expliquant moralement et historiquement ce qu'on vient de lire; l'autre, en répondant aux objections que l'on a pu faire contre le passage cité. Le premier commentaire court dans la page avec le texte, comme dans la Bible du père de Carrières ; le second est rejeté en note au bas de la page. Ainsi l'auteur offrant, de suite et par ordre, les divers chapitres des évangiles ; faisant observer leurs rapports, ou conciliant leurs apparentes contradictions, développe la vie entière du Rédempteur du monde.

L'ouvrage du père de Ligny étoit devenu rare, et la Société Typographique a rendu un véritable service à la religion en réimprimant ce livre utile. On connoît dans les lettres françoises plusieurs *Vies* de Jésus-Christ; mais aucune ne réunit, comme celle du père de Ligny, les deux avantages d'être à la fois une explication de l'Écriture et une réfutation des sophismes du jour. La *Vie de Jésus-Christ*, par Saint-Réal, manque d'onction et de simplicité : il est plus aisé d'imiter Salluste et le cardinal de Retz[1], que d'atteindre au ton de l'Évan-

---

[1] La *Conjuration du comte de Fiesque*, par le cardinal DE RETZ, semble avoir servi de modèle à la *Conjuration de Venise*, par SAINT-RÉAL : il y a entre ces deux ouvrages la différence qui existe toujours entre l'original et la copie, entre celui qui écrit de verve et de génie, et celui qui, à force de travail, parvient à imiter cette verve et ce génie, avec plus ou moins de ressemblance et de bonheur.

gile. Le père de Montreuil, dans sa *Vie de Jésus-Christ*, retouchée par le père Brignon, a conservé au contraire bien du charme du Nouveau-Testament. Son style, un peu vieilli, contribue peut-être à ce charme : l'ancienne langue françoise, et surtout celle qu'on parloit sous Louis XIII, étoit très propre à rendre l'énergie et la naïveté de l'Écriture. Il seroit bien à désirer qu'on en eût fait une bonne traduction à cette époque : Sacy est venu trop tard. Les deux plus belles versions modernes de la Bible sont les versions espagnole et angloise. La dernière, qui a souvent la force de l'hébreu, est du règne de Jacques Ier ; la langue dans laquelle elle est écrite est devenue pour les trois royaumes une espèce de langue sacrée, comme le texte samaritain pour les Juifs : la vénération que les Anglois ont pour l'Écriture en paroît augmentée, et l'ancienneté de l'idiome semble encore ajouter à l'antiquité du livre.

Au reste, il ne faut pas se dissimuler que toutes les histoires de Jésus-Christ, qui ne sont pas, comme celle du père de Ligny, un simple commentaire du Nouveau-Testament, sont, en général, de mauvais et même de dangereux ouvrages. Cette manière de défigurer l'Évangile nous est venue des protestants, et nous n'avons pas observé qu'elle en conduit un grand nombre au socinianisme. Jésus-Christ n'est point un homme; on ne doit point écrire sa vie comme celle d'un simple législateur. Vous aurez beau raconter ses œuvres de la manière la plus touchante, vous ne peindrez jamais que son *huma-*

nité; sa divinité vous échappera. Les vertus de l'homme ont quelque chose de *corporel*, si nous osons parler ainsi, que l'écrivain peut saisir; mais il y a dans les vertus du Christ un *intellectuel*, une *spiritualité* qui se dérobe à la *matérialité* de nos expressions. C'est cette *vérité* dont parle Pascal, si fine et si déliée, que nos instruments grossiers ne peuvent la toucher sans *en écacher la pointe* [1]. La divinité du Christ n'est donc et ne peut être que dans l'Évangile, où elle brille parmi les sacrements ineffables institués par le Sauveur, et au milieu des miracles qu'il a faits. Les apôtres seuls ont pu la rendre, parce qu'ils écrivoient sous l'inspiration de l'Esprit-Saint. Ils avoient été témoins des merveilles opérées par le Fils de l'homme; ils avoient vécu avec lui : quelque chose de sa divinité est demeuré empreint dans leur parole sacrée, comme les traits de ce céleste Messie restèrent, dit-on, imprimés dans le voile mystérieux qui servit à essuyer ses sueurs.

Sous le simple rapport du goût et des lettres, il y a d'ailleurs quelque danger à transformer ainsi l'Évangile en *une Histoire de Jésus-Christ.* En donnant aux faits je ne sais quoi d'humain et de rigoureusement historique; en en appelant sans cesse à une prétendue raison, qui n'est souvent qu'une déplorable folie; en ne voulant prêcher que la morale entièrement dépouillée du dogme, les protestants ont vu périr chez eux la haute éloquence. Ce

[1] *Pensées de Pascal.*

ne sont, en effet, ni les Tillotson, ni les Wilkins, ni les Goldsmith, ni les Blair, malgré leur mérite, que l'on peut regarder comme de grands orateurs, et surtout si on les compare aux Basile, aux Chrysostome, aux Ambroise, aux Bourdaloue et aux Massillon. Toute religion qui se fait un devoir d'éloigner le dogme, et de bannir la pompe du culte, se condamne à la sécheresse. Il ne faut pas croire que le cœur de l'homme, privé du secours de l'imagination, soit assez abondant de lui-même pour nourrir les flots de l'éloquence. Le sentiment meurt en naissant, s'il ne trouve autour de lui rien qui puisse le soutenir, ni images qui prolongent sa durée, ni spectacles qui le fortifient, ni dogmes qui, l'emportant dans la région des mystères, préviennent ainsi son désenchantement. Le protestantisme se vante d'avoir banni la tristesse de la religion chrétienne : mais dans le culte catholique, Job et ses saintes mélancolies, l'ombre des cloîtres, les pleurs du pénitent sur le rocher, la voix d'un Bossuet autour d'un cercueil, feront plus d'hommes de génie, que toutes les maximes d'une morale sans éloquence, et aussi nue que le temple où elle est prêchée.

Le père de Ligny avoit donc sagement considéré son sujet, lorsqu'il s'est borné dans sa *Vie de Jésus-Christ* à une simple concordance des évangiles. Et qui pourroit se flatter d'ailleurs d'égaler la beauté du Nouveau-Testament ? Un auteur qui auroit une pareille prétention ne seroit-il pas déjà jugé ? Chaque évangéliste a un caractère particulier, excepté saint Marc, dont l'évangile ne semble être que l'abrégé de celui de saint Mathieu. Saint Marc toutefois étoit disciple de saint Pierre, et plusieurs ont pensé qu'il a écrit sous la dictée de ce prince des apôtres. Il est digne de remarque qu'il a raconté aussi la faute de son maître. Cela nous semble un mystère sublime et touchant, que Jésus-Christ ait choisi, pour chef de son Église, précisément le seul de ses disciples qui l'eût renié. Tout l'esprit du christianisme est là : saint Pierre est l'Adam de la nouvelle loi; il est le père coupable et repentant des nouveaux Israélites; sa chute nous enseigne, en outre, que la religion chrétienne est une religion de miséricorde, et que Jésus-Christ a établi sa loi parmi les hommes sujets à l'erreur, moins encore pour l'innocence que pour le repentir.

L'évangile de saint Mathieu est surtout précieux pour la morale. C'est un apôtre qui nous a transmis le plus grand nombre de ces préceptes en sentiments, qui sortoient avec tant d'abondance des entrailles de Jésus-Christ.

Saint Jean a quelque chose de plus doux et de plus tendre. On reconnoît en lui *le disciple que Jésus aimoit*, le disciple qu'il voulut avoir auprès de lui au jardin des Oliviers, pendant son agonie. Sublime distinction sans doute! car il n'y a que l'ami de notre âme qui soit digne d'entrer dans le mystère de nos douleurs. Jean fut encore le seul des apôtres qui accompagna le Fils de l'homme jusqu'à la croix. Ce fut là que le Sauveur lui légua sa mère : *Mater, ecce filius tuus; discipulus, ecce Mater tua.* Mot céleste! parole ineffable! le disciple bien-aimé qui avoit dormi sur le sein de son maître, avoit gardé de lui une image ineffaçable : aussi le reconnut-il le premier après sa résurrection. Le cœur de Jean ne put se méprendre aux traits de son divin ami, et la foi lui vint de la charité.

Au reste, l'esprit de tout l'évangile de saint Jean est renfermé dans cette maxime qu'il alloit répétant dans sa vieillesse : cet apôtre, rempli de jours et de bonnes œuvres, ne pouvant plus faire de longs discours au nouveau peuple qu'il avoit enfanté à Jésus-Christ, se contentoit de lui dire : *Mes petits enfants, aimez-vous les uns les autres.*

Saint Jérôme prétend que saint Luc étoit médecin, profession si noble et si belle dans l'antiquité, et que son évangile est la médecine de l'âme. Le langage de cet apôtre est pur et élevé : on voit que c'étoit un homme versé dans les lettres, et qui connoissoit les affaires et les hommes de son temps. Il entre dans son récit à la manière des anciens historiens; vous croyez entendre Hérodote :

« 1. Comme plusieurs ont entrepris d'écrire « l'histoire des choses qui se sont accomplies parmi « nous;

« 2. Suivant le rapport que nous en ont fait « ceux qui, dès le commencement, les ont vues de « leurs propres yeux, et qui ont été les ministres de « la parole;

« 3. J'ai cru que je devois aussi, très excel-« lent Théophile, après avoir été exactement in-

« formé de toutes ces choses, depuis leur com-
« mencement, vous en écrire par ordre toute
« l'histoire. »

Notre ignorance est telle aujourd'hui, qu'il y a peut-être des *gens de lettres* qui seront étonnés d'apprendre que saint Luc est un très grand écrivain dont l'évangile respire le génie de l'antiquité grecque et hébraïque. Qu'y a-t-il de plus beau que tout le morceau qui précède la naissance de Jésus-Christ ?

« Au temps d'Hérode, roi de Judée, il y avoit un
« prêtre nommé Zacharie, du rang d'Abia : sa femme
« étoit aussi de la race d'Aaron, et s'appeloit Éli-
« sabeth.

« Ils étoient tous deux justes devant Dieu..... Ils
« n'avoient point d'enfants, parce qu'Élisabeth
« étoit stérile, et qu'ils étoient tous deux avancés
« en âge. »

Zacharie offre un sacrifice ; un ange lui *apparoît debout à côté de l'autel des parfums.* Il lui prédit qu'il aura un fils, que ce fils s'appellera Jean, qu'il sera le précurseur du Messie, *et qu'il réunira le cœur des pères et des enfants.* Le même ange va trouver ensuite *une vierge qui demeuroit en Israël,* et lui dit : « Je vous salue, ô pleine de grâce, le
« Seigneur est avec vous. » Marie *s'en va dans les montagnes de la Judée;* elle rencontre Élisabeth, et l'enfant que celle-ci portoit dans son sein tressaille à la voix de la Vierge qui devoit mettre au jour le Sauveur du monde. Élisabeth, remplie tout à coup de l'Esprit-Saint, élève la voix et s'écrie : « Vous êtes

« bénie entre toutes les femmes ; et le fruit de votre
« sein sera béni.

« D'où me vient le bonheur que la mère de mon
« Sauveur vienne vers moi ?

« Car lorsque vous m'avez saluée, votre voix n'a
« pas plus tôt frappé mon oreille, que mon enfant a
« tressailli de joie dans mon sein. »

Marie entonne alors le magnifique cantique :
« O mon âme, glorifie le Seigneur ! »

L'histoire de la crèche et des bergers vient ensuite. *Une troupe nombreuse de l'armée céleste* chante pendant la nuit, *gloire à Dieu dans le ciel, et paix aux hommes sur la terre !* mot digne des anges, et qui est comme l'abrégé de la religion chrétienne.

Nous croyons connoître un peu l'antiquité, et nous osons assurer qu'on chercheroit long-temps chez les plus beaux génies de Rome et de la Grèce avant d'y trouver rien qui soit à la fois aussi simple et aussi merveilleux.

Quiconque lira l'Évangile avec un peu d'attention y découvrira à tous moments des choses admirables, qui échappent d'abord, à cause de leur extrême simplicité. Saint Luc, par exemple, en donnant la généalogie du Christ, remonte jusqu'à la naissance du monde. Arrivé aux premières générations, et continuant à nommer les races, il dit : *Caïnan qui fuit Henos, qui fuit Seth, qui fuit Adam, qui fuit* DEI; le simple mot, *qui fuit Dei*, jeté là, sans commentaire et sans réflexion, pour raconter la création, l'origine, la nature, les fins et le mystère de l'homme, nous semble de la plus grande sublimité.

Il faut louer le père de Ligny, qui a senti qu'on ne devoit rien changer à cette chose, et qu'il n'y avoit qu'un goût égaré et un christianisme mal entendu qui pouvoient ne pas se contenter de pareils traits. Son *Histoire de Jésus-Christ* offre une nouvelle preuve de cette vérité que nous avons avancée ailleurs; savoir, que les beaux-arts chez les modernes doivent au culte catholique la majeure partie de leurs succès. Soixante gravures, d'après les maîtres des écoles italienne, françoise et flamande, enrichissent le bel ouvrage que nous annonçons : chose bien remarquable! qu'en voulant ajouter quelques tableaux à une Vie de Jésus-Christ, on s'est trouvé avoir renfermé dans ce cadre tous les chefs-d'œuvre de la peinture moderne[1] !

On ne sauroit trop donner d'éloges à la Société Typographique, qui, dans si peu de temps, nous a donné avec un goût et un discernement parfait des ouvrages si généralement utiles : les *Sermons choisis de Bossuet* et de *Fénelon*, les *Lettres de saint François de Sales*, et plusieurs autres excellents livres, sont tous sortis des mêmes presses, et ne laissent rien à désirer pour l'exécution.

L'ouvrage du père de Ligny, embelli par la peinture, doit recevoir encore un autre ornement non moins précieux; M. de Bonald s'est chargé d'en

---

[1] Raphaël, Michel-Ange, le Dominiquin, le Carrache, Paul Véronèse, le Titien, Léonard de Vinci, le Guerchin, Lanfranc, le Poussin, Lesueur, Rubens, etc.

écrire la préface : ce nom seul promet le talent et les lumières, et commande le respect et l'estime. Eh! qui pourroit mieux parler des lois et des préceptes de Jésus-Christ que l'auteur du *Divorce*, de *la Législation primitive* et de *la Théorie du pouvoir politique et religieux*?

N'en doutons point, ce culte *insensé*, cette *folie* de la croix, dont une superbe sagesse nous annonçoit la chute prochaine, va renaître avec une nouvelle force; la palme de la religion croît toujours à l'égal des pleurs que répandent les chrétiens, comme l'herbe des champs reverdit dans une terre nouvellement arrosée. C'étoit une insigne erreur de croire que l'Évangile étoit détruit, parce qu'il n'étoit plus défendu par les heureux du monde. La puissance du christianisme est dans la cabane du pauvre, et sa base est aussi durable que la misère de l'homme sur laquelle elle est appuyée. « L'Église, » dit Bossuet (dans un passage qu'on croiroit échappé à la tendresse de Fénelon, s'il n'avoit un tour plus original et plus élevé), « l'Église est
« fille du Tout-Puissant : mais son père, qui la sou-
« tient au dedans, l'abandonne souvent aux persé-
« cuteurs; et, à l'exemple de Jésus-Christ, elle est
« obligée de crier, dans son agonie : *Mon Dieu!*
« *mon Dieu! pourquoi m'avez-vous délaissée*[1]? Son
« Époux est le plus puissant, comme le plus beau
« et le plus parfait de tous les enfants des hommes[2];
« mais elle n'a entendu sa voix agréable, elle n'a

---

[1] Deus meus! Deus meus! ut quid dereliquisti me?
[2] Speciosus forma præ filiis hominum. (*Psal.*, XLV, 2.)

« joui de sa douce et désirable présence qu'un mo-
« ment [1]. Tout d'un coup il a pris la fuite avec une
« course rapide : *et plus vite qu'un faon de biche, il
« s'est élevé au-dessus des plus hautes montagnes* [2].
« Semblable à une épouse désolée, l'Église ne fait
« que gémir; et le chant de la tourterelle délaissée [3]
« est dans sa bouche. Enfin elle est étrangère et
« comme errante sur la terre, où elle vient recueil-
« lir les enfants de Dieu sous ses ailes; et le monde,
« qui s'efforce de les lui ravir, ne cesse de traverser
« son pèlerinage [4]. »

Il peut le traverser ce pèlerinage, mais non pas
l'empêcher de s'accomplir. Si l'auteur de cet article n'en eût pas été persuadé d'avance, il en seroit
maintenant convaincu par la scène qui se passe
sous ses yeux [5]. Quelle est cette puissance extraordinaire qui promène ces cent mille chrétiens sur
ces ruines? Par quel prodige la croix reparoît-elle
en triomphe dans cette même cité où naguère une
dérision horrible la traînoit dans la fange ou le
sang? D'où renaît cette solennité proscrite? Quel
chant de miséricorde a remplacé si soudainement
le bruit du canon et les cris des chrétiens fou-
droyés? Sont-ce les pères, les mères, les frères,
les sœurs, les enfants de ces victimes qui prient

---

[1] Amicus sponsi stat et audit eum, gaudio gaudet propter vo-
cem sponsi. (JOANN. III, 29.)

[2] Fuge, dilecte mi, et assimilare capreæ, hinnuloque cervorum
super montes aromatum. (*Cant.* VIII, 14.)

[3] Vox turturis audita est in terra nostra. (*Cant.* II, 12.)

[4] *Oraison funèbre de M. Le Tellier.*

[5] L'auteur écrivit ceci à Lyon, le jour de la Fête-Dieu.

pour les ennemis de la foi, et que vous voyez à genoux de toutes parts, aux fenêtres de ces maisons délabrées, et sur les monceaux de pierres où le sang des martyrs fume encore? Les collines chargées de monastères, non moins religieux, parce qu'ils sont déserts; ces deux fleuves où la cendre des confesseurs de Jésus-Christ a si souvent été jetée, tous les lieux consacrés par les premiers pas du christianisme dans les Gaules; cette grotte de saint Pothin, les catacombes d'Irénée, n'ont point vu de plus grands miracles que celui qui s'opère aujourd'hui. Si en 1793, au moment des *mitraillades* de Lyon, lorsque l'on démolissoit les temples, et que l'on massacroit les prêtres; lorsqu'on promenoit dans les rues un âne chargé des ornements sacrés, et que le bourreau, armé de sa hache, accompagnoit cette digne pompe de la Raison; si un homme eût dit alors : « Avant que « dix ans se soient écoulés, un prince de l'Église, « un archevêque de Lyon, portera publiquement « le Saint-Sacrement dans les mêmes lieux; il sera « accompagné d'un nombreux clergé; de jeunes « filles vêtues de blanc, des hommes de tout âge et « de toutes professions, suivront, précéderont la « pompe, avec des fleurs et des flambeaux; ces sol- « dats trompés que l'on a armés contre la religion, « paroîtront dans cette fête pour la protéger. » Si un homme, disons-nous, eût tenu un pareil langage, il eût passé pour un visionnaire; et pourtant cet homme n'eût pas dit encore toute la vérité. La veille même de cette pompe, plus de dix mille chrétiens ont voulu recevoir le sceau de la foi : le digne prélat de cette grande commune a paru, comme saint Paul, au milieu d'une foule immense, qui lui demandoit un sacrement si précieux dans les temps d'épreuve, puisqu'il donne la force de confesser l'Évangile. Et ce n'est pas tout encore, des diacres ont été ordonnés, des prêtres ont été sacrés. Dira-t-on que les nouveaux pasteurs cherchent la gloire et la fortune? Où sont les bénéfices qui les attendent, les honneurs qui peuvent les dédommager des travaux qu'exige leur ministère? Une chétive pension alimentaire, quelque presbytère à moitié ruiné, ou un réduit obscur, fruit de la charité des fidèles : voilà tout ce qui leur est promis. Il faut encore qu'ils comptent sur les calomnies, sur les dénonciations, sur les dégoûts de toute espèce : disons plus, si un homme tout-puissant retiroit sa main aujourd'hui, demain le philosophisme feroit tomber les prêtres sous le glaive de la *tolérance*, ou rouvriroit pour eux les philanthropiques déserts de la Guiane. Ah! lorsque ces enfants d'Aaron sont tombés la face contre terre; lorsque l'archevêque, debout devant l'autel, étendant les mains sur les lévites prosternés, a prononcé ces paroles : *Accipe jugum Domini*, la force de ces mots a pénétré tous les cœurs et rempli tous les yeux de larmes; ils l'ont accepté, *le joug du Seigneur,* ils le trouveront d'autant plus léger, *onus ejus leve,* que les hommes cherchent à l'appesantir. Ainsi, malgré les prédictions des oracles du siècle, malgré *les progrès* de l'esprit humain, l'Église croît et se perpétue, selon l'oracle bien plus certain de celui qui l'a fondée : et quels que soient les orages qui peuvent encore l'assiéger, elle triomphera des *lumières* des sophistes, comme elle a triomphé des ténèbres des Barbares.

SUR UNE NOUVELLE ÉDITION

DES

OEUVRES COMPLÈTES DE ROLLIN.

Février 1805.

Les amis des lettres observent depuis quelque temps avec un plaisir extrême que l'on commence à revenir de toutes parts à ces principes du goût et de la raison dont on n'auroit jamais dû s'écarter. On abandonne peu à peu les systèmes qui nous ont fait tant de mal; on ose examiner et combattre les jugements incroyables prononcés par la littérature du dix-huitième siècle. La philosophie, jadis trop féconde, semble à présent menacée de stérilité, tandis que la religion fait éclore chaque jour de nouveaux talents, et voit se multiplier ses disciples.

Un symptôme non moins équivoque du retour des esprits aux idées saines, c'est la réimpression des livres classiques que l'ignorance et le dédain ridicule des philosophes avoient rejetés. Rollin, par exemple, tout chargé qu'il est des trésors de l'antiquité, ne paroissoit plus digne de servir de guide aux écoliers d'un *siècle de lumière*, qui auroit eu grand besoin lui-même d'être renvoyé à l'école [1].

---

[1] On sent qu'il s'agit ici du siècle en général, et non de quelques hommes dont les talents feront toujours la gloire de la France.

Des hommes qui avoient passé quarante ans de leur vie à faire en conscience quelques excellents volumes pour l'instruction de la jeunesse; des hommes qui, dans le silence de leur cabinet, vivoient familièrement avec Homère, Démosthènes, Cicéron, Virgile; des hommes qui étoient si simplement et si naturellement vertueux, qu'on ne songeoit pas même à louer leurs vertus; des hommes de cette sorte se voyoient préférer une méchante espèce de charlatans sans science, sans gravité, sans mœurs. Les poétiques d'Aristote, d'Horace, de Boileau étoient remplacées par des poétiques pleines d'ignorance, de mauvais goût, de principes erronés et de faux jugements. On répétoit d'après le maître :

> Boileau, correct auteur de quelques bons écrits,
> Zoïle de Quinault. . . . .

On répétoit d'après l'écolier :

> Sans feu, sans verve, et sans fécondité,
> Boileau copie. . . . .

Quand le respect pour les modèles est perdu à un tel degré, il ne faut plus s'étonner de voir une nation retourner à la barbarie.

Heureusement l'opinion du siècle qui commence cherche à prendre un autre cours. Dans un moment où l'on s'empresse de revenir aux anciennes méthodes d'enseignement, on apprendra sans doute avec plaisir que l'on prépare une édition des œuvres complètes de Rollin..... Cette belle entreprise est dirigée par un homme qui conserve le dépôt sacré des traditions et de l'autorité des siècles, et qui méritera dans la postérité le titre de restaurateur de l'école de Boileau et de Racine.

La vie de Rollin qui doit précéder l'édition de ses Œuvres est déjà imprimée, et nous l'avons sous les yeux : elle est également remarquable par la simplicité et la douce chaleur du style, et par la mesure des opinions et par la jeunesse des idées. Nous n'aurons qu'un regret en faisant connoître aux lecteurs quelques fragments de cette vie, c'est de ne pouvoir nommer l'auteur jeune et modeste à qui nous en sommes redevables.

Après avoir parlé de la naissance de Rollin, et de son entrée comme boursier au collége des Dix-huit, l'écrivain de sa vie ajoute :

« Le jeune Rollin ne connut point ces mouvements « de fierté qui accompagnent des connoissances « nouvellement acquises, et qui cèdent par la suite « à une instruction plus étendue. Son bon naturel se « développoit avec son intelligence, et on le trouvoit « plus aimable à mesure qu'il devenoit plus savant. « Il faut dire que ses progrès rapides, dont on ne « parloit dans le monde qu'avec une sorte d'éton-« nement, redoubloient encore la tendresse de son « heureuse mère. Et sans doute elle n'étoit pas moins « flattée de voir chez elle les personnes les plus con-« sidérables par leur rang et leur naissance, qui « venoient la féliciter, en lui demandant, comme « une faveur, que le jeune étudiant passât les jours « de congé avec leurs enfants qui étoient au même « collége, et fût associé à leurs plaisirs comme à « leurs exercices...

« Les deux fils de M. Le Pelletier, alors ministre,
« qui étoient de la même classe que Rollin, avoient
« trouvé un redoutable concurrent dans ce nouveau
« venu. M. Le Pelletier, qui connoissoit tous les
« avantages de l'émulation, cherchoit tous les moyens
« de l'entretenir. Quand le jeune boursier étoit *em-*
« *pereur,* ce qui lui arrivoit souvent, il lui envoyoit
« la gratification qu'il avoit coutume de donner à
« ses fils : et ceux-ci aimoient tendrement leur rival.
« Les jours de congé, ils l'amenoient chez eux dans
« leur carrosse, le conduisoient chez sa mère s'il le
« désiroit, et l'attendoient avec complaisance tout
« le temps qu'il vouloit y rester.

« Un jour elle remarqua que son fils, en montant
« en voiture, prenoit sans façon la première place.
« Elle commençoit à lui en faire une réprimande
« sévère, comme d'un manque de bienséance et de
« politesse; mais le précepteur qui étoit là l'inter-
« rompit avec douceur, et lui représenta que M. Le
« Pelletier avoit réglé *qu'on se rangeroit toujours*
« *dans le carrosse suivant l'ordre de la classe.* Rollin
« conserva toute sa vie, pour le protecteur de sa
« jeunesse, un respect tendre, et une reconnoissance
« qu'il ne croyoit jamais pouvoir acquitter. Il fut
« l'ami constant de ses fils, surveilla l'éducation des
« fils de ses compagnons d'étude, et s'attacha de
« plus en plus à cette respectable famille, par ce
« sentiment aimable qui se nourrit des souvenirs
« de l'enfance, et s'étend à tout le reste de la vie.

« Tel étoit le fruit de cette éducation vraiment so-
« ciale. Les jeunes gens, au sortir des études, se

« dispersoient dans le monde, suivant leurs diffé-
« rentes conditions : mais on y rencontroit un ami
« de collége, avec la joie que l'on éprouve au re-
« tour d'un voyageur chéri et long-temps attendu.
« On se rappeloit la foi jurée, les plaisirs de l'en-
« fance, et souvent ces douces amitiés de col-
« lége sont devenues un patronage honorable
« auquel la France a dû la plupart de ses grands
« hommes. »

Il nous semble que ce passage est bien touchant :
on y entend l'accent d'un cœur françois ; on y
trouve quelque chose de grave et de tendre, comme
les vieux magistrats, et les jeunes amis de collége
dont l'auteur rappelle le souvenir. Il est remarquable que ce n'étoit qu'en France, dans ce pays
célèbre par la frivolité de ses habitants, que l'on
voyoit ces augustes familles distinguées par la sévérité de leurs mœurs. Les Harlay, les de Thou, les
Lamoignon, les d'Aguesseau, formoient un contraste
singulier avec le caractère général de la nation.
Leurs habitudes sérieuses, leurs vertus intègres,
leurs opinions incorruptibles, étoient comme une
expiation qu'ils offroient sans cesse pour l'inconstance et la légèreté du peuple. Ils rendoient à
l'État des services de plus d'une sorte : ce Mathieu
Molé, qui fit entreprendre à Duchesne la collection
des historiens de France, exposa plusieurs fois sa
vie dans les troubles de la Fronde, comme son père,
Edouard Molé, avoit bravé les fureurs de la Ligue
pour assurer la couronne à Henri IV. C'étoit ce
même Mathieu, *plus brave que Gustave et M. le*

Prince[1], qui répondoit, lorsqu'on vouloit l'empêcher de s'exposer à la rage du peuple : *Six pieds de terre feront toujours raison au plus grand homme du monde.* C'est agir comme le vieux Caton, et parler comme le vieux Corneille.

Rollin étoit un homme rare, qui avoit presque du génie à force de science, de candeur et de bonté. Ce n'est que parmi les titres obscurs des services rendus à l'enfance que l'on peut trouver les documents de sa gloire. C'est là que l'auteur de sa vie a cherché les traits dont il a composé un tableau plein de naïveté et de douceur : il se plaît à nous montrer Rollin chargé de l'éducation de la jeunesse. Le tendre respect que le nouveau recteur conservoit pour ses anciens maîtres, son amour et ses sollicitudes pour les enfants qui lui étoient confiés, tout cela est peint avec beaucoup de charme, et toujours avec le ton convenable au sujet. Quand l'auteur parle ensuite des ouvrages de Rollin, et qu'il entre dans des discussions importantes, il montre un esprit nourri de bonnes doctrines, et une tête capable de concevoir des idées fortes et sérieuses. Nous en citerons un exemple.

Dans un passage où il s'agit des principes de l'éducation, et des reproches qu'on a faits à l'ancienne manière d'enseigner, l'auteur dit :

« On a trouvé des inconvénients plus graves dans
« l'enseignement de l'université, qui, ramenant sans
« cesse, a-t-on dit, sous les regards du jeune homme

---

[1] *Mémoires du cardinal* DE RETZ.

« les héros et les vertus des républiques anciennes,
« l'entretient dans des maximes et des pensées con-
« traires à l'ordre social. Quelques-uns même ont
« vu sortir des colléges les doctrines d'anarchie et
« de révolution. Assurément, tout est mortel à ceux
« qui sont déjà malades, et cette remarque accuse
« le temps où elle a été faite. Cependant, quoiqu'on
« puisse la justifier par des exemples particuliers,
« elle ne peut être une objection contre l'enseigne-
« ment de l'Université, que lorsqu'on séparera les
« objets qu'elle y réunissoit toujours : je veux dire
« les exemples d'héroïsme et les maximes propres
« à exciter l'enthousiasme de la religion, qui les
« épure et les conforme à l'ordre. Aussi Rollin ne
« les sépare-t-il point. Si quelquefois il abandonne
« son disciple à une admiration toute naturelle pour
« des actions éclatantes, il est prompt à le retenir
« dans les bornes légitimes. Il revient sur ses pas :
« il examine ce héros *païen*, à la clarté d'une lu-
« mière plus sûre et plus pénétrante, et il montre
« tout ce qui lui a manqué, et par l'excès et par
« l'imperfection de ses vertus.

« C'est donc toujours avec ce divin tempérament
« que l'on doit proposer au jeune homme des vertus
« sans convenance et des maximes enivrantes et trop
« fortes pour sa raison ; mais aussi l'on ne craint
« plus d'échauffer son cœur lorsqu'on est sûr de la
« règle qui doit le diriger. Alors l'admiration des
« héros de l'antiquité, aussi favorable à la vertu
« que les chefs-d'œuvre où ils sont célébrés, est fé-
« conde pour le talent, et toute l'éducation s'accom-

« plit. Cette instruction classique contribue à l'or-
« nement de toute la vie, par une multitude de
« maximes et de comparaisons qui se mêlent aux
« diverses situations de l'homme public, et répan-
« dent sur les actions les plus communes une sorte
« de dignité qui prépare l'élégance des mœurs. J'aime
« à croire qu'au milieu de l'étude et des travaux
« champêtres qui remplissoient leurs loisirs, nos
« illustres magistrats de la France trouvoient un
« charme secret dans le souvenir des Fabricius et
« des Caton, qui avoient été l'objet de l'enthousiasme
« de leur jeunesse. En un mot, ces instincts vertueux
« qui défendirent les républiques anciennes contre
« le vice des institutions et des lois, sont comme
« une excellente nature que la religion achève. Non-
« seulement elle en réprime l'énergie dangereuse et
« les ennoblit par des motifs plus purs, mais elle
« les élève, par la règle même qu'elle leur impose,
« à une hauteur encore plus héroïque qui assure la
« prééminence des caractères que nous admirons
« dans nos histoires modernes. »

On peut appliquer ici pour jugement à l'auteur
la comparaison qui suit immédiatement ce morceau, aussi bien pensé que bien écrit :

« C'est ainsi que dans les ouvrages immortels
« auxquels nous sommes toujours ramenés par un
« attrait inépuisable, on reconnoît l'expression d'une
« belle imagination, soumise à une raison forte et
« sévère, mais enrichie de ses privations mêmes, et
« qui venant à se déclarer par intervalles, atteste
« toute la grandeur de la conquête. »

Le reste de la vie de Rollin est rempli par ces petits détails qui plaisoient tant à Plutarque, et qui lui faisoient dire :

« Comme les peintres qui font des portraits, cher« chent surtout la ressemblance dans les traits du « visage, et particulièrement dans les yeux, où écla« tent les signes les plus sensibles des mœurs et du « naturel, il faut qu'on me permette de rechercher « dans l'âme les principaux traits, afin qu'en les « rassemblant je fasse de la vie des grands hommes « un portrait vivant et animé [1]. »

On nous saura gré de citer en entier le mouvement oratoire par lequel l'auteur termine son ouvrage :

« Louis XVI, frappé d'une renommée si tou« chante, a acquitté ce que nous devions à la mé« moire de Rollin : il a élevé son nom jusqu'aux « noms les plus fameux, en ordonnant qu'on lui « dressât une statue au milieu des Bossuet et des « Turenne. Le vénérable pasteur de la jeunesse « s'avance vers la postérité au milieu des grands « hommes qui ont illustré le beau siècle de la « France. S'il ne les a point égalés, il nous apprend « à les admirer. Comme eux, il eut dans ses écrits « le naturel des anciens ; dans sa conduite, les ver« tus qui conservent les forces de l'esprit et de« viennent même de véritables talents ; comme eux, « il grandira toujours, et la reconnoissance pu« blique ajoutera sans cesse à sa gloire.

---

[1] *In Vita Alex*.

« En racontant les travaux et les simples événe-
« ments qui remplirent la vie de Rollin, nous nous
« sommes quelquefois reporté à une époque qui
« s'éloigne de nous tous les jours, et une réflexion
« douloureuse s'est mêlée à nos récits. Nous avons
« parlé des études françoises, et il n'y a pas long-
« temps qu'elles étoient interrompues. Nous avons
« retracé le gouvernement et la discipline des col-
« léges où s'élevoit une jeunesse heureuse loin des
« séductions de la société, et la plupart sont encore
« déserts !... Nous avons rappelé les services de cette
« Université célèbre et vénérable par ses souvenirs,
« ses antiques honneurs, et cet esprit de corps qui
« perpétuoit la tradition des bonnes études, et les
« maîtres qui devoient la répandre..., et elle n'est
« plus, et elle a péri comme tout ce qui étoit grand
« et utile! Les quartiers même où florissoit l'Uni-
« versité de Paris témoignent le deuil de cette des-
« truction : leur célébrité n'y attire plus sans cesse
« de nouveaux habitants, et la population s'est écou-
« lée vers d'autres lieux, pour y donner le spectacle
« d'autres mœurs. Où sont les éducations sévères
« qui préparoient des âmes fortes et tendres? Où
« sont les jeunes gens modestes et savants, qui unis-
« soient l'ingénuité de l'enfance aux qualités solides
« qui annoncent l'homme? Où est la jeunesse de la
« France ?... Une génération nouvelle lui a succédé...

« Qui pourroit redire les plaintes et les reproches
« qui s'élèvent tous les jours contre ces nouveaux
« venus ? Hélas! ils croissoient presque à l'insu des
« pères, au milieu des discordes civiles, et ils sont

« absous par les malheurs publics, car tout leur a
« manqué, l'instruction, les remontrances, les bons
« exemples, et ces douceurs de la maison pater-
« nelle qui disposent les enfants aux sentiments
« vertueux, et leur mettent sur les lèvres un sourire
« qui ne s'efface plus... Cependant ils n'en témoi-
« gnent aucun regret; ils ne rejettent point en ar-
« rière un regard de tristesse. On les voit errer
« dans les places publiques, et remplir les théâtres
« comme s'ils n'avoient qu'à se reposer des travaux
« d'une longue vie. Les ruines les environnent, et
« ils passent devant elles sans éprouver seulement
« la curiosité ordinaire à un voyageur : ils ont déjà
« oublié ces temps d'une éternelle mémoire!...

« Génération vraiment nouvelle, et qui sera tou-
« jours distincte et marquée d'un caractère singulier
« qui la sépare des temps anciens et des temps à
« venir, elle ne transmettra point ces traditions qui
« sont l'honneur des familles, ni ces bienséances
« qui défendent les mœurs publiques, ni ces usages
« qui sont les liens de la société. Elle marche vers
« un terme inconnu, entraînant avec elle nos sou-
« venirs, nos bienséances, nos mœurs, nos usages :
« les vieillards ont gémi de se trouver plus étran-
« gers à mesure que leurs enfants se multiplioient
« sur la terre...

« Maintenant le jeune homme, jeté comme par
« un naufrage à l'entrée de sa carrière, en contemple
« vainement l'étendue. Il n'enfante que des désirs
« mourants et des projets sans consistance. Il est
« privé de souvenirs, et il n'a plus le courage de

« former des espérances. Il se croit désabusé, et il
« n'a point d'expérience. Son cœur est flétri, et il
« n'a point eu de passions. Comme il n'a pas rempli
« les différentes époques de sa vie, il ressent tou-
« jours au dedans de lui-même quelque chose d'im-
« parfait qui ne s'achèvera pas. Ses goûts et ses
« pensées, par un contraste affligeant, appartiennent
« à la fois à tous les âges, mais sans rappeler le
« charme de la jeunesse ni la gravité de l'âge mûr.
« Sa vie entière se présente comme une de ces an-
« nées orageuses et frappées de stérilité, où l'on
« diroit que le cours des saisons et l'ordre de la
« nature sont intervertis. Dans cette confusion, les
« facultés les plus heureuses se sont tournées contre
« elles-mêmes. La jeunesse a été en proie à des
« tristesses extraordinaires, aux fausses douceurs
« d'une imagination bizarre et emportée, au mépris
« superbe de la vie, à l'indifférence qui naît du
« désespoir; une grande maladie s'est manifestée
« sous mille formes diverses. Ceux même qui ont
« été assez heureux pour échapper à cette contagion
« des esprits, ont attesté toute la violence qu'ils ont
« soufferte. Ils ont franchi brusquement toutes les
« époques du premier âge, et se sont assis parmi
« les anciens, qu'ils ont étonnés par une maturité
« précoce, mais sans y trouver ce qui avoit manqué
« à leur jeunesse.

« Peut-être en est-il de ces derniers qui visitent
« quelquefois ces asiles de la science dont ils ont
« été exilés. Alors voyant ces vastes enceintes qui
« retentissent de nouveau du bruit des jeux et des

« triomphes classiques, ces hautes murailles, où
« on lit toujours les noms à demi effacés de quel-
« ques grands hommes de la France, ils sentent re-
« vivre en eux des regrets amers et des désirs plus
« douloureux que les regrets. Ils demandent encore
« cette éducation qui porte des fruits pour toute la
« vie et qui ne se remplace point. Ils demandent
« tant de plaisirs innocents qu'ils n'ont pas connus;
« ils demandent jusqu'à ces peines et ces chagrins
« de l'enfance qui laissent des souvenirs si tendres
« et si sensibles. Mais c'est inutilement : voilà qu'a-
« près avoir consumé bientôt quinze années, cette
« grande portion de la vie humaine, dans le silence
« et pourtant au milieu des révolutions des empires,
« ils n'ont survécu aux compagnons de leur âge, et
« pour ainsi dire à eux-mêmes, que pour toucher à
« ce terme où l'on ne fait plus que des pertes sans
« retour. Ainsi donc, ils seront toujours livrés à un
« gémissement secret et inconsolable, et désormais
« ils resteront exposés aux regards d'une autre gé-
« nération qui les presse, comme des sentinelles
« qui lui crieront de se détourner des routes fu-
« nestes où ils se sont égarés.

« Leur voix sera entendue, etc., etc.... »

Ce morceau suffiroit seul pour justifier les éloges que nous avons donnés à cette *Vie de Rollin*. On peut y remarquer des beautés du premier ordre, exprimées avec éloquence, et quelques-unes de ces pensées que l'on ne trouve que chez les grands écrivains. Nous ne saurions trop encourager l'auteur à s'abandonner à son génie. Jusqu'à présent une timidité naturelle au vrai talent lui a fait rechercher les sujets les moins élevés; mais il devroit peut-être essayer de sortir du genre tempéré qui retient son imagination dans des bornes trop étroites. On s'aperçoit aisément dans la *Vie de Rollin* qu'il a sacrifié partout des richesses. En parlant du bon recteur de l'Université, il s'est prescrit la modération et la réserve; il a craint de blesser des vertus modestes, en répandant sur elles une trop vive lumière : on diroit qu'il s'est souvenu de cette loi des anciens, qui ne permettoit de chanter les dieux que sur le mode le plus grave et le plus doux de la lyre.

SUR

LES ESSAIS DE MORALE

ET DE POLITIQUE.

Décembre 1805.

On peut trouver plusieurs causes du succès prodigieux des romans pendant ces dernières années : il y en a une principale, indépendante du goût et des mœurs. Fatigué des déclamations de la philosophie, on s'est jeté par besoin de repos dans les lectures frivoles ; on s'est délassé des erreurs de l'esprit par celles du cœur : les dernières n'ont du moins ni la sécheresse ni l'orgueil des premières ; et, à tout considérer, s'il falloit faire un choix dans le mal, la corruption des sentiments seroit peut-être préférable à la corruption des idées : un cœur vicieux peut revenir à la vertu ; un esprit pervers ne se corrige jamais.

Mais l'esprit humain tourne sans cesse dans le même cercle, et les romans nous ramèneront aux ouvrages sérieux, comme les ouvrages sérieux nous ont conduits aux romans. En effet, ceux-ci commencent à passer de mode ; les auteurs cherchent des sujets plus propres à satisfaire la raison ; les livres sérieux reparoissent. Nous avons déjà eu le plaisir d'annoncer la *Législation primitive* de M. de

Bonald : entre les jeunes gens distingués par le tour grave de leur esprit, nous avons fait remarquer l'auteur de la *Vie de Rollin* : aujourd'hui les *Essais de Morale et de Politique* sont une nouvelle preuve de notre retour aux études solides.

Cet ouvrage a pour but de montrer qu'une seule forme de gouvernement convient à la nature de l'homme. De là deux parties ou deux divisions dans l'ouvrage : dans la première on pose les faits ; dans la seconde on conclut : c'est-à-dire que dans l'une on traite de la nature de l'homme, et que dans l'autre on fait voir quel est le gouvernement le plus conforme à cette nature.

Les facultés dont se compose notre esprit, les causes des égarements de notre esprit, la force de notre volonté, l'ascendant de nos passions, l'amour du beau et du bon, ou notre penchant pour la vertu, sont donc l'objet de la première partie.

Que l'homme doit vivre en société ; qu'il y a une sorte de nécessité venant de Dieu, qu'il y a des gouvernements *factices* et un gouvernement *naturel;* que les mœurs sont des habitudes que nous ont données ou nous ont laissé prendre les lois : telles sont à peu près les questions qu'on examine dans la seconde partie.

C'est toucher, comme on le voit, à ce qui fit dans tous les temps l'objet des recherches des plus grands génies. L'auteur a su prouver qu'il n'y a point de matière épuisée pour un homme de talent, et que des principes aussi féconds seront éternellement la source de vérités nouvelles.

Une gravité naturelle et soutenue, un ton ferme sans jactance, noble sans enflure, des vues fines et quelquefois profondes, enfin cette mesure dans les opinions, cette décence de la bonne compagnie, d'autant plus précieuses qu'elles deviennent tous les jours plus rares : telles sont les qualités qui nous paroissent recommander cet ouvrage au public.

Nous choisirons quelques morceaux propres à donner aux lecteurs une idée du style des *Essais*, et de la manière dont l'auteur a traité des sujets si graves. Dans le chapitre intitulé, *Rapport des deux Natures de l'Homme*, voici comme il parle de l'union de l'âme avec le corps : « Son âme et « son corps sont tellement unis, qu'ils sont obligés, « pour ainsi dire, d'assister réciproquement à leurs « jouissances et d'en modifier la nature, pour qu'ils « puissent y participer également. Dans les plaisirs « du corps on retrouve ceux de l'âme, et dans les plai- « sirs de l'âme on retrouve ceux du corps. Le corps « exige, dans les objets de ses penchants, quelques « traces de ce beau ou de ce bon, sujet de l'éternel « amour de l'âme. Il veut qu'elle lui vante le bon- « heur dont il jouit, et qu'elle lui applaudisse en le « partageant. L'âme, et c'est sa misère, ne peut sai- « sir ce qu'elle aime que sous des formes et par des « moyens qui lui sont fournis par le corps...... Les « deux natures de l'homme confondent ainsi leurs « désirs, unissent leurs forces, et se concertent « ensemble pour arriver à leurs desseins..... L'âme « découvre pour le corps une foule de plaisirs qu'il « ignoreroit toujours : elle lui conserve la mémoire

« de ceux qu'il a goûtés, et dans les temps de di-
« sette, elle le nourrit de l'image des objets qu'elle
« a chéris.....»

Tout cela me semble ingénieux, agréable, bien dit, délicatement observé. On lira avec le même plaisir le chapitre sur les *Causes et les Suites des Égarements de l'Esprit*. Si l'on trouvoit ce portrait de *l'erreur* dans les *Caractères* de La Bruyère, on le remarqueroit peut-être.

« Vainement on calomnie les passions. Elles ne
« sont que la cause des maux dont l'erreur est le
« principe. Les passions s'usent; il faut bien qu'elles
« se reposent : l'erreur est éternelle et ne se fatigue
« jamais. Les passions entraînent ceux qu'elles tour-
« mentent, les aveuglent, et souvent les abîment.
« L'erreur conduit avec méthode, conseille avec
« prudence; elle n'ôte pas la connoissance et laisse
« éviter le danger : elle est austère et même inexo-
« rable, et le mal qu'elle fait commettre, on l'exé-
« cute avec la rigueur du devoir; elle éclaire le
« crime, elle s'entend avec l'orgueil; et tous les
« crimes qu'elle fait commettre, l'orgueil les ré-
« compense. »

Qui ne reconnoît ici la philosophie du dernier siècle? Pour faire un portrait aussi fidèle, il ne suffisoit pas d'avoir le modèle sous les yeux; il falloit encore posséder, dans un degré éminent, le talent du peintre.

Jusqu'ici nous n'avons cité que la première partie des *Essais*. Dans la seconde, consacrée à l'examen des gouvernements, on remarquera surtout deux chapitres sur l'Angleterre. L'auteur, cherchant à prouver que la monarchie absolue est le seul gouvernement *naturel* ou conforme à la *nature de l'homme*, fait la peinture de la monarchie angloise, dont le gouvernement, selon lui, n'est pas *naturel*. Par une idée ingénieuse il attribue aux anciennes mœurs des Anglois, c'est-à-dire aux mœurs qui ont précédé leur constitution de 1688, ce qu'il y a de bon parmi eux, tandis qu'il soutient que les vices du peuple et du gouvernement de la Grande-Bretagne naissent pour la plupart de la constitution actuelle de ce pays.

Ce système a l'avantage d'expliquer les contradictions que l'on remarque dans le caractère de la nation britannique. Il est vrai que l'auteur est alors obligé de prouver que les Anglois, du temps d'Henri VIII, étoient plus heureux et valoient mieux que les Anglois d'aujourd'hui, ce qui pourroit souffrir quelques difficultés; il est encore vrai que l'auteur a contre lui l'*Esprit des Lois*. Montesquieu parle aussi de l'inquiétude des Anglois, de leur orgueil, de leurs changements de partis, des orages de leur liberté ; mais il voit tout cela comme des conséquences *nécessaires* et non *funestes* d'une monarchie mixte ou tempérée. On lit dans Tacite ce passage singulier : *Nam cunctas nationes et urbes populus, aut primores, aut singuli regunt : dilecta ex his et constituta reip. forma, laudari facilius, quam evenire; vel si evenit, haud diuturna esse potest.* D'où il résulte que Tacite avoit conçu l'idée d'un gouvernement à peu près semblable à celui de l'Angleterre, et qu'en le regardant comme le meilleur en théorie, il le jugeoit presque impossible en pratique. Aristote et Cicéron semblent avoir partagé l'opinion de Tacite, ou plutôt Tacite avoit puisé cette opinion dans les écrits du philosophe et de l'orateur. Ces autorités sont de quelque poids, sans doute; mais l'auteur des *Essais* répondroit avec raison que nous avons aujourd'hui de nouvelles lumières qui nous empêchent de penser comme Aristote, Cicéron, Tacite et Montesquieu. Quoi qu'il en soit, les juges sont maintenant nombreux dans cette cause: plusieurs milliers de François ayant vécu, pendant leur exil, en Angleterre, peuvent avoir appris à connoître le fort et le foible des lois de ce pays.

Le dernier chapitre des *Essais* renferme des considérations sur le génie des peuples, et sur le but de la société, qui est le bonheur. L'auteur pense que l'ordre et le repos sont les deux plus sûrs moyens d'arriver à ce but. Son tableau de l'Égypte nous a rappelé quelque chose des belles pages de Platon sur les Perses, et le ton calme, élevé, moral, du philosophe de l'Académie.

Au reste, il y a dans cet ouvrage un assez grand nombre d'opinions que nous ne partageons pas avec l'auteur. Il soutient, par exemple, *qu'il existe un degré de civilisation qui exclut le despotisme et le rend impossible; qu'il y auroit trop de lumières à éteindre; qu'il n'y a point de despotisme où l'on crie au despote*, etc.

C'est contredire, il nous semble, le témoignage

de l'histoire. Nous seroit-il permis de faire observer à l'auteur que la corruption des mœurs marche de front avec la civilisation des peuples, et que si la dernière présente des moyens de liberté, la première est une source inépuisable d'esclavage?

Il n'y a point de despotisme où l'on crie au despote. Sans doute, quand le cri est public, général, violent, quand c'est toute une nation qui parle sans contrainte. Mais dans quel cas cela peut-il avoir lieu? Quand le despote est foible, ou quand, à force de maux, il a poussé à bout ses esclaves. Mais si le despote est fort, que lui importeront les gémissements secrets de la foule ou l'indignation impuissante de quelque honnête homme? Il ne faut pas croire d'ailleurs que le plus rude despotisme produise un silence absolu, excepté chez les nations barbares. A Rome, sous les Néron même, et sous les Tibère, on faisoit des satires, et l'on alloit à la mort: *morituri te salutant.*

Dans un autre endroit, l'auteur suppose que la société primitive étant devenue trop nombreuse, *on s'assembla et l'on convint.* C'est donc admettre un *contrat social,* et retomber dans toutes les chimères philosophiques que les *Essais* combattent avec tant de succès?

Quelques points de métaphysique demanderoient aussi plus de développement. On lit, page 84: *Toutes les âmes sont égales; leurs développements ne peuvent dépendre que de la conformation des organes.* Page 21: *L'esprit est une faculté; une*

*faculté est une puissance... Il n'y a point d'idées
fausses, mais des appellations fausses, etc.*

Il y a là-dessus vingt bonnes querelles à faire à
l'auteur, et si l'on pressoit un peu ses raisonnements, on les mèneroit à des conséquences dont il
seroit lui-même effrayé. Mais nous ne voulons point
élever de question intempestive, et quelques propositions douteuses ne gâtent rien à un ouvrage,
d'ailleurs rempli de principes excellents.

Nous ne nous permettrons plus de combattre
qu'une seule définition. *L'imagination se montre
dans tous les instants*, dit l'auteur. *Quel que soit
l'objet qu'il examine, l'esprit doué de cette qualité
est toujours frappé des rapports les moins abstraits.*

L'auteur semble n'avoir été frappé lui-même
que d'une des facultés de l'imagination, celle de
peindre les objets matériels : il a pris la partie pour
le tout. Nous lui soumettons les observations suivantes :

Considérée en elle-même, l'imagination s'applique à tout, et revêt toutes les formes : elle a
quelquefois l'air du génie, de l'esprit, de la sensibilité, du talent ; elle affecte tout, parle tous les
langages ; elle sait emprunter, quand elle le veut,
jusqu'au maintien austère de la sagesse, mais elle
ne peut être long-temps sérieuse ; elle sourit sous
le masque : *patuit Dea.*

Prise séparément, l'imagination est donc peu de
chose. Mais c'est un don inestimable lorsqu'elle se
joint aux autres facultés de l'esprit : c'est elle alors
qui donne la chaleur et la vie ; elle se combine de

mille manières avec le génie, l'esprit, la tendresse du cœur, le talent. Elle achève, pour ainsi dire, les heureuses dispositions qu'on a reçues de la nature, et qui, sans l'imagination, resteroient incomplètes et stériles. Elle marche, ou plutôt elle vole, devant les facultés auxquelles elle s'allie; elle les encourage à la suivre, les appelle sur sa trace, leur découvre des routes nouvelles. Mariée au génie, elle a créé Homère et Milton, Bossuet et Pascal, Cicéron et Démosthènes, Tacite et Montesquieu; unie au talent et à la tendresse de l'âme, elle a formé Virgile et Racine, La Fontaine et Fénelon; de son mélange avec le talent et l'esprit, on a vu naître Horace et Voltaire[1].

L'auteur veut que l'imagination ne soit frappée que des *rapports les moins abstraits*. Jusqu'ici on lui avoit fait le reproche contraire; on l'avoit accusée d'un trop grand penchant à la contemplation et à la mysticité. C'est sur ses ailes que les âmes ardentes s'élèvent à Dieu; c'est elle qui a conduit au désert et dans les cloîtres tant d'hommes qui ne vouloient plus s'occuper des *images* de la terre. Bien plus, c'est par la seule imagination que l'on peut concevoir la *spiritualité* de l'âme et l'*immatérialité* des esprits : tant elle est loin de ne saisir que le côté matériel des choses!

Et les plus grands métaphysiciens ne sont-ils pas distingués surtout par l'imagination? N'est-ce

---

[1] Il ne s'agit pas ici de jugements rigoureux. Racine avoit du génie, Bossuet de l'esprit, etc. On n'indique à présent que les traits caractéristiques.

pas cette imagination qui a valu à Platon le nom de *Rêveur,* et à Descartes celui de *Songe-Creux?* Platon, avec ses harmonies, Descartes avec ses tourbillons, Gassendi avec ses atomes, Leibnitz avec ses monades, n'étoient que des espèces de poëtes qui *imaginoient* beaucoup de choses. Cependant c'étoient aussi de grands géomètres ; car les grands géomètres sont encore des hommes à grande imagination. Enfin, Malebranche, qui voyoit tout en Dieu, et qui passa sa vie à faire la guerre à l'imagination, en étoit lui-même un prodige ; Sénèque, au milieu de ses trésors, écrivoit sur le mépris des richesses.

Mais nous voulons que l'auteur des *Essais* nous serve de preuve contre lui-même. Il s'occupe des sujets les plus sérieux, et cependant son style est plein d'imagination. On lit, page 95, ce morceau contre l'égoïsme, qui semble être échappé à l'âme de Fénelon.

« Il faut que l'homme unisse sa vie à quelque
« autre vie. Sa pensée elle-même a besoin d'une
« douce union pour devenir féconde. L'égoïsme est
« court dans ses vues ; il reste sans lumière, soli-
« taire et sans gloire. Nos facultés ne se développent
« jamais d'une manière aussi heureuse que lorsque
« le cœur est rempli des sentiments les plus doux.
« Belle nature d'un être qui ne s'aime jamais tant
« que lorsqu'il s'oublie, et qui peut trouver son
« bonheur dans un entier dévouement. »

Nous conseillons à l'auteur de maltraiter un peu moins cette imagination qui lui prête un si heureux langage. Il seroit trop long de citer tous les morceaux de ce genre que l'on trouve dans les *Essais*. Nous ne pouvons cependant nous refuser à transcrire cet autre passage, parce qu'il fait connoître l'auteur : « Le genre humain, dit-il, paroît blasé. « Les générations qui naissent, désenchantées par « l'expérience des générations qui les ont précé- « dées, considèrent froidement leur carrière, et spé- « culent sans jouir. Et moi, qu'on doit accuser ici « de présomption ou de confiance, j'appartiens à « l'une de ces générations tardives, et je n'ai point « échappé au malheur commun; du moins je dé- « plore mes misères, et je n'ose en parler qu'en tremblant. Porté naturellement à l'étude des choses qui font le sujet de cet ouvrage, je fus entraîné à écrire par les goûts de mon esprit et la conti- « nuité de mes loisirs : ce sont de simples réflexions « que je publie. On y reconnoîtra, j'espère, un « amour pur du vrai. J'aimerois mieux les anéantir « jusqu'à la moindre trace, que d'apprendre qu'elles « renferment une opinion qui puisse égarer. »

Rien n'est plus noble, plus touchant, plus aimable que ce mouvement; rien ne fait tant de plaisir que de rencontrer de pareils traits au milieu d'un sujet naturellement sévère. On peut appliquer ici à l'auteur le mot du poëte grec : « Il sied bien à « un homme armé de jouer de la lyre. »

On prétend aujourd'hui qu'il faut toujours, dans l'examen des ouvrages, faire une part à la critique; nous l'avons donc faite. Cependant nous l'avouerons, si nous étions condamné à jouer souvent le triste rôle de censeur, ce qu'à Dieu ne plaise, nous aimerions mieux suivre l'exemple d'Aristote, qui, au lieu de blâmer les fautes d'Homère, trouve douze raisons (αριθμω δωδεκα) pour les excuser. Nous pourrions encore reprocher à l'auteur des *Essais* quelques amphibologies dans l'emploi des pronoms, et quelque obscurité dans la construction des phrases; toutefois son livre, où l'on trouve différents genres de mérite, est purgé de ces fautes de goût que tant d'autres laissent échapper dans leurs premiers ouvrages. Racine même ne fut pas exempt d'affectation et de recherche dans sa jeunesse; et le grand, le sublime, le grave Bossuet fut un bel-esprit de l'hôtel Rambouillet. Ses premiers sermons sont pleins d'antithèses, de battologies et d'enflure de style. Dans un endroit, il s'écrie tout à coup : « Vive l'Éternel! » Il appelle les enfants la *recrue* continuelle du genre humain; il dit que Dieu nous donne par la mort un *appartement* dans son palais. Mais ce rare génie, épuré par la raison qu'amènent naturellement les années, ne tarda pas à paroître dans toute sa beauté : semblable à un fleuve qui en s'éloignant de sa source, dépose peu à peu le limon qui troubloit son eau, et devient aussi limpide au milieu de son cours, que profond et majestueux.

Par une modestie peu commune, l'auteur des *Essais*[1] ne s'est point nommé à la tête de son ouvrage; mais on assure que c'est le dernier descen-

---

[1] L'auteur des *Essais de morale et de politique* est M. le comte Molé, aujourd'hui ministre d'État, pair de France.

dant d'une de ces nobles familles de magistrats qui ont si long-temps illustré la France. Dans ce cas, nous serions moins étonné de l'amour du beau, de l'ordre et de la vertu qui règne dans les *Essais;* nous ne ferions plus un mérite à l'auteur de posséder un avantage héréditaire, nous ne louerions que son talent.

SUR

LES MÉMOIRES DE LOUIS XIV.

Mars 1806.

Depuis quelque temps les journaux nous annonçoient des *OEuvres* de Louis XIV. Ce titre avoit choqué les personnes qui attachent encore quelque prix à la justesse des termes et à la décence du langage. Elles observoient qu'un auteur peut seul appeler *OEuvres* ses propres travaux, lorsqu'il les livre lui-même au public; qu'il faut en outre que cet auteur soit pris dans les rangs ordinaires de la société, et qu'il ait écrit non de simples Mémoires historiques, mais des ouvrages de science ou de littérature; que dans tous les cas un roi n'est point un auteur de profession, et que par conséquent il ne publie jamais des *OEuvres*.

Il est vrai que dans l'antiquité les premiers empereurs romains cultivoient les lettres; mais ces empereurs avoient été de simples citoyens avant de s'asseoir sur la pourpre. César n'étoit qu'un chef de légion lorsqu'il écrivit l'histoire de la conquête des Gaules, et les Commentaires du capitaine ont fait depuis la gloire de l'empereur. Si les Maximes de Marc-Aurèle honorent encore aujourd'hui sa mémoire, Claude et Néron s'attirèrent le mépris même du peuple romain pour avoir recherché les triomphes du poëte et du littérateur.

Dans les monarchies chrétiennes, où la dignité royale a été mieux connue, on a vu rarement le souverain descendre dans une lice où la victoire même n'est presque jamais sans honte, parce que l'adversaire est presque toujours sans noblesse. Quelques princes d'Allemagne, qui ont mal gouverné, ou qui ont même perdu leur pays pour s'être livrés à l'étude des sciences, excitent plutôt notre pitié que notre admiration. Denys, maître d'école à Corinthe, étoit aussi un roi homme de lettres. On voit encore à Vienne une Bible chargée de notes de la main de Charlemagne; mais ce monarque ne les avoit écrites que pour lui-même, et pour satisfaire sa piété. Charles V, François Ier, Henri IV, Charles IX, aimèrent les lettres sans avoir la prétention de devenir auteurs. Quelques reines de France ont laissé des vers, des Nouvelles, des Mémoires : on a pardonné à leur dignité en faveur de leur sexe. L'Angleterre, d'où nous sont venus de dangereux exemples, compte seule plusieurs *écrivains* parmi ses monarques : Alfred, Henri VIII, Jacques Ier, ont fait de véritables livres; mais le roi auteur par excellence, dans les siècles modernes, c'est Frédéric. Ce prince a-t-il perdu, a-t-il gagné en renommée à la publication de ses *OEuvres?* Question que nous n'aurions pas de peine à résoudre, si nous ne consultions que notre sentiment.

Nous avons été d'abord un peu rassuré en ou-

vrant le Recueil que nous annonçons. Premièrement, ce ne sont point des *OEuvres*, ce sont de simples Mémoires faits par un père pour l'instruction de son fils. Hé! qui doit veiller à l'éducation de ses enfants, si ce n'est un roi? Peut-on jamais trop inspirer l'amour des devoirs et de la vertu aux princes d'où dépend le bonheur de tant d'hommes? Plein d'un juste respect pour la mémoire de Louis XIV, nous avons ensuite parcouru avec inquiétude les écrits de ce grand monarque. Il eût été cruel de perdre encore une admiration. C'est avec un plaisir extrême que nous avons retrouvé le Louis XIV tel qu'il est parvenu à la postérité, tel que l'a peint madame de Motteville : « Son grand
« sens et ses bonnes intentions, dit-elle, firent con-
« noître les semences d'une science universelle, qui
« avoient été cachées à ceux qui ne le voyoient pas
« dans le particulier ; car il parut tout d'un coup
« politique dans les affaires de l'État, théologien
« dans celles de l'Église, exact en celles de finance ;
« parlant juste, prenant toujours le bon parti dans
« les conseils, sensible aux intérêts des particuliers,
« mais ennemi de l'intrigue et de la flatterie, et sé-
« vère envers les grands de son royaume qu'il soup-
« çonnoit avoir envie de le gouverner. Il étoit ai-
« mable de sa personne, honnête et de facile accès
« à tout le monde, mais avec un air grand et sé-
« rieux qui imprimoit le respect et la crainte dans
« le public. »

Et telles sont précisément les qualités que l'on trouve et le caractère que l'on sent dans le Recueil des pensées de ce prince. Ce Recueil se compose :

1° De Mémoires adressés au grand-dauphin : ils commencent en 1661, et finissent en 1665;

2° De Mémoires militaires sur les années 1673 et 1678;

3° De Réflexions sur le *Métier de Roi;*

4° D'instructions à Philippe V;

5° De dix-huit Lettres au même prince, et d'une lettre de madame de Maintenon.

On connoissoit déjà de Louis XIV un Recueil de Lettres, et une traduction des *Commentaires de César*[1]. On croit que Pélisson ou Racine[2] ont revu les mémoires que l'on vient de publier; mais il est certain, d'ailleurs, que le fond des choses est de Louis XIV. On reconnoît partout ses principes religieux, moraux, politiques; et les notes ajoutées de sa propre main aux marges des Mémoires ne sont inférieures au texte ni pour le style ni pour les pensées.

Et puis c'est un fait attesté par tous les écrivains, que Louis XIV s'exprimoit avec une noblesse particulière : « Il parloit peu et bien, dit madame « de Motteville ; ses paroles avoient une grande

---

[1] Voltaire nie que cette traduction soit de Louis XIV.
[2] S'il falloit en juger par le style, je croirois que Pélisson a eu la plus grande part à ce travail. Du moins il me semble qu'on peut quelquefois reconnoître sa phrase symétrique et arrangée avec art. Quoi qu'il en soit, les pensées de Louis XIV, mises en ordre par Racine ou Pélisson, sont un assez beau monument. Rose, marquis de Coye, homme de beaucoup d'esprit, et secrétaire de Louis XIV, pourroit bien aussi avoir revu les Mémoires.

« force pour inspirer dans les cœurs et l'amour
« et la crainte, selon qu'elles étoient douces ou sé-
« vères. »

— « Il s'exprimoit toujours noblement et avec
« précision, » dit Voltaire. Il auroit même excellé
dans les grâces du langage, s'il avoit voulu en faire
une étude. Monschenay raconte qu'il lisoit un jour
l'épître de Boileau sur le passage du Rhin, devant
mesdames de Thiange et de Montespan : « Il la lut
« avec des *tons si enchanteurs*, que madame de
« Montespan lui arracha l'épître des mains, en s'é-
« criant qu'il y avoit là quelque chose de surna-
« turel, et qu'elle n'avoit jamais rien entendu de si
« bien prononcé. »

Cette netteté de pensée, cette noblesse d'élocution, cette finesse d'une oreille sensible à la belle poésie, forment déjà un préjugé en faveur du style des Mémoires, et prouveroient (si l'on avoit besoin de preuves) que Louis XIV peut fort bien les avoir écrits. En citant quelques morceaux de ces Mémoires, nous les ferons mieux connoître aux lecteurs.

Le roi parlant des différentes mesures qu'il prit au commencement de son règne, ajoute :

« Il faut que je vous avoue qu'encore que j'eusse aupa-
« ravant sujet d'être content de ma propre conduite, les
« éloges que cette nouveauté m'attiroit me donnoient une
« continuelle inquiétude, par la crainte que j'avois toujours
« de ne les pas assez bien mériter.

« Car enfin je suis bien aise de vous avertir, mon fils,
« que c'est une chose fort délicate que la louange ; qu'il

« est bien malaisé de ne s'en pas laisser éblouir, et qu'il
« faut beaucoup de lumières pour savoir discerner au vrai
« ceux qui nous flattent d'avec ceux qui nous admirent.

« Mais, quelque obscures que puissent être en cela les
« intentions de nos courtisans, il y a pourtant un moyen
« assuré pour profiter de tout ce qu'ils disent à notre avan-
« tage, et ce moyen n'est autre chose que de nous examiner
« sévèrement nous-mêmes sur chacune des louanges que les
« autres nous donnent. Car, lorsque nous en entendrons
« quelqu'une que nous ne méritons pas en effet, nous la
« considérerons aussitôt (suivant l'humeur de ceux qui
« nous l'aurons donnée), ou comme un reproche malin de
« quelque défaut dont nous tâcherons de nous corriger,
« ou comme une secrète exhortation à la vertu que nous
« ne sentons pas en nous. »

On n'a jamais rien dit sur le danger des flatteurs de plus délicat et de mieux observé. Un homme qui connoissoit si bien la valeur des louanges méritoit sans doute d'être beaucoup loué. Ce passage est surtout remarquable par une certaine ressemblance avec quelques préceptes du *Télémaque*. Dans ce grand siècle, la vertu et la raison donnoient au prince et au sujet un même langage.

Le morceau suivant, écrit tout entier de la main de Louis XIV, n'est pas un des moins beaux des Mémoires :

« Ce n'est pas seulement dans les importantes négocia-
« tions que les princes doivent prendre garde à ce qu'ils
« disent, c'est même dans les discours les plus familiers
« et les plus ordinaires. C'est une contrainte sans doute
« fâcheuse, mais absolument nécessaire à ceux de notre
« condition, de ne parler de rien à la légère. Il se faut bien
« garder de penser qu'un souverain, parce qu'il a l'auto-

«rité de tout faire, ait aussi la liberté de tout dire; au
«contraire, plus il est grand et respecté, plus il doit être
«circonspect. Les choses qui ne seroient rien dans la bouche
«d'un particulier deviennent souvent importantes dans celle
«d'un prince. La moindre marque de mépris qu'il donne
«d'un particulier fait au cœur de cet homme une plaie
«incurable. Ce qui peut consoler quelqu'un d'une raillerie
«piquante ou d'une parole de mépris que quelque autre
«a dit de lui, c'est, ou qu'il se promet de trouver bientôt
«occasion de rendre la pareille, ou qu'il se persuade que
«ce qu'on a dit ne fera pas d'impression sur l'esprit de
«ceux qui l'ont entendu. Mais celui de qui le souverain a
«parlé sent son mal d'autant plus impatiemment, qu'il n'y
«voit aucune de ces consolations. Car enfin il peut bien
«dire du mal du prince qui en a dit de lui, mais il ne sau-
«roit le dire qu'en secret, et ne peut pas lui faire savoir
«ce qu'il en dit, qui est la seule douceur de la vengeance.
«Il ne peut pas non plus persuader que ce qui a été dit
«n'aura pas été approuvé ni écouté, parce qu'il sait avec
«quels applaudissements sont reçus tous les sentiments de
«ceux qui ont en main l'autorité.»

La générosité de ces sentiments est aussi touchante qu'admirable. Un monarque qui donnoit
de pareilles leçons à son fils avoit sans doute un
véritable cœur de roi, et il étoit digne de com-
mander à un peuple dont le premier bien est l'honneur.

La pièce intitulée le *Métier de Roi*, dans le nouveau Recueil, avoit été citée dans le *Siècle de
Louis XIV*. «*Elle dépose à la postérité*, dit Voltaire,
*en faveur de la droiture et de la magnanimité de son
âme.*»

Nous sommes fâché que l'éditeur des Mémoires,

qui paroît d'ailleurs plein de candeur et de modestie, ait donné à ce morceau le titre de *Métier de Roi*. Louis XIV s'est servi de ce mot dans le cours de ses Réflexions ; mais il n'est pas vraisemblable qu'il l'ait employé comme *titre*. Il y a plus : il est probable que ce prince eût corrigé cette expression, s'il eût prévu que ses écrits seroient un jour publiés. La royauté n'est point un métier, c'est un caractère ; l'Oint du Seigneur n'est point un acteur qui joue un rôle, c'est un magistrat qui remplit une fonction : on ne fait point le métier de roi comme on fait celui de charlatan. Louis XIV, dans un moment de dégoût, ne songeant qu'aux fatigues de la royauté, a pu l'appeler un *métier*, et un métier très pénible ; mais donnons-nous de garde de prendre ce mot dans un sens absolu. Ce seroit apprendre aux hommes que tout est *métier* ici-bas ; que nous sommes tous dans ce monde des espèces d'empiriques montés sur des tréteaux pour vendre notre marchandise aux passants. Une pareille vue de la société mèneroit à des conséquences funestes.

Voltaire avoit encore cité les Instructions à Philippe V, mais il en avoit retranché les premiers articles. Il est malheureux de rencontrer sans cesse cet homme célèbre dans l'histoire littéraire du dernier siècle, et de l'y voir jouer si souvent un rôle peu digne d'un honnête homme et d'un beau génie. On devinera aisément pourquoi l'historien de Louis XIV avoit omis les premiers articles des Instructions ; les voici :

1. Ne manquez à aucun de vos devoirs, surtout envers Dieu.

2. Conservez-vous dans la pureté de votre éducation.

3. Faites honorer Dieu partout où vous aurez du pouvoir; procurez sa gloire; donnez-en l'exemple : c'est un des plus grands biens que les rois puissent faire.

4. Déclarez-vous, en toute occasion, pour la vertu contre le vice.

Saint Louis mourant, étendu sur un lit de cendres devant les ruines de Carthage, donna à peu près les mêmes instructions à son fils :

« Beau fils, la première chose que je t'enseigne
« et commande à garder, si est que de tout ton cœur
« tu aimes Dieu, et te gardes bien de faire chose
« qui lui déplaise. Si Dieu t'envoie adversité, re-
« çois-la bénignement, et lui en rends grâce; s'il te
« donne prospérité, si l'en remercie très humble-
« ment : car on ne doit pas guerroyer Dieu des
« dons qu'il nous fait. Aie le cœur doux et piteux
« aux pauvres; ne boute pas sus trop grands taille
« ni subsides à ton peuple. Fuis la compagnie des
« mauvais. »

On aime à voir deux de nos plus grands princes, à deux époques si éloignées l'une de l'autre, donner à leurs fils des principes semblables de religion et de justice. Si la langue de Joinville et celle de Racine ne nous avertissoient que quatre cents ans d'intervalle séparent saint Louis de Louis XIV, on pourroit croire que ces instructions sont du même siècle. Tandis que tout change dans le monde, il est beau que des âmes royales gardent incorruptible le dépôt sacré de la vérité et de la vertu.

Louis XIV, et c'est une des choses les plus attachantes de ses Mémoires, confesse souvent ses fautes et les offre pour leçon à son fils :

« On attaque le cœur d'un prince comme une place. Le « premier soin est de s'emparer de tous les postes par où « on y peut approcher. Une femme adroite s'attache d'a-« bord à éloigner tout ce qui n'est pas dans ses intérêts, « elle donne du soupçon des uns et du dégoût des autres, « afin qu'elle seule et ses amis soient favorablement écou-« tés ; et si nous ne sommes en garde contre cet usage, il « faut, pour la contenter elle seule, mécontenter tout le « reste du monde.

« Dès lors que vous donnez à une femme la liberté de « vous parler de choses importantes, il est impossible « qu'elle ne vous fasse faillir.

« La tendresse que nous avons pour elle nous faisant goû-« ter ses plus mauvaises raisons, nous fait tomber insensi-« blement du côté où elle penche, et la foiblesse qu'elle a « naturellement lui faisant souvent préférer des intérêts de « bagatelles aux plus solides considérations, lui font pres-« que toujours prendre le mauvais parti.

« Elles sont éloquentes dans leurs expressions, pres-« santes dans leurs prières, opiniâtres dans leurs senti-« ments ; et tout cela n'est souvent fondé que sur une « aversion qu'elles auront pour quelqu'un, sur le dessein « d'en avancer un autre, ou sur une promesse qu'elles au-« ront faite légèrement. »

Cette page est écrite avec une singulière élégance ; et si la main de Racine paroît quelque part, on pourroit peut-être la retrouver ici. Mais l'oserions-nous dire? Une telle connoissance des femmes prouve que le monarque, en se confessant, n'étoit peut-être pas bien guéri de sa foiblesse. Les anciens disoient de certains prêtres des dieux : « Beaucoup « portent le thyrse, et peu sont inspirés. » Il en est ainsi de la passion qui subjuguoit Louis XIV : beaucoup l'affectent et peu la ressentent; mais aussi, quand elle est réelle, on ne peut guère se méprendre à *l'inspiration* de son langage.

Au reste, Louis XIV avoit appris à connoître la juste valeur de ces attachements que le plaisir forme et détruit. Il vit couler les larmes de madame de La Vallière, et il lui fallut supporter les cris et les reproches de madame de Montespan. La sœur du fameux comte de Lautrec, abandonnée de François Ier, ne s'emporta point ainsi en plaintes inutiles. Le roi lui ayant fait redemander les joyaux chargés de devises qu'il lui avoit donnés dans les premiers moments de sa tendresse, elle les renvoya fondus et convertis en lingots. « Portez cela au roi, « dit-elle. Puisqu'il lui a plu de me révoquer ce « qu'il m'avoit donné si libéralement, je les lui « rends, et lui renvoie en lingots d'or. Quant aux « devises, je les ai si bien empreintes en ma pensée, « et les y tiens si chères, que je n'ai pu permettre « que personne en disposât et jouît, et en eût de « plaisir que moi-même [1]. »

Si nous en croyons Voltaire, la mauvaise éducation de Louis XIV auroit privé ce prince des leçons

---

[1] Brantôme.

de l'histoire. Ce défaut de connoissance n'est point du tout sensible dans les Mémoires. Le roi paroît au contraire avoir eu des idées assez étendues sur l'histoire moderne, et même sur celle des Grecs et des Romains. Il raisonne en politique avec une sagacité surprenante; il fait parfaitement sentir, à propos de Charles II, roi d'Angleterre, le vice de ces États qui sont gouvernés par des corps délibérants; il parle des désordres de l'anarchie comme un prince qui en avoit été témoin dans sa jeunesse; il savoit fort bien ce qui manquoit à la France, ce qu'elle pouvoit obtenir; quel rang elle devoit occuper parmi les nations : « Étant persuadé, dit-il, « que l'infanterie françoise n'avoit pas été jusqu'à « présent fort bonne, je voulus chercher les moyens « de la rendre meilleure. » Il ajoute ailleurs : « Pourvu « qu'un prince ait des sujets, il doit avoir des sol-« dats; et quiconque, ayant un État bien peuplé, « manque d'avoir de bonnes troupes, ne se doit « plaindre que de sa paresse et de son peu d'appli-« cation. » On sait en effet que c'est Louis XIV qui a créé notre armée, et environné la France de cette ceinture de places fortes qui la rend inexpugnable. On voit enfin qu'il regrettoit les temps où ses sujets étoient maîtres du monde :

« Lorsque le titre d'empereur fut mis dans notre « maison, dit-il, elle possédoit à la fois la France, « les Pays-Bas, l'Allemagne, l'Italie, et la meilleure « partie de l'Espagne, qu'elle avoit distribuée entre « divers particuliers, avec réserve de la souverai-« neté. Les sanglantes défaites de plusieurs peuples

« venus du Nord et du Midi avoient porté si loin la
« terreur de nos armes, que toute la terre trembloit
« au seul bruit de nos François et de la grandeur
« impériale. »

Ces passages prouvent que Louis XIV connoissoit la France, et qu'il en avoit médité l'histoire. En portant ses regards encore plus haut, ce prince eût vu que les Gaulois, nos premiers ancêtres, avoient pareillement subjugué la terre, et que toutes les fois que nous sortons de nos limites, nous ne faisons que rentrer dans notre héritage. L'épée de fer d'un Gaulois a seule servi de contre-poids à l'empire du monde. « La nouvelle arriva d'Occident en Orient, « dit un historien, qu'une nation hyperboréenne « avoit pris en Italie une ville *grecque* appelée « Rome. » Le nom de Gaulois vouloit dire *voyageur*. A la première apparition de cette race puissante, les Romains déclarèrent qu'elle étoit née pour la ruine des villes et la destruction du genre humain.

Partout où il s'est remué quelque chose de grand, on retrouve nos ancêtres. Les Gaulois seuls ne se turent point à la vue d'Alexandre devant qui la terre se taisoit. « Ne craignez-vous point ma puis« sance ? » dit à leurs députés le vainqueur de l'Asie. « Nous ne craignons qu'une chose, répondirent« ils, c'est que le ciel tombe sur notre tête. » César ne put les vaincre qu'en les divisant, et il mit plus de temps à les dompter qu'à soumettre Pompée et le reste du monde.

Tous les lieux célèbres dans l'univers ont été assujettis à nos pères. Non-seulement ils ont pris Rome, mais ils ont ravagé la Grèce, occupé Byzance, campé sur les ruines de Troie, possédé le royaume de Mithridate, et vaincu au-delà du Taurus ces Scythes qui n'avoient été vaincus par personne. La valeur des Gaulois décidoit de toutes parts du sort des empires. L'Asie leur payoit tribut; les princes les plus renommés de cette partie de la terre, les Antiochus, les Antigonus courtisoient ces guerriers redoutables; et les rois tombés du trône se retiroient à l'abri de leur épée. Ils firent la principale force de l'armée d'Annibal; dix mille d'entre eux défendirent seuls contre Paul-Émile la couronne d'Alexandre, dans le combat où Persée vit passer l'empire des Grecs sous le joug des Latins. A la bataille d'Actium, les Gaulois disposèrent encore du sceptre du monde, puisqu'ils décidèrent la victoire en se rangeant sous les drapeaux d'Auguste.

C'est ainsi que le destin des royaumes paroît attaché dans chaque siècle au sol de la Gaule, comme à une terre fatale, et marquée d'un sceau mystérieux. Tous les peuples semblent avoir ouï successivement cette voix qui annonça l'arrivée de Brennus à Rome, et qui disoit à Céditius au milieu de la nuit : « Céditius, va dire aux tribuns que les Gaulois seront demain ici. »

Les Mémoires de Louis XIV augmenteront sa renommée: ils ne dévoilent aucune bassesse, ils ne révèlent aucun de ces honteux secrets que le cœur humain cache trop souvent dans ses abîmes.

Vu de plus près et dans l'intimité de la vie, Louis XIV ne cesse point d'être Louis-le-Grand; on est charmé qu'un si *beau buste* n'ait point une *tête vide*, et que l'âme réponde à la noblesse des dehors. « C'est un prince, disoit Boileau, qui ne « parle jamais sans avoir pensé. Il construit admi- « rablement tout ce qu'il dit ; ses moindres repar- « ties sentent le souverain; et quand il est dans son « domestique, il semble recevoir la loi plutôt que « de la donner. » Éloge que les Mémoires confirment de tous points. On connoît cette foule de mots où brille la magnanimité de Louis XIV. Le prince de Condé lui disoit un jour qu'on avoit trouvé une image d'Henri IV attachée à un poteau et traversée d'un poignard avec une inscription odieuse pour le prince régnant. « *Je m'en console*, dit le monarque : *on n'en a pas fait autant contre les rois fainéants.* » On prétend que dans les derniers temps de sa vie il trouva sous son couvert, en se mettant à table, un billet à peu près conçu ainsi : « Le roi « est debout à la place des Victoires, à cheval à la « place Vendôme; quand sera-t-il couché à Saint- « Denis ? » Louis prit le billet, et le jetant par-dessus sa tête, répondit à haute voix : « *Quand il plaira à Dieu.* » Prêt à rendre le dernier soupir, il fit appeler les seigneurs de sa cour : « Messieurs, dit-il, je « vous demande pardon des mauvais exemples que « je vous ai donnés; je vous fais mes remercîments « de l'amitié que vous m'avez toujours marquée. « Je vous demande pour mon petit-fils la même « fidélité..... Je sens que je m'attendris et que je

« vous attendris aussi. Adieu, messieurs, souvenez-
« vous quelquefois de moi. » Il dit à son médecin
qui pleuroit : « M'avez-vous cru immortel ? » Madame de La Fayette a écrit de ce prince qu'on le
trouvera sans doute « un des plus grands rois, et
« des plus *honnêtes* hommes de son royaume. » Cela
n'empêche pas qu'à ses funérailles le peuple ne
chantât des *Te Deum*, et n'insultât au cercueil :
*numquid cognoscentur mirabilia tua, et justitia tua
in terra oblivionis ?*

Que nous reste-t-il à ajouter à la louange d'un
prince qui a civilisé l'Europe, et jeté tant d'éclat
sur la France ? Rien que ce passage tiré de ses Mémoires.

« Vous devez savoir, avant toutes choses, mon fils, que
« nous ne saurions montrer trop de respect pour celui qui
« nous fait respecter de tant de milliers d'hommes. La pre-
« mière partie de la politique est celle qui nous enseigne
« à le bien servir. La soumission que nous avons pour lui
« est la plus belle leçon que nous puissions donner de celle
« qui nous est due, et nous péchons contre la prudence,
« aussi bien que contre la justice, quand nous manquons
« de vénération pour celui dont nous ne sommes que les
« lieutenants.

« Quand nous aurons armé tous nos sujets pour la dé-
« fense de sa gloire, quand nous aurons relevé ses autels
« abattus, quand nous aurons fait connoître son nom aux
« climats les plus reculés de la terre, nous n'aurons fait
« que l'une des parties de notre devoir, et sans doute nous
« n'aurons pas fait celle qu'il désire le plus de nous, si
« nous ne sommes soumis nous-mêmes au joug de ses com-
« mandements. Les actions de bruit et d'éclat ne sont pas
« toujours celles qui le touchent davantage, et ce qui se

« passe dans le secret de notre cœur est souvent ce qu'il
« observe avec plus d'attention.

« Il est infiniment jaloux de sa gloire, mais il sait mieux
« que nous discerner en quoi elle consiste. Il ne nous a
« peut-être faits si grands qu'afin que nos respects l'hono-
« rassent davantage ; et si nous manquons de remplir en
« cela ses desseins, peut-être qu'il nous laissera tomber
« dans la poussière de laquelle il nous a tirés.

« Plusieurs de mes ancêtres, qui ont voulu donner à
« leurs successeurs de pareils enseignements, ont attendu
« pour cela l'extrémité de leur vie ; mais je ne suivrai pas
« en ce point leur exemple. Je vous en parle dès cette
« heure, mon fils, et vous en parlerai toutes les fois que
« j'en trouverai l'occasion. Car, outre que j'estime qu'on
« ne peut de trop bonne heure imprimer dans les jeunes
« esprits des pensées de cette conséquence, je crois qu'il
« se peut faire que ce qu'ont dit ces princes dans un état
« si pressant ait quelquefois été attribué à la vue du péril
« où ils se trouvoient ; au lieu que, vous en parlant main-
« tenant, je suis assuré que la vigueur de mon âge, la li-
« berté de mon esprit, et l'état florissant de mes affaires,
« ne vous pourront jamais laisser pour ce discours aucun
« soupçon de foiblesse ou de déguisement. »

C'étoit en 1661 que Louis XIV donnoit cette sublime leçon à son fils.

DES LETTRES ET DES GENS DE LETTRES;

RÉPONSE

A UN ARTICLE INSÉRÉ DANS LA GAZETTE DE FRANCE, DU 27 AVRIL [1].

Mai 1808.

La *Défense du Génie du Christianisme* est jusqu'à présent la seule réponse que j'aie faite à toutes les critiques dont on a bien voulu m'honorer. J'ai le bonheur ou le malheur de rencontrer mon nom assez souvent dans des ouvrages polémiques, des pamphlets, des satires. Quand la critique est juste, je me corrige; quand le mot est plaisant, je ris; quand il est grossier, je l'oublie. Un nouvel *ennemi* vient de descendre dans la lice. C'est un *chevalier béarnois*. Chose assez singulière, ce chevalier m'accuse de préjugés gothiques, et de mépris pour les lettres! J'avoue que je n'entends pas parler de sang-froid de chevalerie, et quand il est question de tournois, de défis, de castilles, de pas d'armes, je me mettrois volontiers comme le seigneur don

---

[1] Cet article est de M. de Baure, auteur d'une *Histoire du Béarn*, et beau-frère de M. le comte Daru.

Quichotte à courir les champs pour réparer les torts. Je me rends donc à l'appel de mon adversaire. Cependant, je pourrois refuser de faire avec lui le coup de lance, puisqu'il n'a pas déclaré son nom, ni haussé la visière de son casque après le premier assaut; mais comme il a observé religieusement les autres lois de la joûte, en évitant avec soin de frapper à la *tête* et au *cœur*, je le tiens pour loyal chevalier, et je relève le gant.

Cependant, quel est le sujet de notre querelle ? Allons-nous nous battre, comme c'est assez l'usage entre les preux, sans trop savoir pourquoi? Je veux bien soutenir que la *Dame* de mon cœur est incomparablement plus belle que celle de mon adversaire. Mais si par hasard nous servions tous deux la même Dame? C'est en effet notre aventure. Je suis au fond du même avis, ou plutôt du même amour que le chevalier béarnois, et, comme lui, je déclare atteint de félonie quiconque manque de respect pour les muses.

Changeons de langage, et venons au fait. J'ose dire que le critique qui m'attaque avec tant de goût, de savoir et de politesse, mais peut-être avec un peu d'humeur, n'a pas bien compris ma pensée.

Quand je ne veux pas que les rois se mêlent des tracasseries du Parnasse, ai-je donc infiniment tort? Un roi sans doute doit aimer les lettres, les cultiver même, jusqu'à un certain degré, et les protéger dans ses États; mais est-il bien nécessaire qu'il fasse des livres? Le juge souverain peut-il, sans inconvénients, s'exposer à être jugé ? Est-il bon qu'un monarque donne, comme un homme ordinaire, la mesure de son esprit, et réclame l'indulgence de ses sujets dans une préface ? Il me semble que les dieux ne doivent pas se montrer si clairement aux hommes : Homère met une barrière de nuages aux portes de l'Olympe.

Quant à cette autre phrase, *un auteur doit être pris dans les rangs ordinaires de la société*. J'en demande pardon à mon censeur; mais cette phrase n'implique pas le sens qu'il y trouve. Dans l'endroit où elle est placée [1], elle se rapporte aux rois, uniquement aux rois. Je ne suis point assez absurde pour vouloir que les lettres soient abandonnées précisément à la partie non *lettrée* de la société. Elles sont du ressort de tout ce qui pense ; elles n'appartiennent point à une classe d'hommes particulière ; elles ne sont point une attribution des rangs, mais une distinction des esprits. Je n'ignore pas que Montaigne, Malherbe, Descartes, La Rochefoucauld, Fénelon, Bossuet, La Bruyère, Boileau même, Montesquieu et Buffon, ont tenu plus ou moins à l'ancien corps de la noblesse, ou par la robe, ou par l'épée; je sais bien qu'un beau génie ne peut déshonorer un nom illustre; mais, puisque mon critique me force à le dire, je pense qu'il y a toutefois moins de péril à cultiver les muses dans un état obscur que dans une condition éclatante. L'homme sur qui rien n'attire les regards, expose

---

[1] Voyez l'article sur les *Mémoires de Louis XIV*.

peu de chose au naufrage. S'il ne réussit pas dans les lettres, sa manie d'écrire ne l'aura privé d'aucun avantage réel, et son rang d'auteur oublié n'ajoutera rien à l'oubli naturel qui l'attendoit dans une autre carrière.

Il n'en est pas ainsi de l'homme qui tient une place distinguée dans le monde, ou par sa fortune, ou par ses dignités, ou par les souvenirs qui s'attachent à ses aïeux. Il faut qu'un tel homme balance long-temps avant de descendre dans une lice où les chutes sont cruelles. Un moment de vanité peut lui enlever le bonheur de toute sa vie. Quand on a beaucoup à perdre, on ne doit écrire que forcé pour ainsi dire par son génie, et dompté par la présence du dieu : *fera corda domans*. Un grand talent est une grande raison, et l'on répond à tout avec de la gloire. Mais si l'on ne sent pas en soi ce *mens divinior*, qu'on se garde bien alors de ces démangeaisons qui nous prennent d'écrire.

> Et n'allez point quitter, de quoi que l'on vous somme,
> Le nom que, dans la cour, vous avez d'honnête homme,
> Pour prendre de la main d'un avide imprimeur
> Celui de ridicule et misérable auteur.

Si je voyois quelque Du Guesclin rimailler sans l'aveu d'Apollon un méchant poëme, je lui crierois : « Sire Bertrand, changez votre plume pour l'épée « de fer du bon connétable. Quand vous serez sur « la brèche, souvenez-vous d'invoquer, comme votre « ancêtre, *Notre-Dame Du Guesclin*. Cette muse n'est « pas celle qui chante les villes prises, mais c'est « celle qui les fait prendre. »

Mais, au contraire, si le descendant d'une de ces familles qui figurent dans notre histoire s'annonce au monde par un *Essai* plein de force, de chaleur et de gravité, ne craignez pas que je le décourage. Eût-il des opinions contraires aux miennes, son livre blessât-il non-seulement mon esprit, mais mon cœur, je ne verrai que le talent; je ne serai sensible qu'au mérite de l'ouvrage; j'introduirai le jeune écrivain dans la carrière. Ma vieille expérience lui en marquera les écueils; et, en bon frère d'armes, je me réjouirai de ses succès.

J'espère que le *chevalier* qui m'attaque approuvera ces sentiments; mais cela ne suffit pas : je ne veux lui laisser aucun doute sur ma manière de penser à l'égard des lettres et de ceux qui les cultivent. Ceci va m'entraîner dans une discussion de quelque étendue : que l'intérêt du sujet m'en fasse pardonner la longueur.

Eh! comment pourrois-je calomnier les lettres? Je serois bien ingrat, puisqu'elles ont fait le charme de mes jours. J'ai eu mes malheurs comme tant d'autres; car on peut dire du chagrin parmi les hommes, ce que Lucrèce dit du flambeau de la vie :

. . . . . Quasi cursores, vitaï lampada tradunt.

J'ai toujours trouvé dans l'étude quelque noble raison de supporter patiemment mes peines. Souvent, assis sur la borne d'un chemin en Allemagne, sans savoir ce que j'allois devenir, j'ai oublié mes maux, et les auteurs de mes maux, en rêvant à quelque agréable chimère que me présentoient les muses compatissantes. Je portois pour tout bien avec moi mon manuscrit sur les déserts du Nouveau-Monde; et plus d'une fois les tableaux de la nature, tracés sous les huttes des Indiens, m'ont consolé à la porte d'une chaumière de la Westphalie, dont on m'avoit refusé l'entrée.

Rien n'est plus propre que l'étude à dissiper les troubles du cœur, à rétablir dans un concert parfait les harmonies de l'âme. Quand, fatigués des orages du monde, vous vous réfugiez au sanctuaire des muses, vous sentez que vous entrez dans un air tranquille, dont la bénigne influence a bientôt calmé vos esprits. Cicéron avoit été témoin des malheurs de sa patrie : il avoit vu dans Rome le bourreau s'asseoir auprès de la victime (par hasard échappée au glaive), et jouir de la même considération que cette victime; il avoit vu presser avec la même cordialité et la main qui s'étoit baignée dans le sang des citoyens, et la main qui ne s'étoit levée que pour les défendre; il avoit vu la vertu devenir un objet de scandale dans un temps de crime, comme le crime est un objet d'horreur dans un temps de vertu; il avoit vu les Romains dégénérés pervertir la langue de Scipion pour excuser leur bassesse, appeler la constance entêtement, la générosité folie, le courage imprudence, et chercher un motif intéressé à des actions honorables, pour n'avoir pas la douleur d'estimer quelque chose; il avoit vu ses amis se refroidir peu à peu pour lui, leurs cœurs se fermer aux épanchements de son cœur, leurs peines cesser d'être communes avec ses peines, leurs opinions changer par degré : ces hommes emportés et brisés tour à tour par la roue de la fortune, l'avoient laissé dans une profonde solitude. A ces peines, déjà si grandes, se joignirent des chagrins domestiques. « Ma fille me restoit, écrit-il à Sulpicius ; « c'étoit un soutien toujours présent auquel je pou- « vois avoir recours. Le charme de son entretien me « faisoit oublier mes peines ; mais l'affreuse bles- « sure que j'ai reçue en la perdant rouvre dans mon « cœur toutes celles que j'y croyois fermées.... Je « suis chassé de ma maison et du Forum. »

Que fit Cicéron dans une position si triste? Il eut recours à l'étude. « Je me suis réconcilié avec « mes livres, dit-il à Varron ; ils me rappellent à « leur ancien commerce ; ils me déclarent que vous « avez été plus sage que moi de ne pas l'aban- « donner. »

Les muses, qui nous permettent de choisir notre société, sont d'un puissant secours dans les chagrins politiques. Quand vous êtes fatigués de vivre au milieu des Tigellin et des Narcisse, elles vous transportent dans la société des Caton et des Fabricius. Pour ce qui est des peines du cœur, l'étude, il est vrai, ne nous rend pas les amis que nous pleurons ; mais elle adoucit le chagrin que nous cause leur perte ; car elle mêle leur souvenir à tout ce qu'il y a de pur dans les sentiments de la vie, et de beau dans les images de la nature.

Examinons maintenant les reproches que l'on fait aux gens de lettres. La plupart me paroissent sans fondement : la médiocrité se console souvent par la calomnie.

On dit : « Les gens de lettres ne sont pas propres au maniement des affaires. » Chose étrange, que le génie nécessaire pour enfanter l'*Esprit des Lois*, ne fût pas suffisant pour conduire le bureau d'un ministre! Quoi! ceux qui sondent si habilement les profondeurs du cœur humain ne pourroient démêler autour d'eux les intrigues des passions? Mieux vous connoîtriez les hommes, moins vous seriez capables de les gouverner!

C'est un sophisme démenti par l'expérience. Les deux plus grands hommes d'État de l'antiquité, Démosthènes, et surtout Cicéron, étoient deux véritables hommes de lettres, dans toute la rigueur du mot. Il n'y a peut-être jamais eu de plus beau génie littéraire que celui de César, et il paroît que ce petit-fils d'Anchise et de Vénus entendoit assez bien les affaires. On peut citer en Angleterre Thomas Morus, Clarendon, Bacon, Bolingbroke; en France, l'Hôpital, Lamoignon, d'Aguesseau, M. de Malesherbes, et la plupart de nos premiers ministres tirés de l'Église. Rien ne me pourroit persuader que Bossuet n'eût pas une tête capable de conduire un royaume, et que le judicieux et sévère Boileau n'eût pas fait un excellent administrateur.

Le jugement et le bon sens sont surtout les deux qualités nécessaires à l'homme d'État; et remarquez qu'elles doivent aussi dominer dans une tête littéraire sainement organisée. L'imagination et l'esprit ne sont point, comme on le suppose, les bases du véritable talent; c'est le bon sens, je le répète, le bon sens, avec l'expression heureuse. Tout ouvrage, même un ouvrage d'imagination, ne peut vivre, si les idées y manquent d'une certaine logique qui les enchaîne et qui donne au lecteur le plaisir de la raison, même au milieu de la folie. Voyez les chefs-d'œuvre de notre littérature : après un mûr examen, vous découvrirez que leur supériorité tient à un bon sens caché, à une raison admirable, qui est comme la charpente de l'édifice. Ce qui est faux finit par déplaire : l'homme a en lui-même un principe de droiture que l'on ne choque pas impunément. De là vient que les ouvrages des sophistes n'obtiennent qu'un succès passager : ils brillent tour à tour d'un faux éclat, et tombent dans l'oubli.

On ne s'est formé cette idée de l'inaptitude des gens de lettres que parce que l'on a confondu les auteurs vulgaires avec les écrivains de mérite. Les premiers ne sont point incapables, parce qu'ils sont *hommes de lettres*, mais seulement parce qu'ils sont *hommes médiocres*, et c'est l'excellente remarque de mon critique. Or, ce qui manque aux ouvrages de ces hommes, c'est précisément le jugement et le bon sens. Vous y trouverez peut-être des éclairs d'imagination, de l'esprit, une connoissance plus ou moins grande du *métier*, une habitude plus ou moins formée d'arranger les mots et de tourner la phrase; mais jamais vous n'y rencontrerez le bon sens.

Ces écrivains n'ont pas la force de produire la pensée qu'ils ont un moment conçue. Lorsque vous croyez qu'ils vont prendre une bonne voie, tout à coup un méchant démon les égare : ils changent de direction, et passent auprès des plus grandes beautés sans les apercevoir; ils mêlent au hasard, sans économie et sans jugement, le grave, le doux, le plaisant, le sévère; on ne sait ce qu'ils veulent prouver, quel est le but où ils marchent, quelles vérités ils prétendent enseigner. Je conviendrai que de pareils esprits sont peu propres aux affaires humaines; mais j'en accuserai la *nature* et non pas les *lettres*, et je me donnerai garde surtout de confondre ces auteurs infortunés avec des hommes de génie.

Mais si les premiers talents littéraires peuvent remplir glorieusement les premières places de leur patrie, à Dieu ne plaise que je leur conseille jamais d'envier ces places! La majorité des hommes bien nés peut faire ce qu'ils feroient eux-mêmes dans un ministère public; personne ne pourra remplacer les beaux ouvrages dont ils priveroient la postérité, en se livrant à d'autres soins. Ne vaut-il pas mieux aujourd'hui, et pour nous et pour lui-même, que Racine ait fait naître *sous sa main de pompeuses merveilles*, que d'avoir occupé, même avec distinction, la place de Louvois ou de Colbert? Je voudrois que les hommes de talent connussent mieux leur haute destinée; qu'ils sussent mieux apprécier les dons qu'ils ont reçus du ciel. On ne leur fait point une grâce en les investissant des charges de l'État; ce sont eux au contraire qui, en acceptant ces charges, font à leur pays une véritable faveur et un très grand sacrifice.

Que d'autres s'exposent aux tempêtes, je conseille aux amants de l'étude de les contempler du rivage. « La côte de la mer deviendra un lieu de « repos pour les pasteurs, » dit l'Écriture : *Erit funiculus maris requies pastorum*. Écoutons encore l'orateur romain : « J'estime les jours que vous passez « à Tusculum, mon cher Varron, autant que l'es- « pace entier de la vie, et je renoncerois de bon « cœur à toutes les richesses du monde pour obte- « nir la liberté de mener une vie si délicieuse... Je « l'imite du moins, autant qu'il m'est possible, et je « cherche avec beaucoup de satisfaction mon repos « dans mes chères études... Si de grands hommes « ont jugé qu'en faveur de ces études on pouvoit « se dispenser des affaires publiques, pourquoi ne « choisirois-je pas une occupation si douce? »

Dans une carrière étrangère à leurs mœurs, les gens de lettres n'auroient que les maux de l'ambition sans en avoir les plaisirs. Plus délicats que les autres hommes, combien ne seroient-ils pas blessés à chaque heure de la journée!. Que d'horribles choses pour eux à dévorer! Avec quels personnages ne seroient-ils pas obligés de vivre et même de sourire! En butte à la jalousie que font toujours naître les vrais talents, ils seroient incessamment exposés aux calomnies et aux dénonciations de toutes les espèces; ils trouveroient des écueils jusque dans la franchise, la simplicité ou l'élévation

16.

de leur caractère; leurs vertus leur feroient plus de mal que des vices, et leur génie même les précipiteroit dans des piéges qu'éviteroit la médiocrité. Heureux s'ils trouvoient quelque occasion favorable de rentrer dans la solitude avant que la mort ou l'exil vînt les punir d'avoir sacrifié leurs talents à l'ingratitude des cours!

> Poi ch' insieme con l' età fiorita
> Mancò la speme, e la baldanza audace;
> Piansi i riposi di quest' umil vita,
> E sospirai la mia perduta pace.

Je ne sais si je dois relever à présent quelques plaisanteries que l'on est dans l'usage de faire sur les gens de lettres, depuis le temps d'Horace. Le chantre de Lalagée et de Lydie nous raconte qu'il jeta son bouclier aux champs de Philippes; mais l'adroit courtisan se *vante*, et l'on a pris ses vers trop à la lettre. Ce qu'il y a de certain, c'est qu'il parle de la mort avec tant de charme et une si douce philosophie, qu'on a bien de la peine à croire qu'il la craignît :

> Eheu, fugaces, Posthume, Posthume,
> Labuntur anni!

Quoi qu'il en soit du voluptueux solitaire de Tibur, Xénophon et César, génies éminemment littéraires, étoient de grands et intrépides capitaines; Eschyle fit des prodiges de valeur à Salamine; Socrate ne céda le prix du courage qu'à Alcibiade; Tibulle étoit distingué dans les légions de Messala;

Pétrone et Sénèque sont célèbres par la fermeté de leur mort. Dans des temps modernes, le Dante vécut au milieu des combats, et le Tasse fut le plus brave des chevaliers. Notre vieux Malherbe vouloit, à soixante-treize ans, se battre contre le meurtrier de son fils : *tout vaincu du temps* qu'il étoit, il alla exprès au siége de La Rochelle pour obtenir de Louis XIII la permission d'appeler le chevalier de Piles en champ clos. La Rochefoucauld avoit *fait la guerre aux rois*. De temps immémorial, nos officiers du génie et d'artillerie, si braves à la bouche du canon, ont cultivé les lettres, la plupart avec fruit, quelques-uns avec gloire. On sait que le Breton Saint-Foix entendoit fort mal la raillerie; et cet autre Breton, surnommé de nos jours le premier grenadier de nos armées, s'occupa de recherches savantes toute sa vie. Enfin les hommes de lettres que notre révolution a moissonnés ont tous déployé, à la mort, du sang-froid et du courage. S'il faut en juger par soi-même, je dirai avec la franchise naturelle aux descendants des vieux Celtes : Soldat, voyageur, proscrit, naufragé, je ne me suis point aperçu que l'amour des lettres m'attachât trop à la vie : pour obéir aux arrêts de la religion ou de l'honneur, il suffit d'être chrétien et François.

Les gens de lettres, dit-on encore, ont toujours flatté la puissance; et, selon les vicissitudes de la fortune, on les voit chanter et la vertu et le crime, et l'oppresseur et l'opprimé. Lucain disoit à Néron, en parlant des proscriptions et de la guerre civile :

> Heureuse cruauté, fureur officieuse,
> Dont le prix est illustre et la fin glorieuse!
> Crimes trop bien payés, trop aimables hasards,
> Puisque nous vous devons le plus grand des Césars!
> Que les dieux conjurés redoublent nos misères!
> Que Leucas sous les flots abime nos galères!
> Que Pharsale revoie encor nos bataillons
> Du plus beau sang de Rome inonder nos sillons!
> . . . .
> Qu'on voie encore un coup Pérouse désolée!
> Destins, Néron gouverne, et Rome est consolée [1]!

A cela je n'ai point de réponse pour les gens de lettres : je baisse la tête d'horreur et de confusion, en disant, comme le *médecin* dans Macbeth : *This disease is beyond my practice :* « Ce mal est au-dessus de mon art. »

Cependant ne pourroit-on pas trouver à cette dégradation une excuse bien triste sans doute, mais tirée de la nature même du cœur humain? Montrez-moi dans les révolutions des empires, dans ces temps malheureux où un peuple entier, comme un cadavre, ne donne plus aucun signe de vie; montrez-moi, dis-je, une classe d'hommes toujours fidèle à son honneur, et qui n'ait cédé ni à la force des événements ni à la lassitude des souffrances : je passerai condamnation sur les gens de lettres. Mais si vous ne pouvez trouver cet ordre de citoyens généreux, n'accusez plus en particulier les favoris des muses : gémissez sur l'humanité tout entière. La seule différence qui existe alors entre l'écrivain et l'homme vulgaire, c'est que la turpitude du pre-

---

[1] *Pharsale,* traduction de Brébeuf.

mier est connue, et que la lâcheté du second est ignorée. Heureux en effet dans ces jours d'esclavage, l'homme médiocre qui peut être vil en sûreté de l'avenir, qui peut impunément se réjouir dans la fange, certain que ses talents ne le livreront point à la postérité, et que le cri de sa bassesse ne passera pas la borne de sa vie !

Il me reste à parler de la célébrité littéraire. Elle marche de pair avec celle des grands rois et des héros : Homère et Alexandre, Virgile et César occupent également les voix de la renommée. Disons de plus que la gloire des muses est la seule où il n'entre rien d'étranger. On peut toujours rejeter une partie du succès des armes sur les soldats ou sur la fortune : Achille a vaincu les Troyens à l'aide des Grecs ; mais Homère a fait seul l'*Iliade*, et sans Homère nous ne connoîtrions pas Achille. Au reste, je suis si loin d'avoir pour les lettres le mépris qu'on me suppose, que je ne céderois pas facilement la foible portion de renommée qu'elles semblent quelquefois promettre à mes efforts. Je crois n'avoir jamais importuné personne de mes prétentions ; mais, puisqu'il faut le dire une fois, je ne suis point insensible aux applaudissements de mes compatriotes, et je sentirois mal le juste orgueil que doit m'inspirer mon pays si je comptois pour rien l'honneur d'avoir fait connoître avec quelque estime un nom françois de plus aux peuples étrangers.

Enfin, si nous en croyons quelques esprits chagrins, notre littérature est actuellement frappée de stérilité; il ne paroît rien qui mérite d'être lu : le faux, le trivial, le gigantesque, le mauvais goût, l'ignorance, règnent de toutes parts, et nous sommes menacés de retomber dans la barbarie. Ce qui doit un peu nous rassurer, c'est que dans tous les temps on a fait les mêmes plaintes. Les journaux du siècle de Louis XIV sont remplis de déclamations sur la disette des talents. Les Subligni et les Visé regrettoient le beau temps de Ronsard. L'esprit de dénigrement est une maladie particulière à la France, parce que tout le monde a des prétentions dans ce pays, et que notre amour-propre est sans cesse tourmenté du succès de notre voisin.

Pour moi qui n'ai pas le droit d'être difficile, et qui me contente d'admirer avec la foule, je ne suis point du tout frappé de cette prétendue stérilité de notre littérature. J'ai le bonheur de croire qu'il existe encore en France des écrivains de génie, remarquables par la force de leurs pensées ou le charme de leur style; des poëtes du premier ordre, des savants distingués, des critiques pleins de goût, dépositaires des saines doctrines, des bonnes traditions. Je nommerois facilement plusieurs ouvrages qui, j'ose le dire, passeront à la postérité. Nous pouvons affecter une humeur superbe à dédaigner les talents qui nous restent; mais je ne doute point que l'avenir ne soit plus juste envers nous, et qu'il n'admire ce que nous aurons peut-être méprisé. Notre siècle ne démentira point l'expérience commune : les arts et les lettres brillent toujours dans les temps de révolution, hélas! comme ces fleurs qui croissent parmi les ruines : *feret et rubus asper amomum.*

Je termine ici cette apologie des gens de lettres. J'espère que le *chevalier béarnois* sera satisfait de mes sentiments : plût à Dieu qu'il le fût de mon style! car, entre nous, je le soupçonne de se connoître en littérature un peu mieux qu'il ne convient à un chevalier du vieux temps. S'il faut dire tout ce que je pense, il pourroit bien, en m'attaquant, n'avoir défendu que sa cause. Son exemple prouveroit, en cas de besoin, qu'un homme qui a joui d'une grande considération dans l'ordre politique et dans la première classe de la société, peut être un savant distingué, un critique délicat, un écrivain plein d'aménité, et même un poëte de talent. Ces chevaliers du Béarn ont toujours courtisé les muses; et l'on se souvient encore d'un certain Henri qui se battoit d'ailleurs assez bien, et qui se plaignoit en vers de sa *départie,* lorsqu'il quittoit Gabrielle. Toutefois, puisque mon adversaire n'a pas voulu se découvrir, j'éviterai de le nommer : je veux qu'il sache seulement que je l'ai reconnu à ses couleurs.

Les gens de lettres que j'ai essayé de venger du mépris de l'ignorance me permettront-ils, en finissant, de leur adresser quelques conseils dont je prendrai moi-même bonne part? Veulent-ils forcer la calomnie à se taire, et s'attirer l'estime même de leurs ennemis, il faut qu'ils se dépouillent d'abord de cette morgue et de ces prétentions exagérées qui les ont rendus insupportables dans le dernier siècle. Soyons modérés dans nos opinions, indulgents dans nos critiques, sincères admirateurs de tout ce qui mérite d'être admiré. Pleins de respect pour la noblesse de notre art, n'abaissons jamais notre caractère ; ne nous plaignons jamais de notre destinée : qui se fait plaindre se fait mépriser ; que les muses seules, et non le public, sachent si nous sommes riches ou pauvres : le secret de notre indigence doit être le plus délicat et le mieux gardé de nos secrets ; que les malheureux soient sûrs de trouver en nous un appui : nous sommes les défenseurs naturels des suppliants ; notre plus beau droit est de sécher les larmes de l'infortune, et d'en faire couler des yeux de la prospérité : *Dolor ipse disertum fecerat*. Ne prostituons jamais notre talent à la puissance ; mais aussi n'ayons jamais d'humeur contre elle : celui qui blâme avec aigreur admirera sans discernement : de l'esprit frondeur à l'adulation il n'y a qu'un pas. Enfin, pour l'intérêt même de notre gloire et la perfection de nos ouvrages, nous ne saurions trop nous attacher à la vertu : c'est la beauté des sentiments qui fait la beauté du style. Quand l'âme est élevée, les paroles tombent d'en haut, et l'expression noble suit toujours la noble pensée. Horace et le Stagyrite n'apprennent pas tout l'art : il y a des délicatesses et des mystères de langage qui ne peuvent être révélés à l'écrivain que par la probité de son cœur, et que n'enseignent point les préceptes de la rhétorique.

SUR

LE VOYAGE PITTORESQUE ET HISTORIQUE

DE L'ESPAGNE,

PAR M. ALEXANDRE DE LABORDE [1].

Juillet 1807.

Il y a des genres de littérature qui semblent appartenir à certaines époques de la société : ainsi, la poésie convient plus particulièrement à l'enfance des peuples, et l'histoire à leur vieillesse. La simplicité des mœurs pastorales ou la grandeur des mœurs héroïques veulent être chantées sur la lyre d'Homère ; la raison et la corruption des nations civilisées demandent le pinceau de Thucydide. Cependant la muse a souvent retracé les crimes des hommes ; mais il y a quelque chose de si beau dans le langage du poëte, que les crimes mêmes en paroissent embellis : l'historien seul peut les peindre sans en affoiblir l'horreur. Lorsque, dans le silence de l'abjection, l'on n'entend plus

[1] Voici l'article qui fit supprimer le *Mercure*, et qui attira une persécution violente à l'auteur. Comme ce morceau est devenu historique, on n'a pas voulu y toucher, et l'on y a laissé les fragments de l'*Itinéraire* qui s'y trouvent. A cette époque l'*Itinéraire* n'étoit pas publié.

retentir que la chaîne de l'esclave et la voix du délateur; lorsque tout tremble devant le tyran, et qu'il est aussi dangereux d'encourir sa faveur que de mériter sa disgrâce, l'historien paroît chargé de la vengeance des peuples. C'est en vain que Néron prospère, Tacite est déjà né dans l'empire; il croît inconnu auprès des cendres de Germanicus, et déjà l'intègre Providence a livré à un enfant obscur la gloire du maître du monde. Bientôt toutes les fausses vertus seront démasquées par l'auteur des *Annales;* bientôt il ne fera voir, dans son tyran déifié, que l'histrion, l'incendiaire et le parricide : semblable à ces premiers chrétiens d'Égypte, qui, au péril de leurs jours, pénétroient dans les temples de l'idolâtrie, saisissoient au fond d'un sanctuaire ténébreux la divinité que le Crime offroit à l'encens de la Peur, et traînoient à la lumière du soleil, au lieu d'un dieu, quelque monstre horrible.

Mais si le rôle de l'historien est beau, il est souvent dangereux. Il ne suffit pas toujours, pour peindre les actions des hommes, de se sentir une âme élevée, une imagination forte, un esprit fin et juste, un cœur compatissant et sincère : il faut encore trouver en soi un caractère intrépide; il faut être préparé à tous les malheurs, et avoir fait d'avance le sacrifice de son repos et de sa vie.

Toutefois, il est des parties dans l'histoire qui ne demandent pas le même courage dans l'historien. Les *Voyages*, par exemple, qui tiennent à la fois de la poésie et de l'histoire, comme celui que nous annonçons, peuvent être écrits sans péril. Et néanmoins les ruines et les tombeaux révèlent souvent des vérités qu'on n'apprendroit point ailleurs ; car la face des lieux ne change pas comme le visage des hommes : *Non ut hominum vultus ita locorum facies mutantur.*

L'antiquité ne nous a laissé qu'un modèle de ce genre d'histoire : c'est le Voyage de Pausanias ; car le Journal de Néarque et le Périple d'Hannon sont des ouvrages d'un ordre différent. Si la gravure eût été connue du temps de Pausanias, nous posséderions aujourd'hui un trésor inestimable ; nous verrions en entier, et comme debout, ces temples dont nous allons encore admirer les débris. Les voyageurs modernes n'ont songé qu'assez tard à fixer, par l'art du dessin, l'état des lieux et des monuments qu'ils avoient visités. Chardin, Pococke et Tournefort, sont peut-être les premiers qui aient eu cette heureuse idée. Avant eux on trouve, il est vrai, plusieurs relations ornées de planches ; mais le travail de ces planches est aussi grossier qu'il est incomplet. Le plus ancien ouvrage de cette espèce que nous nous rappelions est celui de Monconys ; et cependant, depuis Benjamin de Tudèle jusqu'à nos jours, on peut compter à peu près cent trente-trois voyages exécutés dans la seule Palestine.

C'est à M. l'abbé de Saint-Non et à M. de Choiseul-Gouffier qu'il faut donc rapporter l'origine des *Voyages pittoresques* proprement dits. Il est bien à désirer pour les arts que M. de Choiseul achève son bel ouvrage, et qu'il reprenne des travaux trop long-temps suspendus par des malheurs : les amis de Cicéron cherchoient à le consoler des peines de la vie, en lui remettant sous les yeux le tableau des ruines de la Grèce.

L'Italie, la Sicile, l'Égypte, la Syrie, l'Asie-Mineure, la Dalmatie, ont eu des historiens de leurs chefs-d'œuvre; on compte une foule de *tours* ou de Voyages pittoresques d'Angleterre; les monuments de la France sont gravés; il ne restoit plus que l'Espagne à peindre, comme le remarque M. de Laborde.

Dans une introduction écrite avec autant d'élégance que de clarté, l'auteur trace ainsi le plan de son voyage :

« L'Espagne est une des contrées les moins con-
« nues de l'Europe, et celle qui renferme cependant
« le plus de variété dans ses monuments et le plus
« d'intérêt dans son histoire.

« Riche de toutes les productions de la nature,
« elle est encore embellie par l'industrie de plu-
« sieurs âges et le génie de plusieurs peuples. La
« majesté des temples romains y forme un con-
« traste singulier avec la délicatesse des monuments
« arabes, et l'architecture gothique avec la beauté
« simple des édifices modernes.

« Cette réunion de tant de souvenirs, cet héritage
« de tant de siècles, nous forcent à entrer dans quel-
« ques détails sur l'histoire de l'Espagne, pour in-
« diquer la marche que l'on a adoptée dans la des-
« cription du pays. »

L'auteur, après avoir décrit les différentes époques, ajoute :

« Telle est l'esquisse des principaux événements
« qui firent passer l'Espagne sous différentes domi-
« nations. Les révolutions, les guerres et le temps
« n'ont pu détruire entièrement les monuments qui
« ornent cette belle contrée, et les arts de quatre
« peuples différents qui l'ont tour à tour embellie.

« C'est aussi ce qui nous a engagé à diviser la
« description de l'Espagne en quatre parties, con-
« tenant chacune les provinces dont les monu-
« ments ont le plus d'analogie entre eux, et se
« rapportent aux quatre époques principales de son
« histoire.

« Ainsi, le premier volume comprendra la Cata-
« logne, le royaume de Valence, l'Estramadoure,
« où se trouvent Tarragone, Sagonte, Mérida, et la
« plupart des autres colonies romaines et carthagi-
« noises. Il sera précédé d'une notice historique sur
« les temps anciens de l'Espagne.

« Le second volume renfermera les antiquités de
« Grenade et de Cordoue, et la description du reste
« de l'Andalousie, séjour principal des Maures. Il
« sera précédé d'un abrégé de l'histoire de ces peu-
« ples, tiré en partie des manuscrits arabes de
« l'Escurial.

« Le troisième, consacré principalement aux édi-
« fices gothiques, tels que les cathédrales de Burgos,
« de Valladolid, de Léon, de Saint-Jacques de Com-
« postelle, offrira aussi les contrées sauvages des
« Asturies, l'Aragon, la Navarre, la Biscaye, et sera
« précédé de recherches sur les arts en Espagne
« avant le siècle de Ferdinand et d'Isabelle.

« Le quatrième volume, en retraçant les beautés
« de Madrid et des environs, renfermera, de plus,
« tout ce qui peut servir à faire connoître la nation
« espagnole telle qu'elle est aujourd'hui : les fêtes,
« les danses, les usages nationaux. Ce volume com-
« prendra également l'histoire des arts, depuis leur
« renaissance sous Ferdinand et Isabelle, Charles Ier
« et Philippe II, jusqu'à nos jours ; il donnera une
« connoissance suffisante de la peinture espagnole
« et des chefs-d'œuvre qu'elle a produits : on y ajou-
« tera quelques détails sur les progrès des sciences
« et de la littérature en Espagne. »

On voit, par cet exposé, que l'auteur a conçu
son plan de la manière la plus heureuse, et qu'il
pourra présenter sans confusion une immense ga-
lerie de tableaux. M. de Laborde a été favorisé dans
ses études ; il a examiné les monuments des arts
chez un peuple noble et civilisé ; il les a vus dans
cette belle Espagne, où du moins la foi et l'honneur sont restés lorsque la prospérité et la gloire
ont disparu. Il n'a point été obligé de s'enfoncer
dans ces pays jadis célèbres, où le cœur du voyageur est flétri à chaque pas, où les ruines vivantes
détournent votre attention des ruines de marbre
et de pierre. C'est un enfant tout nu, le corps exté-
nué par la faim, le visage défiguré par la misère,
qui nous a montré, dans un désert, les portes tom-
bées de Mycènes et le tombeau d'Agamemnon [1]. En

---

[1] Nous avons découvert un autre tombeau à Mycènes, peut-être celui de Thyeste ou de Clytemnestre. (Voyez PAUSANIAS.) Nous l'avons indiqué à M. Fauvel.

vain, dans le Péloponèse, on veut se livrer aux illusions des muses : la triste vérité vous poursuit. Des loges de boue desséchée, plus propres à servir de retraite à des animaux qu'à des hommes; des femmes et des enfants en haillons, fuyant à l'approche de l'étranger et du janissaire; les chèvres même, effrayées, se dispersant dans la montagne et les chiens restant seuls pour vous recevoir avec des hurlements : voilà le spectacle qui vous arrache au charme des souvenirs. La Morée est déserte : depuis la guerre des Russes, le joug des Turcs s'est appesanti sur les Moraïtes; les Albanois ont massacré une partie de la population; on ne voit de toutes parts que des villages détruits par le fer et par le feu; dans les villes, comme à Misitra [1], des faubourgs entiers sont abandonnés; nous avons souvent fait quinze lieues dans les campagnes sans rencontrer une seule habitation. De criantes avanies, des outrages de toutes les espèces, achèvent de détruire dans la patrie de Léonidas l'agriculture et la vie. Chasser un paysan grec de sa cabane, s'emparer de sa femme et de ses enfants, le tuer sur le plus léger prétexte, est un jeu pour le moindre aga du plus petit village. Le Moraïte, parvenu au dernier degré du malheur, s'arrache de son pays, et va chercher en Asie un sort moins rigoureux; mais il ne peut fuir sa destinée : il retrouve des

---

[1] Misitra n'est point Sparte. Cette dernière ville se retrouve au village de Magoula, à une lieue et demie de Misitra. Nous avons compté à Sparte dix-sept ruines hors de terre, la plupart au midi de la citadelle, sur le chemin d'Amyclée.

cadis et des pachas jusque dans les sables du Jourdain et dans les déserts de Palmyre.

Nous ne sommes point un de ces intrépides admirateurs de l'antiquité, qu'un vers d'Homère console de tout. Nous n'avons jamais su comprendre le sentiment exprimé par Lucrèce :

> Suave mari magno, turbantibus æquora ventis,
> E terrā magnum alterius spectare laborem.

Loin d'aimer à contempler du rivage le naufrage des autres, nous souffrons quand nous voyons souffrir des hommes. Les muses n'ont alors sur nous aucun pouvoir, hors celle qui attire la pitié sur le malheur. A Dieu ne plaise que nous tombions aujourd'hui dans ces déclamations sur la liberté et l'esclavage, qui ont fait tant de mal à la patrie ! Mais si nous avions jamais pensé, avec des hommes dont nous respectons d'ailleurs le caractère et les talents, que le gouvernement absolu est le meilleur des gouvernements possibles, quelques mois de séjour en Turquie nous auroient bien guéri de cette opinion.

Les monuments n'ont pas moins à souffrir que les hommes de la barbarie ottomane. Un épais Tartare habite aujourd'hui la citadelle remplie des chefs-d'œuvre d'Ictinus et de Phidias, sans daigner demander quel peuple a laissé ces débris, sans daigner sortir de la masure qu'il s'est bâtie sous les ruines des monuments de Périclès. Quelquefois seulement le tyran automate se traîne à la porte de sa tanière : assis les jambes croisées sur un sale tapis, tandis que la fumée de sa pipe monte à travers les colonnes du temple de Minerve, il promène stupidement ses regards sur les rives de Salamine et la mer d'Épidaure. Nous ne pourrions peindre les divers sentiments dont nous fûmes agité, lorsqu'au milieu de la première nuit que nous passâmes à Athènes, nous fûmes réveillé en sursaut par le tambourin et la musette turque, dont les sons discordants partoient des combles des Propylées : en même temps un prêtre *musulman* chantoit en *arabe* l'heure passée à des Grecs *chrétiens* de la ville de *Minerve*. Ce derviche n'avoit pas besoin de nous marquer ainsi la fuite des ans, sa voix seule dans ces lieux annonçoit assez que les siècles s'étoient écoulés.

Cette mobilité des choses humaines est d'autant moins frappante pour le voyageur, qu'elle est en contraste avec l'immobilité du reste de la nature : comme pour insulter à l'instabilité des peuples, les animaux mêmes n'éprouvent ni révolution dans leurs empires ni changements dans leurs mœurs. Le lendemain de notre arrivée à Athènes, on nous fit remarquer des cigognes qui montoient dans les airs, se formoient en bataillon, et prenoient leur vol vers l'Afrique. Depuis le règne de Cécrops jusqu'à nos jours, ces oiseaux ont fait chaque année le même pèlerinage, et sont revenus au même lieu. Mais combien de fois ont-ils retrouvé dans les larmes l'hôte qu'ils avoient quitté dans la joie ! combien de fois ont-ils cherché vainement cet hôte, et le toit même où ils avoient accoutumé de bâtir leurs nids !

Depuis Athènes jusqu'à Jérusalem, le tableau le plus affligeant s'offre aux regards du voyageur; tableau dont l'horreur toujours croissante est à son comble en Égypte. C'est là que nous avons vu cinq partis armés se disputer des déserts et des ruines[1]; c'est là que nous avons vu l'Albanois coucher en joue de malheureux enfants qui couroient se cacher derrière les débris de leurs cabanes, comme accoutumés à ce terrible jeu. Sur cent cinquante villages que l'on compte au bord du Nil, en remontant de Rosette au Caire, il n'y en a pas un seul qui soit entier. Une partie du Delta est en friche; chose qui ne s'étoit peut-être jamais rencontrée depuis le siècle où Pharaon donna cette terre fertile à la postérité de Jacob! La plupart des fellahs ont été égorgés; le reste a passé dans la Haute-Égypte. Les paysans qui n'ont pu se résoudre à quitter leurs champs ont renoncé à élever une famille. L'homme qui naît dans la décadence des empires et qui n'aperçoit dans les temps futurs

---

[1] Ibrahim-Bey, dans la Haute-Égypte, deux petits beys indépendants, le pacha de la Porte au Caire, un parti d'Albanois insurgés, et El-fy-Bey dans la Basse-Égypte. Il y a un esprit de révolte dans l'Orient qui rend les voyages difficiles et dangereux : les Arabes tuent aujourd'hui les voyageurs, qu'ils se contentoient de dépouiller autrefois. Entre la mer Morte et Jérusalem, dans un espace de quatorze lieues, nous avons été attaqués deux fois, et nous essuyâmes sur le Nil la fusillade de la ligne d'El-fy-Bey. Nous étions, dans cette dernière affaire, avec M. Caffe, négociant de Rosette, qui, déjà sur l'âge, et père de famille, n'en risqua pas moins sa vie pour nous avec la générosité d'un François. Nous le nommons avec d'autant plus de plaisir, qu'il a rendu beaucoup de services à tous nos compatriotes qui ont eu besoin de ses secours.

que des révolutions probables, pourroit-il en effet trouver quelque joie à voir croître les héritiers d'un aussi triste avenir ? Il y a des époques où il faut dire avec le prophète : « Bien heureux sont les morts! »

M. de Laborde ne sera point obligé, dans le cours de son bel ouvrage, de tracer des tableaux aussi affligeants. Dès les premiers pas il s'arrête à d'aimables, à de nobles souvenirs : ce sont les pommes d'or des Hespérides; c'est cette Bétique chantée par Homère et embellie par Fénelon. « Le fleuve Bétis « coule dans un pays fertile, et sous un ciel doux, « qui est toujours serein..... Ce pays semble avoir « conservé les délices de l'âge d'or [1], etc.... » Paroît ensuite cet Annibal, dont la puissante haine franchit les Pyrénées et les Alpes, et ne fut point assouvie dans le sang des milliers de Romains massacrés à Cannes et à Trasymène. Scipion commença en Espagne cette noble carrière, dont le terme et la récompense devoient être l'exil et la mort dans l'exil. Sertorius lutta, dans les champs ibériens, contre l'oppresseur du monde et de sa patrie. Il vouloit marcher à Sylla, et

..... Au bord du Tibre, une pique à la main,
Lui demander raison pour le peuple romain.

Il succomba dans son entreprise; mais il est probable qu'il n'avoit point compté sur le succès. Il ne consulta que son devoir et la sainteté de la cause qu'il restoit seul à défendre. Il y a des autels,

[1] *Télémaque.*

comme celui de l'honneur, qui, bien qu'abandonnés, réclament encore des sacrifices ; le Dieu n'est point anéanti parce que le temple est désert. Partout où il reste une chance à la fortune, il n'y a point d'héroïsme à tenter. Les actions magnanimes sont celles dont le résultat prévu est le malheur et la mort. Après tout, qu'importent les revers si notre nom, prononcé dans la postérité, va faire battre un cœur généreux deux mille ans après notre vie ? Nous ne doutons point que, du temps de Sertorius, les âmes pusillanimes, qui prennent leur bassesse pour de la raison, ne trouvassent ridicule qu'un citoyen obscur osât lutter seul contre toute la puissance de Sylla. Heureusement la postérité juge autrement les actions des hommes : ce n'est pas la lâcheté et le vice qui prononcent en dernier ressort sur le courage et la vertu.

Cette terre d'Espagne produit si naturellement les grands cœurs, que l'on vit le Cantabre belliqueux, *bellicosus Cantaber*, défendre à son tour sa montagne contre les légions d'Auguste ; et le pays qui devoit enfanter un jour le Cid et les chevaliers *sans peur*, donna à l'univers romain, Trajan, Adrien et Théodose.

Après la description des monuments de cette époque, M. de Laborde passera aux dessins des monuments moresques : c'est la partie la plus riche et la plus neuve de son sujet. Les palais de Grenade nous ont intéressé et surpris, même après avoir vu les mosquées du Caire et les temples d'Athènes. L'Alhambra semble être l'habitation des Génies :

c'est un de ces édifices des *Mille et une Nuits* que l'on croit voir moins en réalité qu'en songe. On ne peut se faire une juste idée de ces plâtres moulés et découpés à jour, de cette architecture de dentelles, de ces bains, de ces fontaines, de ces jardins intérieurs, où des orangers et des grenadiers sauvages se mêlent à des ruines légères. Rien n'égale la finesse et la variété des arabesques de l'Alhambra. Les murs, chargés de ces ornements, ressemblent à ces étoffes de l'Orient que brodent, dans l'ennui du harem, des femmes esclaves. Quelque chose de voluptueux, de religieux et de guerrier fait le caractère de ce singulier édifice, espèce de cloître de l'amour, où sont encore retracées les aventures des Abencerages ; retraites où le plaisir et la cruauté habitoient ensemble, et où le roi maure faisoit souvent tomber dans le bassin de marbre la tête charmante qu'il venoit de caresser. On doit bien désirer qu'un talent délicat et heureux nous peigne quelque jour ces lieux magiques.

La troisième époque du *Voyage pittoresque d'Espagne* renfermera les monuments gothiques. Ils n'ont pas la pureté de style et les proportions admirables de l'architecture grecque et toscane, mais leurs rapports avec nos mœurs leur donnent un intérêt plus touchant. Nous nous rappellerons toujours avec quel plaisir, en descendant dans l'île de Rhodes, nous trouvâmes une petite France au milieu de la Grèce :

> Procedo, et parvam Trojam, simulataque magnis
> Pergama, etc.

Nous parcourions avec un souvenir mêlé d'attendrissement une longue rue appelée encore la *rue des Chevaliers* : elle est bordée de palais gothiques, et les murs de ces palais sont parsemés des armoiries des grandes familles de France et de devises en gaulois. Plus loin est une petite chapelle desservie par deux pauvres religieux : elle est dédiée à saint Louis, dont on retrouve l'image dans tout l'Orient, et dont nous avons vu le lit de mort à Carthage. Les Turcs, qui ont mutilé partout les monuments de la Grèce, ont épargné ceux de la chevalerie : l'honneur chrétien a étonné la bravoure infidèle, et les Saladin ont respecté les Couci.

Et quand on a été assez heureux pour recevoir le jour dans le pays de Bayard et de Turenne, pourroit-on être indifférent à la moindre des circonstances qui en rappellent le souvenir ? Nous nous trouvions à Bethléem, prêt à partir pour la mer Morte, lorsqu'on nous dit qu'il y avoit un Père françois dans le couvent. Nous désirâmes le voir. On nous présenta un homme d'environ quarante-cinq ans, d'une figure tranquille et sérieuse. Ses premiers accents nous firent tressaillir ; car nous n'avons jamais entendu, chez l'étranger, le son d'une voix françoise sans une vive émotion ; nous sommes toujours prêt à nous écrier, comme Philoctète :

Ὦ φίλτατον φώνημα φεῦ τὸ καὶ λαβὼν
Πρόσφθεγμα τοιοῦδ' ἀνδρὸς ἐν χρόνῳ μακρῷ.

Après un si long temps. . . . .
Oh ! que cette parole à mon oreille est chère !

Nous fîmes quelques questions à ce religieux. Il nous dit qu'il s'appeloit le père Clément, qu'il étoit des environs de Mayenne ; que se trouvant dans un monastère en Bretagne, il avoit été déporté en Espagne avec une centaine de prêtres comme lui ; qu'ayant reçu d'abord l'hospitalité dans un couvent de son ordre, ses supérieurs l'avoient ensuite envoyé missionnaire en Terre-Sainte. Nous lui demandâmes s'il n'avoit point d'envie de revoir sa patrie, et s'il vouloit écrire à sa famille ; il nous répondit avec un sourire amer : « Qui est-ce qui se « souvient en France d'un capucin ? Sais-je si j'ai « encore des frères et des sœurs ? Monsieur, voici « ma patrie. J'espère obtenir, par le mérite de la « crèche de mon Sauveur, la force de mourir ici « sans importuner personne, et sans songer à un « pays où je suis depuis long-temps oublié. »

L'attendrissement du père Clément devint si visible à ces mots, qu'il fut obligé de se retirer. Il courut s'enfermer dans sa cellule, et ne voulut jamais reparoître : notre présence avoit réveillé dans son cœur des sentiments qu'il cherchoit à étouffer. En quel lieu du monde nos tempêtes n'ont-elles point jeté les enfants de saint Louis ? quel désert ne les a point vus pleurant leur terre natale ? Telles sont les destinées humaines : un François gémit aujourd'hui sur la perte de son pays, aux mêmes bords dont les souvenirs inspirèrent autrefois le plus beau des cantiques sur l'amour de la patrie :

Super flumina Babylonis!

Hélas! ces fils d'Aaron, qui suspendirent leur cinnor aux saules de Babylone, ne rentrèrent pas tous dans la cité de David; ces filles de Judée, qui s'écrioient sur les bords de l'Euphrate :

> O rives du Jourdain ! ô champs aimés des cieux !
> Sacré mont, fertiles vallées
> Par cent miracles signalées !
> Du doux pays de nos aïeux
> Serons-nous toujours exilées ?

ces compagnes d'Esther ne revirent pas toutes Emmaüs et Béthel; plusieurs laissèrent leurs dépouilles aux champs de la captivité; et c'est ainsi que nous rencontrâmes loin de la France le tombeau de deux nouvelles Israélites :

> Lyrnessi domus alta, solo Laurente sepulchrum!

Il nous étoit réservé de retrouver au fond de la mer Adriatique le tombeau de deux filles de rois, dont nous avions entendu prononcer l'oraison funèbre dans un grenier à Londres [1]. Ah! du moins la tombe qui renferme ces nobles dames aura vu une fois interrompre son silence; le bruit des pas d'un François aura fait tressaillir deux Françoises dans leur cercueil. Les respects d'un pauvre gentilhomme, à Versailles, n'eussent été rien pour des princesses; la prière d'un chrétien, en terre étrangère, aura peut-être été agréable à des saintes.

M. de Laborde nous pardonnera ces digressions. Il est voyageur, nous le sommes comme lui; et que n'a-t-on pas à conter lorsqu'on vient du pays des

---

[1] MESDAMES Victoire et Adélaïde de France, tantes de Louis XVI.

Arabes! A en juger par l'introduction du *Voyage pittoresque*, l'auteur nous paroît surtout éminemment fait pour peindre les siècles des Pélasge et des Alphonse, et pour mettre dans ses dessins l'expression des temps et des mœurs. Les sentiments nobles lui sont familiers; tout annonce en lui un écrivain qui a du sang dans le cœur. On peut compter sur sa constance dans ses travaux, puisqu'il ne paroît point détourné des sentiers de l'étude par les soucis de l'ambition. Il s'est souvenu des vers du poëte :

> Lieto nido, esca dolce, aura cortese,
> Bramano i cign', e non si va in Parnasso
> Con le cure mordaci.

Il nous retracera donc dignement ces hauts faits d'armes qui inspirèrent à nos troubadours la chanson de Roland, à nos sires de Joinville leurs vieilles chroniques, à nos comtes de Champagne leurs ballades gauloises, et au Tasse ce poëme plein d'honneur et de chevalerie qui semble écrit sur un bouclier; il nous dira ces jours où le courage, la foi et la loyauté étoient tout; où le déloyal et le lâche étoient obligés de s'ensevelir au fond d'un cloître, et ne comptoient plus parmi les vivants. « Il y a deux manières de sortir de la vie, dit Shaks-
« peare : la honte et la mort, *shame and death*. »

Enfin, dans la quatrième époque du Voyage, l'auteur donnera les vues des monuments modernes de l'Espagne : un des plus remarquables, sans doute, est l'Escurial, bâti par Philippe II, sur les montagnes désertes de la vieille Castille. La cour vient chaque année s'établir dans ce monastère, comme pour donner à des solitaires morts au monde le spectacle de toutes les passions, et recevoir d'eux ces leçons dont les grands ne profitent jamais. C'est là que l'on voit encore la chapelle funèbre où les rois d'Espagne sont ensevelis dans des tombeaux pareils, disposés en échelons les uns au-dessus des autres ; de sorte que toute cette poussière est étiquetée et rangée en ordre comme les richesses d'un muséum. Il y a des sépulcres vides pour les souverains qui ne sont point encore descendus dans ces lieux ; et la reine actuelle a écrit son nom sur celui qu'elle doit occuper !

Non-seulement l'auteur nous donnera les dessins de tant d'édifices ; mais comme il paroît avoir des connoissances très variées, il ne négligera point la numismatique et les inscriptions. L'Espagne est très riche dans ce genre ; et quoique Ponce ait fait beaucoup de recherches sur ce sujet, il est loin de l'avoir épuisé. On sait d'ailleurs qu'on peut faire chaque jour, sur le monument le plus connu, des découvertes toutes nouvelles. Ainsi, par exemple, l'institut d'Égypte n'a pu lire sur la colonne de Pompée, à Alexandrie, l'inscription effacée que des sous-lieutenants anglois ont relevée depuis avec du plâtre.

Pococke en avoit rapporté quelques lettres, sans prétendre les expliquer ; plusieurs autres voyageurs l'avoient aperçue, et nous ne connoissons que M. Sonnini qui n'ait pu rien découvrir sur la base où elle est gravée. Pour nous, nous avons déchiffré distinctement à l'œil nu plusieurs traits, et entre autres le commencement de ce mot Διοκ, qui est décisif. Comme cette inscription d'une colonne fameuse est peu ou point connue en France, nous la rapporterons ici.

On lit :

ΤΟ.... ΩΤΑΤΟΝ, ΑΥΤΟΚΡΑΤΟΡΑ
ΤΟΝ ΠΟΛΙΟΥΧΟΝ, ΑΛΕΞΑΝΔΡΕΙΑΣ
ΔΙΟΚ. Η. ΙΑΝΟΝΤΟΝ.... ΤΟΝ
ΠΟ..... ΕΠΑΡΧΟΣ ΑΙΓΥΠΤΟΥ.

Il faut d'abord suppléer à la tête de l'inscription le mot ΠΡΟΣ; après le premier point, Ν. ΣΟΦ; après le second, Λ; après le troisième, Τ; au quatrième, ΑΥΓΟΥΣ; au cinquième, enfin, il faut ajouter ΛΙΩΝ. On voit qu'il n'y a ici d'arbitraire que le mot ΑΥΓΟΥΡΟΝ, qui est d'ailleurs peu important. Ainsi on peut lire :

ΤΟΝΣΟΦΩΤΑΤΟΝΑΥΤΟΚΡΑΤΟΡΑ
ΤΟΝΠΟΛΙΟΥΧΟΝΑΛΕΞΑΝΔΡΕΙΑΣ
ΔΙΟΚΛΗΤΙΑΝΟΝΤΟΝΑΥΓΟΥΣΤΟΝ
ΠΟΛΙΩΝΕΠΑΡΧΟΣΑΙΓΥΠΤΟΥ.

C'est-à-dire :

« Au très sage empereur, protecteur d'Alexandrie, « DIOCLÉTIEN AUGUSTE, Pollion, préfet d'Égypte. »

Ainsi, tous les doutes sur la colonne de Pompée sont éclaircis. Mais l'histoire garde-t-elle le silence sur ce sujet? Il nous semble que, dans la Vie d'un des Pères du désert, écrite en grec par un con-

contemporain, on lit que, pendant un tremblement de terre qui eut lieu à Alexandrie, toutes les colonnes tombèrent, excepté celle de Dioclétien.

Nous nous sommes fait un vrai plaisir, malgré le besoin que nous avons de repos, d'annoncer le magnifique ouvrage dont M. de Laborde publie aujourd'hui les deux premières livraisons. On peut y avoir toute confiance. Ce n'est point ici une spéculation de librairie: c'est l'entreprise d'un amateur éclairé, qui apporte à son travail les lumières suffisantes et les restes d'une grande fortune. Employer ainsi les débris de ses richesses, c'est faire un reproche bien noble à cette révolution qui en a tari les principales sources. Quand on se rappelle que les deux frères de M. de Laborde ont péri dans le voyage de M. de La Peyrouse, victimes de l'ardeur de s'instruire, pourroit-on n'être pas touché de voir le dernier rejeton d'une famille amie des arts se consacrer à un genre de fatigues et d'études déjà fatal à ses frères?

> Sic fratres Helenæ. . . . . .
> Ventorumque regat pater
> . . . .
> Navis. . . . .
> . . . . Finibus Atticis
> Reddas incolumem, precor!

On se fait aujourd'hui une obligation de trouver des taches dans les ouvrages les plus parfaits. Pour remplir ce triste devoir de la critique, nous dirons que les planches de cette première livraison ont peut-être un peu de sécheresse; mais on doit observer que ce défaut tient à la nature même des objets représentés. Il eût été facile à l'auteur de commencer sa publication par les dessins de l'Alhambra ou de la cathédrale de Cordoue. Au-dessus de cette petite charlatanerie, il a suivi l'ordre des monuments; et cet ordre l'a forcé à donner d'abord des perspectives de villes : or, ces perspectives sont naturellement froides de style, et vagues d'expression. Barcelone, privée du mouvement et du bruit, ne peut offrir qu'un amas immobile d'édifices.

D'ailleurs, on peut faire le même reproche de sécheresse aux dessins de toutes les villes. Nous avons dans ce moment même sous les yeux une vue de Jérusalem, tirée du *Voyage pittoresque de Syrie :* quel que soit le mérite des artistes, nous ne reconnoissons point là le site terrible et le caractère particulier de la ville sainte.

Vue de la montagne des Oliviers, de l'autre côté de la vallée de Josaphat, Jérusalem présente un plan incliné sur un sol qui descend du couchant au levant. Une muraille crénelée, fortifiée par des tours et par un château gothique, enferme la ville dans son entier, laissant toutefois au dehors une partie de la montagne de Sion, qu'elle embrassoit autrefois.

Dans la région du couchant, et au centre de la ville, vers le Calvaire, les maisons se serrent d'assez près; mais au levant, le long de la vallée de Cédron, on aperçoit des espaces vides, entre autres l'enceinte qui règne autour de la mosquée bâtie sur les débris du temple, et le terrain presque abandonné où s'élevoit le château Antonia et le second palais d'Hérode.

Les maisons de Jérusalem sont de lourdes masses carrées fort basses, sans cheminées et sans fenêtres; elles se terminent en terrasses aplaties ou en dômes, et elles ressemblent à des prisons ou à des sépulcres. Tout seroit à l'œil d'un niveau égal, si les clochers des églises, les minarets des mosquées, les cimes de quelques cyprès, et les buissons des aloès et des nopals, ne rompoient l'uniformité du plan. A la vue de ces maisons de pierres, renfermées dans un paysage de pierres, on se demande si ce ne sont pas là les monuments confus d'un cimetière au milieu d'un désert.

Entrez dans la ville, rien ne vous consolera de la tristesse extérieure: vous vous égarez dans de petites rues non pavées qui montent et descendent sur un sol inégal, et vous marchez dans des flots de poussière ou parmi des cailloux roulants; des toiles jetées d'une maison à l'autre augmentent l'obscurité de ce labyrinthe; des bazars voûtés et infects achèvent d'ôter la lumière à la ville désolée; quelques chétives boutiques n'étalent aux yeux que la misère; et souvent ces boutiques mêmes sont fermées, dans la crainte du passage d'un cadi; personne dans les rues, personne aux portes de la ville; quelquefois seulement un paysan se glisse dans l'ombre, cachant sous ses habits les fruits de son labeur, dans la crainte d'être dépouillé par le soldat; dans un coin à l'écart, le boucher arabe égorge quelque bête suspendue par les pieds à un mur en ruines; à l'air hagard et féroce de cet homme, à ses bras ensanglantés, vous croiriez qu'il vient plutôt de tuer son semblable que d'immoler un agneau. Pour tout bruit dans la cité déicide, on entend par intervalle le galop de la cavale du désert; c'est le janissaire qui apporte la tête du bédouin, ou qui va piller le fellah.

Au milieu de cette désolation extraordinaire, il faut s'arrêter un moment pour contempler des choses plus extraordinaires encore. Parmi les ruines de Jérusalem, deux espèces de peuples indépendants trouvent dans leur foi de quoi surmonter tant d'horreurs et de misères. Là vivent des religieux chrétiens que rien ne peut forcer à abandonner le tombeau de Jésus-Christ, ni spoliations, ni mauvais traitements, ni menaces de la mort. Leurs cantiques retentissent nuit et jour autour du Saint-Sépulcre. Dépouillés le matin par un gouverneur turc, le soir les retrouve au pied du Calvaire, priant au lieu où Jésus-Christ souffrit pour le salut des hommes. Leur front est serein, leur bouche riante. Ils reçoivent l'étranger avec joie. Sans forces et sans soldats, ils protégent des villages entiers contre l'iniquité. Pressés par le bâton et par le sabre, les femmes, les enfants, les troupeaux des campagnes se réfugient dans les cloîtres des solitaires. Qui empêche le méchant armé de poursuivre sa proie, et de renverser d'aussi foibles remparts? La charité des moines : ils se privent des dernières ressources de la vie pour racheter leurs suppliants. Turcs, Arabes, Grecs, chrétiens schismatiques, tous se jettent sous la protection de quelques pauvres religieux francs qui ne peuvent se défendre eux-mêmes : c'est ici qu'il faut reconnoître, avec Bossuet, « que des mains levées vers « le ciel enfoncent plus de bataillons que des mains « armées de javelots. »

Tandis que la nouvelle Jérusalem sort ainsi *du désert, brillante de clarté*, jetez les yeux entre la montagne de Sion et le Temple, voyez cet autre petit peuple qui vit séparé du reste des habitants de la cité. Objet particulier de tous les mépris, il baisse la tête sans se plaindre; il souffre toutes les avanies sans demander justice; il se laisse accabler de coups sans soupirer : on lui demande sa tête, il la présente au cimeterre. Si quelque membre de cette société proscrite vient à mourir, son compagnon ira, pendant la nuit, l'enterrer furtivement dans la vallée de Josaphat, à l'ombre du temple de Salomon. Pénétrez dans la demeure de ce peuple, vous le trouverez dans une affreuse misère, faisant lire un livre mystérieux à des enfants, qui le feront lire à leur tour à leurs enfants. Ce qu'il faisoit il y a cinq mille ans, ce peuple le fait encore. Il a assisté six fois à la ruine de Jérusalem, et rien ne peut le décourager, rien ne peut l'empêcher de tourner ses regards vers Sion. Quand on voit les Juifs dispersés sur la terre, selon la parole de Dieu, on est surpris sans doute; mais pour être frappé d'un étonnement surnaturel, il faut les retrouver à Jérusalem; il faut voir ces légitimes maîtres de la Judée esclaves et étrangers dans leur propre pays;

il faut les voir attendant, sous toutes les oppressions, un roi qui doit les délivrer. Écrasés par la croix qui les condamne, et qui est plantée sur leurs têtes, près du Temple, dont il ne reste pas pierre sur pierre, ils demeurent dans leur déplorable aveuglement. Les Perses, les Grecs, les Romains, ont disparu de la terre; et un petit peuple, dont l'origine précéda celle de ces grands peuples, existe encore sans mélange dans les décombres de sa patrie. Si quelque chose, parmi les nations, porte le caractère du miracle, nous pensons qu'on doit le trouver ici. Et qu'y a-t-il de plus merveilleux, même aux yeux du philosophe, que cette rencontre de l'antique et de la nouvelle Jérusalem au pied du Calvaire : la première s'affligeant à l'aspect du sépulcre de Jésus-Christ ressuscité; la seconde se consolant auprès du seul tombeau qui n'aura rien à rendre à la fin des siècles?

SUR

LES ANNALES LITTÉRAIRES,

ou

DE LA LITTÉRATURE

AVANT ET APRÈS LA RESTAURATION;

OUVRAGE DE M. DUSSAULT.

Juin 1819.

Lorsque la France, fatiguée de l'anarchie, chercha le repos dans le despotisme, il se forma une espèce de ligue des hommes de talent pour nous ramener, par les saines doctrines littéraires, aux doctrines conservatrices de la société. MM. de La Harpe, de Fontanes, de Bonald, M. l'abbé de Vauxcelles, M. Guéneau de Mussy, écrivoient dans le *Mercure;* MM. Dussault, Féletz, Fiévée, Saint-Victor, Boissonade, Geoffroy, M. l'abbé de Boulogne, combattoient dans le *Journal des Débats*. « On a vu, » dit M. Dussault en parlant de cette époque si remarquable pour les lettres, « on a vu des talents du premier ordre
« entrer dans cette lice des écrits périodiques,
« pour y combattre tous les faux systèmes.....

« Tout le système de l'opinion publique étoit,
« pour ainsi dire, à recréer. Le mauvais sens et l'er-

« reur avoient tout infecté en politique, en morale,
« en littérature; les vrais principes en tous genres
« étoient méprisés, proscrits, oubliés; tout ce qui
« sert de garantie et de lien à l'ordre social étoit
« brisé, et les règles du goût, plus unies qu'on ne
« pense aux autres éléments conservateurs de la so-
« ciété, avoient subi la destinée commune. »

La littérature révolutionnaire fut foudroyée,
et le goût reparut dans le style avec l'ordre dans
l'État.

Buonaparte favorisoit cette expérience, quoiqu'il
sût bien que presque tous ceux qui la soutenoient
étoient ennemis de son gouvernement. Il disoit un
jour à M. de Fontanes : « Il y a deux littératures en
« France, la petite et la grande ; j'ai la petite, mais
« la grande n'est pas pour moi. » Et pourtant il laissoit faire à cette grande littérature, qui, de son aveu,
n'étoit pas pour lui, mais qui recomposoit les principes de la monarchie, en détruisant ceux de la
révolution. Or, comme il vouloit régner, peu lui
importoit de quelle main il recevoit le pouvoir.
Aujourd'hui le gouvernement a aussi pour lui la
petite littérature ; la grande se tait.

Il y a un monument précieux de l'état de la littérature sous Buonaparte : c'est le recueil que nous
avons déjà cité plus haut. Si on écrivoit aujourd'hui
la plupart des articles qui composent les *Annales
littéraires*, non-seulement on crieroit au gothi-
cisme, au fanatisme, à la réaction; mais il est
probable que ces articles ne seroient pas admis
à la censure. Quel censeur, par exemple, seroit

assez téméraire pour laisser passer le morceau suivant?

« Sans doute nos prudents penseurs, dit l'auteur
« des *Annales littéraires*, ne doivent point pronon-
« cer, sans un secret effroi, le nom de Boileau. Ils
« doivent craindre qu'il ne sortît de ses cendres
« pour les démasquer. Quelle matière, en effet, le
« siècle dernier n'auroit-il pas offerte à sa verve
« satirique! Combien n'auroit-il pas trouvé, sous
« les étendards de la philosophie, de mauvais écri-
« vains à railler, de charlatans à dévoiler, de pré-
« tentions à confondre, d'injustes réputations à
« renverser! De quel œil auroit-il vu, de quels traits
« de ridicule auroit-il marqué un rhéteur boursou-
« flé comme Thomas, un déclamateur frénétique
« comme Diderot, un bel-esprit pincé comme d'A-
« lembert, un rêveur de systèmes ridicules comme
« Helvétius, et ces auteurs de tragédies à la Shak-
« speare, et ces faiseurs de drames aussi ennuyeux
« que lugubres, et ces marchands de comédies à la
« glace, et cette foule d'intrigants littéraires de toute
« espèce, qui connoissoient aussi peu l'art d'écrire
« qu'ils connoissoient bien l'art de se faire des ré-
« putations; cette foule de Cottins et de Pelletiers
« nouveaux, qui s'emparoient subtilement de l'ad-
« miration d'un siècle dont ils ne méritoient que le
« mépris? Mais puisque la nature ne prodigue pas
« les hommes tels que Boileau, et puisqu'elle ne
« produit pas ordinairement deux talents de cette
« force dans un espace de temps si borné, qu'on se
« figure seulement Voltaire, avec le rare talent qu'il

« avoit pour se servir de l'arme du ridicule, dont
« il a tant abusé, tournant cette même arme, si re-
« doutable entre ses mains, contre ceux dont il s'é-
« toit déclaré l'appui et le chef, et se moquant d'eux
« en public, comme il s'en moquoit quelquefois en
« secret. Croit-on que tout cet édifice de réputations
« factices, bâties sur le sable et sur la boue, auroit
« pu résister aux traits qu'il auroit su lancer ? S'il
« avoit seulement dirigé contre la fausse et dange-
« reuse philosophie de son siècle la moitié de l'es-
« prit qu'il a prodigué contre les institutions les
« plus utiles et les plus sacrées, c'en étoit fait de
« tant de beaux systèmes, de tant de brillantes re-
« nommées, de toute cette sublime doctrine dont
« nous avons pu apprécier les effets, après en avoir
« admiré si long-temps et si stupidement les théo-
« ries. »

Nous le répétons, présentez aujourd'hui de pareils articles à la censure, et l'on y verra, avec une conspiration contre le roi, la destruction de la charte, le rappel des moines et le retour à la féodalité.

Toutefois, à l'époque où l'on manifestoit ces pensées, elles sembloient si naturelles à chacun, qu'elles trouvoient à peine des contradicteurs. M. de Barante, dans un ouvrage remarquable sur la *Littérature françoise pendant le dix-huitième siècle*, ne parle pas avec plus de respect des écrivains de cette époque : « Ce sont, dit-il, des écrivains vivant
« au milieu d'une société frivole, animés de son
« esprit, organes de ses opinions, excitant et parta-

« geant un enthousiasme qui s'appliquoit à la fois
« aux choses les plus futiles et aux objets les plus
« sérieux ; jugeant de tout avec facilité, conformé-
« ment à des impressions rapides et momentanées ;
« s'enquérant peu des questions qui avoient été au-
« trefois débattues; dédaigneux du passé et de l'éru-
« dition; enclins à un doute léger, qui n'étoit point
« l'indécision philosophique, mais bien plutôt un
« parti pris d'avance de ne point croire; enfin, le
« nom de philosophe ne fut jamais accordé à meil-
« leur marché. »

Les philosophes qui avoient acquis leur nom
à si bon marché méritoient bien d'être démasqués
par ceux qui ont été les victimes de leurs principes.
En voyant la ligue qui s'étoit formée contre ces
premiers auteurs de nos maux, le critique à qui
nous devons les *Annales* se croit sûr du triomphe. « On est désabusé, dit-il, du charlatanisme
« littéraire, de la forfanterie philosophique. . . . .
« Quel singulier spectacle offroit la littérature fran-
« çoise! On vit jusqu'à de misérables poëtes, qui
« n'avoient rien dans la tête que quelques hémisti-
« ches; des faiseurs de mauvaises tragédies pleins
« d'orgueil et vides d'idées; de petits auteurs de
« vers galants, bouffis de suffisance, se croire des
« législateurs. . . . . . C'est un public, dit-on, qui
« manque à notre littérature. . . . . Oui, sans doute,
« messieurs, il manque un public à votre littéra-
« ture, et ce public lui manquera long-temps, parce
« qu'on est aujourd'hui pleinement désabusé de toutes
« vos folles idées, de tous vos vains systèmes. »

Que l'auteur n'a-t-il dit la vérité ! Mais pouvoit-il prévoir que ces doctrines, qui sembloient à jamais détruites, étoient si près de renaître ? pouvoit-il deviner que ces filles illégitimes de nos malheurs reparoîtroient avec la légitimité ?

Veut-on faire un rapprochement curieux ? qu'on lise les articles des *Annales littéraires*, et qu'on les compare à ceux où l'on prêche ouvertement la démocratie dans nos journaux censurés. La censure impériale, qui laissoit passer les articles monarchiques, arrêtoit les articles démocratiques : c'étoit au moins du bon sens dans le despotisme.

En parcourant les *Annales littéraires*, on peut faire encore une autre observation : on y voit partout annoncée la réimpression des auteurs du siècle de Louis XIV; maintenant ce sont les auteurs du siècle de Louis XV qu'on réimprime : on vouloit conserver; voudroit-on détruire ?

Aujourd'hui que les bonnes études s'en vont avec le reste, la publication des *Annales* est un véritable service rendu aux lettres. On trouve partout dans ce recueil, avec la tradition des saines doctrines, un jugement sûr, un goût formé à la meilleure école, un style clair, excellent surtout dans le sérieux, une verve de critique, et un talent qui emprunte de la raison une naturelle éloquence. Il y a cependant dans les *Annales* un principe que nous ne pourrions complétement adopter. L'auteur pense que la critique *n'étouffe que les mauvais écrivains, qu'elle n'est redoutable qu'à la médiocrité.* Nous ne sommes pas tout-à-fait de cet avis.

Il étoit utile, sans doute, au sortir du siècle de la fausse philosophie, de traiter rigoureusement des livres et des hommes qui nous ont fait tant de mal, de réduire à leur juste valeur tant de réputations usurpées, de faire descendre de leur piédestal tant d'idoles qui reçurent notre encens en attendant nos pleurs. Mais ne seroit-il pas à craindre que cette sévérité continuelle de nos jugements ne nous fît contracter une habitude d'humeur dont il deviendroit malaisé de nous dépouiller ensuite ? Le seul moyen d'empêcher que cette humeur prenne sur nous trop d'empire, seroit peut-être d'abandonner la petite et facile critique des *défauts*, pour la grande et difficile critique des *beautés*. Les anciens, nos maîtres, nous offrent, en cela comme en tout, leur exemple à suivre. Aristote a consacré le XXIVe chapitre de sa *Poétique* à chercher comment on peut excuser certaines fautes d'Homère, et il trouve douze réponses, ni plus ni moins, à faire aux censures; naïveté charmante dans un aussi grand homme. Horace, dont le goût étoit si délicat, ne veut pas s'offenser de quelques taches : *Non ego paucis offendar maculis.* Quintilien trouve à louer jusque dans les écrivains qu'il condamne ; et s'il blâme dans Lucain l'art du poëte, il lui reconnoît le mérite de l'orateur : *Magis oratoribus quam poetis enumerandus.*

Une censure, fût-elle excellente, manque son but si elle est trop rude. En voulant corriger l'auteur, elle le révolte, et par cela même elle le confirme dans ses défauts ou le décourage; véritable malheur, si l'auteur a du talent.

Il semble donc que l'on doit applaudir avec franchise à ce qu'il y a de bon dans un écrivain, et reprendre ce qu'il y a de mal avec ménagement et politesse. Racine, modèle de naturel et de simplicité dans son âge mûr, n'étoit pas exempt d'affectation et de recherche dans sa jeunesse. Boileau eût-il ramené Racine aux principes du goût, s'il n'avoit fait que reprocher durement au jeune poëte les vices de son style? Mais en même temps qu'il gourmandoit l'auteur de *la Thébaïde,* il adressoit ces vers à l'auteur de *Phèdre:*

>Que peut contre tes vers une ignorance vaine?
>Le Parnasse françois, ennobli par ta veine,
>Contre tous ces complots saura te maintenir,
>Et soulever pour toi l'équitable avenir.
>Eh! qui, voyant un jour la douleur vertueuse
>De Phèdre, malgré soi perfide, incestueuse,
>D'un si noble travail justement étonné,
>Ne bénira d'abord le siècle fortuné
>Qui, rendu plus fameux par tes illustres veilles,
>Vit naître sous ta main ces pompeuses merveilles?

Bossuet fut, dans sa jeunesse, ainsi que nous l'avons déjà dit, un des beaux-esprits de l'hôtel de Rambouillet. Si la critique, trop choquée de quelques phrases bizarres, eût harcelé un homme aussi ardent que l'évêque de Meaux, croit-on qu'elle l'eût corrigé? Non, sans doute. Mais ce génie impétueux, ne trouvant d'abord que bienveillance et admiration, se soumit comme de lui-même à cette raison qu'amènent les années. Il s'épura par degré, et ne tarda pas à paroître dans toute sa magnificence : semblable à un fleuve qui, en s'éloignant de sa source, dépose peu à peu le limon qui troubloit son eau, et devient aussi limpide vers le milieu de son cours qu'il est profond et majestueux.

Ceci n'est point une simple figure de rhétorique, c'est un fait, puisque les endroits les plus vicieux des *Sermons* de Bossuet sont devenus les morceaux les plus parfaits des *Oraisons funèbres*. Si Bossuet ne nous étoit connu aujourd'hui que par les *Sermons*, serions-nous assez justes pour y remarquer les traits que nous admirons dans les *Oraisons funèbres?* Le mal ne nous empêcheroit-il pas de voir le bien, et ne confondrions-nous pas dans nos dégoûts les défauts et les beautés ?

Une critique trop rigoureuse peut encore nuire d'une autre manière à un écrivain original. Il y a des défauts qui sont inhérents à des beautés, et qui forment, pour ainsi dire, la nature et la constitution de certains esprits. Vous obstinez-vous à faire disparoître les uns, vous détruirez les autres. Otez à La Fontaine ses incorrections, il perdra une partie de sa naïveté ; rendez le style de Corneille moins familier, il deviendra moins sublime. Cela ne veut pas dire qu'il faille être incorrect et sans élégance ; cela veut dire que, dans les talents du premier ordre, l'incorrection, la familiarité, ou tout autre défaut, peuvent tenir, par des combinaisons inexplicables, à des qualités éminentes. « Quand je vois,
« dit Montaigne, ces braves formes de s'expliquer,
« si vives, si profondes, je ne dis pas que c'est bien

« dire, je dis que c'est bien penser. » Rubens, pressé par la critique, voulut, dans quelques-uns de ses tableaux, dessiner plus savamment : que lui arriva-t-il ? Une chose remarquable : il n'atteignit pas la pureté du dessin, et il perdit l'éclat de la couleur.

Ainsi donc, indulgence ou critique circonspecte pour les *vrais* talents aussitôt qu'ils sont reconnus. Cette indulgence est d'ailleurs un foible dédommagement des chagrins semés dans la carrière des lettres. Un auteur ne jouit pas plus tôt de cette renommée, objet de tous ses désirs, qu'elle lui paroît aussi vide qu'elle l'est, en effet, pour le bonheur de la vie. Pourroit-elle le consoler du repos qu'elle lui enlève ? Parviendra-t-il même jamais à savoir si cette renommée tient à l'esprit de parti, à des circonstances particulières, ou si c'est une véritable gloire fondée sur des titres réels ? Tant de méchants livres ont eu une vogue si prodigieuse ! quel prix peut-on attacher à une célébrité que l'on partage souvent avec une foule d'hommes médiocres ou déshonorés ? Joignez à cela les peines secrètes dont les muses se plaisent à affliger ceux qui se vouent à leur culte, la perte des loisirs, le dérangement de la santé. Qui voudroit se charger de tant de maux pour les avantages incertains d'une réputation qu'on n'est pas sûr d'obtenir, qu'on vous contestera du moins pendant votre vie, et que la postérité ne confirmera peut-être pas après votre mort ? Car, quel que soit l'éclat d'un succès, il ne peut jamais vous donner la certitude de votre talent; il n'y a que la durée de ce succès qui vous révèle ce que vous êtes. Mais, autre misère: le temps, qui fait vivre l'ouvrage, tue l'auteur; et l'on meurt avant de savoir qu'on est immortel.

Si l'on croyoit que nous voulons rabaisser, par ces réflexions, la gloire des lettres, on se tromperoit: c'est la première de toutes les gloires. Disposer de l'opinion publique, maîtriser les esprits, remuer les âmes, étendre ce pouvoir à tous les lieux, à tous les temps, il n'y a point d'empire comparable à celui-là. On peut braver, quand on le possède, toutes les infortunes de la vie. « Épictète, « dit l'épitaphe grecque, boiteux, esclave, pauvre « comme Irus, étoit pourtant le favori des dieux ! » Mais combien compte-t-on de ces génies qui naissent rois, et à qui la puissance appartient par droit de nature? Sur un nombre immense d'écrivains, si quelques-uns seulement sont favorisés du ciel, faut-il que les autres poursuivent une carrière où, inutiles à la société, ils ne rencontrent que misère, oubli, ridicule, une carrière où l'amour-propre blessé peut les rendre les plus malheureux, et quelquefois les plus méchants des hommes? La chance d'un bon billet sur mille mauvais est trop désavantageuse pour la tenter :

Soyons plutôt maçons.

Il nous est arrivé d'annoncer l'avenir politique de la France avec assez de justesse; il nous est plus facile encore de prédire son avenir littéraire. L'espèce d'impuissance dont nous sommes frappés aujourd'hui par le système stérile de notre administration est un accident qui passera avec ce système; mais il restera toujours dans nos lettres l'infirmité de la vieillesse et le dépérissement de la caducité.

Ce n'est donc pas inutilement pour sa renommée, mais inutilement pour nous, que M. Dussault est venu dans ces derniers temps, avec MM. de Fontanes et de La Harpe, éclairer notre littérature; il n'a pu jeter de lumière que sur des ruines. Après le siècle d'Auguste, Quintilien donna des leçons de goût à ceux qui ne pouvoient plus en profiter; on vit aussi, sous Adrien, les arts reproduire un moment les plus beaux temps de la Grèce :

> Quelquefois un peu de verdure
> Rit sur la glace de nos champs :
> Elle console la nature,
> Mais elle sèche en peu de temps.

Nous irons nous enfonçant de plus en plus dans la barbarie. Tous les genres sont épuisés : les vers, on ne les aime plus; les chefs-d'œuvre de la scène nous ennuieront bientôt; et, comme tous les peuples dégénérés, nous finirons par préférer des pantomimes et des combats de bêtes aux spectacles immortalisés par le génie de Corneille, de Racine et de Voltaire. Nous avons vu à Athènes la hutte d'un santon sur le haut d'une corniche du temple de Jupiter-Olympien; à Jérusalem, le toit d'un chevrier parmi les ruines du temple de Salomon; à Alexandrie, la tente d'un bédouin au pied de la colonne de Pompée; à Carthage, un cimetière des

Maures dans les débris du palais de Didon : ainsi finissent les empires.

Nous l'avouerons : nous nous sommes arrêté, avec un plaisir qui n'étoit pas sans un mélange de quelque peine, aux *Annales littéraires;* nous nous sommes souvenu des temps où nous combattions nous-même en faveur de la monarchie avec les seules armes qui nous étoient alors permises, où nous cherchions à réveiller la religion dans le cœur des François, pour leur faire jeter un regard sur le passé, pour les disposer à s'attendrir sur les cendres de leurs pères, pour leur rappeler qu'il existoit encore des rejetons de ces rois sous lesquels la France avoit joui de tant de bonheur et de tant de gloire. L'auteur des *Annales* annonça ces ouvrages, fruit du malheur plutôt que du talent. En relisant ce qu'il vouloit bien dire de nous, en nous reportant à ces jours de jeunesse, d'amitié et d'étude, nous nous surprenons à les regretter; nous en étions alors à l'espérance.

SUR UN OUVRAGE

DE M. LE C^{TE} DE BOISSY-D'ANGLAS,

INTITULÉ :

ESSAI SUR LA VIE, LES ÉCRITS ET LES OPINIONS

DE M. DE MALESHERBES.

Mars 1819.

L'ESPRIT philosophique qui a dénaturé notre littérature a surtout corrompu notre histoire : prenant les mœurs pour des préjugés, il a substitué des maximes à des peintures, une raison absolue à cette raison relative qui sort de la nature des choses, et qui forme le génie des siècles.

Ce même esprit, en examinant les hommes, ne les mesure que d'après ses règles : il les juge moins d'après leurs actions que d'après leurs opinions. Il y a tels personnages auxquels il ne pardonne leurs vertus qu'en considération de leurs erreurs.

Ces réflexions ne sont point applicables à l'auteur de l'*Essai sur la vie de M. de Malesherbes*. M. le comte de Boissy-d'Anglas se connoît en courage et en sentiments généreux. Il seroit pourtant à désirer qu'il eût commencé son ouvrage par un morceau moins propre à réveiller l'esprit de parti. Pourquoi tous ces détails sur les souffrances des protestants? Si c'est une instruction paternelle que *l'auteur adresse à ses enfants*, elle est trop longue ; si c'est un traité historique, il est trop court. L'histoire veut surtout qu'on ne dissimule rien, et qu'une partie du tableau ne soit pas plongée dans l'ombre, tandis que l'autre reçoit exclusivement la lumière. M. le comte de Boissy-d'Anglas gémit sur les proscriptions des calvinistes et les lois cruelles dont ils furent frappés. Il n'y a pas un honnête homme qui ne partage son indignation ; mais pourquoi ne dit-il pas que les protestants de Nîmes avoient égorgé deux fois les catholiques, une première fois en 1567, et une seconde fois en 1569, avant que les catholiques eussent, en 1572, massacré les protestants [1] ? Il s'élève contre l'*Apologie de Louis XIV sur la révocation de l'édit de Nantes ;* mais cette *Apologie* est pourtant un excellent morceau de critique historique. Si l'abbé de Caveyrac soutient que la journée de la Saint-Barthélemi fut moins sanglante qu'on ne l'a cru, c'est qu'heureusement ce fait est prouvé. Lorsque la Bibliothèque du Vatican étoit à Paris (trésor inappréciable auquel presque personne ne songeoit), j'ai fait faire des recherches ; j'ai trouvé sur la journée de la Saint-Barthélemi les documents les plus précieux. Si la vérité doit se rencontrer quelque part, c'est sans doute dans des lettres écrites en chiffres aux souverains pontifes, et qui étoient

---

[1] Les protestants de Nîmes avoient égorgé deux fois les catholiques, et, à la Saint-Barthélemi, les catholiques de la même ville refusèrent de massacrer les protestants. Je pourrois en dire davantage si je voulois parler du commencement de la révolution.

condamnées à un secret éternel. Il résulte positivement de ces lettres que la Saint-Barthélemi ne fut point préméditée; qu'elle ne fut que la conséquence soudaine de la blessure de l'amiral, et qu'elle n'enveloppa qu'un nombre de victimes, toujours beaucoup trop grand, sans doute, mais au-dessous des supputations de quelques historiens passionnés. M. le comte de Boissy-d'Anglas montre partout une sincère horreur pour les excès révolutionnaires : cependant, si son opinion étoit que l'on a exagéré le nombre des personnes sacrifiées, ne seroit-il pas souverainement injuste de dire qu'il fait l'apologie du meurtre et du crime?

Quant aux lois qui pesoient sur les protestants en France, étoient-elles plus rigoureuses que ces fameuses *lois de découverte* (laws of discovery) qui frappent encore aujourd'hui les catholiques en Irlande? Par ces lois, les catholiques sont entièrement désarmés. Ils sont incapables d'acquérir des terres. Si un enfant abjure la religion catholique, il hérite de tout le bien, quoiqu'il soit le plus jeune. Si le fils abjure sa religion, le père n'a aucun pouvoir sur son propre bien, mais il perçoit une pension sur ce bien, qui passe à son fils. Aucun catholique ne peut faire un bail pour plus de trente et un ans. Les prêtres qui célébreront la messe seront déportés, et s'ils reviennent, pendus. Si un catholique possède un cheval valant plus de cinq livres sterling, il sera confisqué au profit du dénonciateur.

Que conclure de ces déplorables exemples? Que

partout on abuse de la force; que partout, catholiques et protestants, lorsque les passions les animent, peuvent se servir des motifs les plus sacrés pour les actes les plus impies; qu'enfin la religion et la philosophie ne sont pas toujours pratiquées par des saints et par des sages.

Au reste, ne jugeons point les hommes sur ce qu'ils ont dit, mais d'après ce qu'ils ont fait : voyons M. de Malesherbes sortir de sa retraite à l'âge de soixante-douze ans, pour venir offrir à l'ancien maître dont il étoit presque oublié, l'autorité de ses cheveux blancs et le vénérable appui de sa vieillesse. « Lorsque la pompe et la splendeur de Ver-
« sailles, dit éloquemment M. de Boissy-d'Anglas,
« étoient remplacées par l'obscurité de la tour du
« Temple, M. de Malesherbes put devenir, pour la
« troisième fois, le conseil de celui qui étoit sans
« couronne et dans les fers, de celui qui ne pouvoit
« offrir à personne que la gloire de finir ses jours
« sur le même échafaud que lui. »

M. de Malesherbes écrivit au président de la Convention pour lui proposer de défendre le roi.

« Je ne vous demande point, lui dit-il dans sa
« lettre, de faire part à la Convention de mon offre,
« car je suis bien éloigné de me croire un person-
« nage assez important pour qu'elle s'occupe de moi;
« mais j'ai été appelé deux fois au conseil de celui
« qui fut mon maître dans le temps où cette fonc-
« tion étoit ambitionnée de tout le monde : je lui dois
« le même service, lorsque c'est une fonction que
« bien des gens trouvent dangereuse. »

Plutarque ne nous a rien transmis d'un héroïsme plus simple. Dans les âmes faites pour la vertu, la vertu est une action naturelle qui s'accomplit sans effort, comme les autres mouvements de la vie.

Louis XVI parut à la barre de la Convention le 26 décembre. M. de Sèze termina son plaidoyer par ces mots, qui sont restés dans la mémoire des hommes : « Louis vint au-devant des désirs du peu-
« ple par des sacrifices personnels sans nombre, et
« cependant c'est au nom de ce même peuple qu'on
« demande aujourd'hui.... Citoyens, je n'achève pas;
« je m'arrête devant l'histoire. »

Ils ne se sont pas arrêtés devant l'histoire! Ils l'ont bravée! Auroient-ils pressenti qu'elle leur réservoit la miséricorde de Louis XVIII?

M. de Malesherbes vint à la Convention avec MM. de Sèze et Tronchet, pour appuyer la demande d'un sursis, d'un appel au peuple, et pour réclamer contre la manière dont les votes avoient été comptés. Il ne put prononcer que quelques paroles entrecoupées de sanglots. Il avoit sollicité le sacrifice ; tout le poids du sacrifice retomba sur lui. Il fut chargé d'annoncer au roi l'arrêt fatal. Écoutons-le lui-même raconter cette scène dans la prison à M. Hue : « Je vois encore le roi (c'est M. de Males-
« herbes qui parle); il avoit le dos tourné vers la
« porte, les coudes appuyés sur la table, et le vi-
« sage couvert de sa main. Au bruit que je fis en
« entrant, il se leva : « Depuis deux heures, me dit-il,
« je recherche en ma mémoire si, durant le cours
« de mon règne, j'ai donné volontairement à mes

« sujets quelque juste sujet de plainte contre moi ;
« je vous le jure en toute sincérité, je ne mérite de
« la part des François aucun reproche. »

M. de Malesherbes tomba aux pieds de son maître,
et voulut lui annoncer son sort. « Il étoit étouffé par
« ses sanglots, dit Cléry, et il fut plusieurs moments
« sans pouvoir parler. Le roi le releva et le serra
« contre son sein avec affection. M. de Malesherbes
« lui apprit le décret de condamnation à la mort :
« le roi ne fit aucun mouvement qui annonçât de la
« surprise ou de l'émotion ; il ne parut affecté que
« de la douleur de ce respectable vieillard, et chercha
« même à le consoler. »

Les hommes vulgaires tombent et ne se relèvent
plus sous le poids du malheur; les grands hommes,
tout chargés qu'ils sont d'adversités, marchent encore : de forts soldats portent légèrement une pesante armure. Après l'accomplissement du crime,
le vénérable défenseur du roi se retira à Malesherbes : les bourreaux vinrent bientôt l'y chercher.
Il fut enfermé dans la prison de Port-Royal avec
presque tous les siens [1]. Son vertueux gendre, M. de
Rosambo, périt le premier. Ensuite, le plus intègre
des magistrats parut lui-même devant les plus iniques des juges, avec sa fille, madame de Rosambo,
sa petite-fille, madame de Chateaubriand, femme
de mon frère aîné, qui eut aussi les mêmes juges
et le même échafaud : qu'on me pardonne cette vanité de famille. M. de Malesherbes est qualifié, dans

[1] Mme de Rosambo et son fils, M. et Mme de Chateaubriand,
M. et Mme de Tocqueville, M. Le Pelletier d'Aunay.

son interrogatoire, *de défenseur officieux de celui qui a régné sous le nom de Louis XVI*. On lui demanda si quelqu'un s'étoit chargé de plaider sa cause; il répondit par un seul mot: Non. Le tribunal lui nomma d'office un défenseur appelé Duchâteau. Ainsi, celui qui avoit défendu volontairement Louis XVI ne trouva point de défenseur volontaire. Dans ces temps, où tout innocent étoit coupable, les avocats reculèrent devant cinquante années de vertus, comme, dans les jours de justice, ils refusent quelquefois de prêter leur ministère à de trop grands crimes. M. de Boissy-d'Anglas dit que l'épouvante avoit glacé tous les cœurs: tous, sans doute, excepté ceux des victimes.

L'homme de bien reçut son arrêt avec le calme le plus profond: on eût dit qu'il ne l'eût pas entendu, tant il y parut insensible; mais il s'attendrit sur ses enfants, que frappoit la même sentence. Il sortit de la prison pour aller à la mort, appuyé sur sa fille, madame de Rosambo, qui étoit elle-même suivie de sa fille et de son gendre. Au moment où ce lugubre cortége alloit franchir le guichet, madame de Rosambo aperçut mademoiselle de Sombreuil, si fameuse par sa piété filiale. « Mademoi-« selle, lui dit-elle, vous avez eu le bonheur de « sauver la vie à votre père, je vais avoir celui « de mourir avec le mien. »

« M. de Malesherbes (je ne saurois mieux faire que de transcrire ici un passage de l'ouvrage de M. de Boissy-d'Anglas), M. de Malesherbes avoit vécu « comme Socrate, il devoit mourir comme lui. Mais

« sa mort fut plus douloureuse, puisque, avant de
« cesser de vivre, il eut sous les yeux l'affreux spec-
« tacle de la mort d'une partie de sa famille, et
« qu'on différa son supplice pour en augmenter la
« cruauté.

« Ainsi finit de servir sa patrie en même temps
« qu'il cessa de vivre, l'un des hommes les plus di-
« gnes de l'estime et de la vénération de ses con-
« temporains et de l'avenir. On peut dire qu'il ho-
« nora l'espèce humaine par ses hautes et constantes
« vertus, en même temps qu'il la fit aimer par le
« charme de son caractère. »

L'éloge de M. de Malesherbes ne seroit pas complet, si on n'y ajoutoit les paroles du Testament de Louis XVI.

« Je prie MM. de Malesherbes, Tronchet et de
« Sèze de recevoir ici tous mes remercîments et
« l'expression de ma sensibilité pour tous les soins
« et les peines qu'ils se sont donnés pour moi. »

Pourquoi M. le comte de Boissy-d'Anglas, qui a loué si dignement M. de Malesherbes, s'efforce-t-il de nier le changement qui s'étoit opéré dans quelques-unes des opinions de cet homme illustre? Quelle si grande importance met-il à prouver que l'ami et le protecteur de Jean-Jacques Rousseau ne s'est jamais accusé d'avoir contribué, par ses idées, aux malheurs de la révolution? Cet aveu rendroit-il à ses yeux l'homme moins grand, ou la révolution plus petite? Pourquoi rejette-t-il les faits avancés par M. de Molleville et par M. Hue? Pourquoi veut-il balancer, par son opinion étrangère, des traditions de famille? J'ai moi-même entendu M. de Malesherbes, déplorant ses anciennes liaisons avec Condorcet, s'expliquer sur le compte de ce philosophe avec une véhémence qui m'empêche de répéter ici ses propres paroles, M. de Tocqueville, qui a épousé une autre petite-fille de M. de Malesherbes, m'a raconté que cet homme admirable, la veille de sa mort, lui dit : « Mon ami, si vous avez des enfants, « élevez-les pour en faire des chrétiens; il n'y a que «cela de bon. »

Ainsi, ce fidèle serviteur avoit profité de la leçon de son auguste maître. Le roi captif, en le chargeant d'aller lui chercher un prêtre non assermenté, lui avoit dit : « Mon ami, la religion console tout « autrement que la philosophie. »

M. de Malesherbes ne manqua pas de consolations religieuses à ses derniers moments. Il y avoit quelques prêtres, condamnés comme lui, sur le tombereau qui le conduisit au lieu de l'exécution. La tolérance philanthropique avoit trouvé ce moyen de donner des confesseurs aux chrétiens qu'elle envoyoit au supplice.

Mettons d'accord les deux opinions : que la philosophie réclame la première partie de la vie de M. de Malesherbes; la religion se contentera de la dernière.

Quand M. le comte de Boissy-d'Anglas affirme encore que M. de Malesherbes eût approuvé la loi des élections, cela paroît un peu extraordinaire : la loi des élections n'avoit que faire ici. M. de Malesherbes est mort victime des opinions démocratiques : fouiller dans son tombeau pour y découvrir un suffrage favorable à ces opinions, ce n'est peut-être pas là qu'on pouvoit espérer le trouver. S'il n'étoit oiseux de rechercher ce qu'eût été M. de Malesherbes, en supposant qu'il eût vécu jusqu'à la restauration, j'aurois sur ce point des idées bien différentes de celles de M. de Boissy-d'Anglas. Il y a deux modérations : l'une est de l'impuissance, l'autre est de la force : avec la première on ne peut marcher ; avec la seconde on s'arrête quand on veut ; avec l'une tout fait peur ; avec l'autre on est sans crainte. M. de Malesherbes possédoit cette dernière et précieuse modération. Il n'auroit jamais été retenu par le cri éternel des médiocres et des pusillanimes : « Vous allez trop loin. » Il eût donc été un ardent et zélé royaliste. Il eût voté, comme son collègue M. de Sèze, contre la loi des élections ; les principes ministériels lui auroient paru funestes, et, rangé par cette raison dans la classe des *exclusifs*, il eût grossi la liste des destitués pour services rendus à la cause royale.

M. de Malesherbes fut un homme à part au milieu de son siècle. Ce siècle, précédé des grandeurs de Louis XIV et suivi des crimes de la révolution, disparoît comme écrasé entre ses pères et ses fils. Le règne de Louis XV est l'époque la plus misérable de notre histoire ; quand on en cherche les personnages, on est réduit à fouiller les antichambres de M. le duc de Choiseul, ou les salons de madame d'Épinay et de madame Geoffrin. La société entière se décomposoit : les hommes d'État devenoient des gens de lettres, les gens de lettres des hommes d'État, les grands seigneurs des banquiers, et les fermiers-généraux de grands seigneurs. Les modes étoient aussi ridicules que les arts étoient de mauvais goût; et l'on peignoit des bergères en paniers dans les salons où les colonels brodoient au tambour. Et comme pourtant ce peuple françois ne peut jamais être tout-à-fait obscur, il gagnoit encore la bataille de Fontenoy, pour empêcher la prescription contre la gloire, et Montesquieu, Voltaire, Buffon et Rousseau écrivoient pour maintenir nos droits au génie.

Notre célébrité se réfugia particulièrement dans les lettres; mais il en résulta un autre mal. Les auteurs pullulèrent; on devint fameux avec un gros dictionnaire ou avec un quatrain dans l'*Almanach des Muses;* Dorat et Diderot eurent leur culte. Les poëtes chantoient le temps des *cinq maîtresses*, et détruisoient les mœurs; les philosophes bâtissoient l'*Encyclopédie* et démolissoient la France.

Toutefois, des figures respectables se montroient dans les arrière-plans du tableau. Elles appartenoient presque toutes à l'ancienne magistrature. Quelques-unes de nos familles de robe retraçoient, par la naïveté de leurs mœurs, ces temps où Henri III, venant visiter le président de Thou, s'asseyoit, faute de chaise, sur un coffre. M. de Malesherbes conservoit la science, la probité, la bonhomie et la bonne humeur des anciens jours. On raconte mille traits de sa distraction et de sa simplicité. Il rioit souvent: son visage étoit aussi gai que sa conscience étoit sereine. Au premier abord, on auroit pu le prendre pour un homme commun, mais on découvroit bientôt en lui une haute distinction : la vertu porte écrite sur son front la noblesse de sa race. Ce qui prouve le charme et la supériorité de M. de Malesherbes, c'est qu'il conserva ses amis dans les jours de ses succès. Or, le plus grand effort de l'amitié n'est pas de partager nos infortunes, c'est de nous pardonner nos prospérités. Si M. de Malesherbes ne fit que passer dans les affaires, c'est qu'on ne parvient point au pouvoir avec une réputation faite, ou que du moins on n'y reste pas long-temps. Il n'y a que la médiocrité ou le mérite inconnu qui puissent monter et rester aux premières places.

Deux mots échappés à M. de Malesherbes peignent admirablement sa magnanimité. Lorsque le roi fut conduit à la Convention, M. de Malesherbes ne lui parloit qu'en l'appelant *sire* et *votre majesté*. Treilhard l'entendit, et s'écria furieux : « Qui vous « rend si hardi de prononcer ici des mots que la « Convention a proscrits ? » — « Mon mépris pour « vous et pour la vie, » répondit M. de Malesherbes.

Le roi demandoit un jour à son vieil ami comment il pouvoit récompenser MM. de Sèze et Tronchet. « J'ai songé à leur faire un legs, disoit l'infor- « tuné monarque, mais le paieroit-on ? » — « Il est « payé, sire, répondit M. de Malesherbes : vous les « avez choisis pour défenseurs. »

Dans ma jeunesse, j'avois formé le projet de découvrir par terre, au nord de l'Amérique septentrionale, le passage qui établit la communication entre le détroit de Behring et les mers du Groënland. M. de Malesherbes, confident de ce projet, l'adoptoit avec toute la chaleur de son caractère. Je me souviens encore de nos longues dissertations géographiques. Que de choses il me recommandoit! que de plantes je devois lui rapporter pour son jardin de Malesherbes! Je n'ai pas eu le bonheur de l'orner, ce jardin, où l'on voyoit:

> Un vieillard tout semblable au vieillard de Virgile,
> Homme égalant les rois, homme approchant des dieux,
> Et, comme ces derniers, satisfait et tranquille.

Mais les beaux cèdres que ce vieillard a plantés, et qui ont grandi comme sa renommée, sont aujourd'hui religieusement cultivés par mon neveu, son filleul et son arrière-petit-fils. C'est avec un plaisir mêlé d'un juste orgueil que je trouve ainsi mon nom uni, dans la retraite d'un sage, au nom de M. de Malesherbes. Si, comme ce nom immortel, le mien ne représente pas la gloire, comme ce même nom du moins il rappellera la fidélité.

PANORAMA DE JÉRUSALEM.

Avril 1819.

M. Prévôt a pris la vue de Jérusalem du haut du couvent de Saint-Sauveur. On découvre de ce point la ville entière et le cercle presque complet de l'horizon. Cet horizon embrasse, à l'orient et au midi, le chemin de Bethléem, les montagnes d'Arabie, un coin de la mer Morte et la montagne des Oliviers; au nord et à l'ouest, les montagnes de Sichem ou de Naplouse, le chemin de Damas, et les montagnes de Judée sur la route de Jaffa.

Tous ces lieux, ainsi que les plus petits détails de Jérusalem, sont décrits dans l'*Itinéraire*, et peuvent servir d'explication au Panorama. Qu'il me soit permis seulement de rappeler le tableau général de la ville, en priant le lecteur d'observer deux choses :

1° Mon point de vue, pris de la montagne des Oliviers, est conséquemment tout juste à l'opposé du point de vue de M. Prévôt : dans le Panorama, la montagne des Oliviers est en face; dans ma description, c'est Jérusalem qu'on a devant soi.

2° Je me trouvois en Judée au mois d'octobre; le soleil étoit ardent; les cieux *étoient devenus d'airain;* les montagnes étoient arides, sèches et brûlées. M. Prévôt a vu Jérusalem en hiver, par un temps pluvieux et sombre, ce qui convient également à la tristesse du site et des souvenirs. A ces petites différences près, les deux tableaux ont l'air d'avoir été calqués l'un sur l'autre. Voyez donc la description extraite de l'*Itinéraire*.

Telle est aujourd'hui Jérusalem, et telle la représente le Panorama. Compagnon naturel de tous les voyageurs, m'associant en pensée à leurs périls et à leurs travaux, j'admire trop les arts, j'aime trop les muses pour ne pas me faire un devoir de recommander à la France les talents qui la peuvent honorer. Soyons reconnoissants envers l'homme courageux qui a immolé à son art sa santé, son repos et sa fortune. Ce n'est encore là que le moindre des sacrifices de M. Prévôt : il a eu le malheur de perdre son neveu. Ce jeune peintre, de la plus belle espérance, vrai martyr des arts, est mort à la vue de la Grèce, et son corps a été abandonné aux flots de cette mer qui baigne la patrie d'Apelles. Ainsi toutes les peines sont pour les voyageurs, tous les plaisirs pour nous qui profitons du voyage : nous allons au bout de la terre sans quitter notre patrie. Après tout, c'est toujours là qu'il en faut revenir ; et, quand on a vu toutes les villes du monde, on trouve encore que celles de son pays sont les plus belles : c'étoit l'opinion de Montaigne.

« Je responds, dit-il, ordinairement à ceux qui
« me demandent raison de mes voyages : Je sais
« bien ce que je fuis, mais non pas ce que je cher-
« che. Si on me dit que, parmy les estrangers, il y
« peut avoir aussi peu de santé, et que leurs mœurs

« ne sont pas mieux nettes que les nostres, je res-
« ponds que c'est tousjours gain de changer un mau-
« vais estat à un estat incertain, et que les maux
« d'autruy ne nous doivent pas poindre comme les
« nostres. Je ne veux pas oublier cecy : que je ne
« me mutine jamais tant contre la France que je
« ne regarde Paris de bon œil : elle a mon cœur
« dès mon enfance, et m'en est advenu comme des
« choses excellentes. Plus j'ay veu depuis d'autres
« villes belles, plus la beauté de cette cy peut et
« gaigne sur mon affection. Je l'ayme tendrement
« jusques à ses verrues et à ses taches. Je ne suis
« François que par cette grande cité, grande en
« peuples, grande en félicité de son assiette, mais
« surtout grande et incomparable en variété et di-
« versité de commodités, la gloire de la France et
« l'un des plus nobles ornements du monde. Dieu
« en chasse loin nos divisions ! »

SUR

LE VOYAGE AU LEVANT

DE M. LE COMTE DE FORBIN.

Mai 1819.

M. le comte de Forbin, dans son *Voyage au Levant,* réunit le double mérite du peintre et de l'écrivain : l'*ut pictura poesis* semble avoir été dit pour lui. Nous pouvons affirmer que, dessinés ou écrits, ses tableaux joignent la fidélité à l'élégance. Nous avons vu quelques lieux qu'il n'a point visités, comme Sparte, Rhodes et Carthage; mais il a parcouru à son tour des ruines qui ont échappé à nos observations, telles que celles de Césarée, d'Ascalon et de Thèbes. A cela près, notre course, quasi la même, a été accomplie dans le même espace de temps. Plus heureux que nous seulement, M. le comte de Forbin avoit un pinceau pour peindre; et nous, nous n'avions qu'un crayon : un roi légitime lui a donné de grands vaisseaux pour le transporter en haute mer; et nous, nous possédions à peine la petite barque d'Horace pour raser la terre, *biremis præsidio scaphæ.* Nous sommes forcé d'envier au voyageur jusqu'au château dont il s'est défait pour subvenir aux frais de la route : quant à nous, on avoit eu soin de ne nous laisser à vendre que nos coquilles de pèlerin.

M. le comte de Forbin s'embarqua à Toulon le 22 août 1817, sur la division navale composée de la frégate *la Cléopâtre*, de la corvette *l'Espérance*, des gabarres *la Surveillante* et *l'Active*. Il avoit pour compagnons de voyage : M. l'abbé de Janson, missionnaire, M. Huyot, architecte, M. Prévôt, auteur de beaux Panoramas, et l'infortuné M. Cochereau, peintre et neveu de M. Prévôt. La flotte se trouva le jour de la Saint-Louis à la vue de la côte de Tunis. « M. l'abbé de Janson célébra la messe sur le gaillard « d'arrière. Vingt et un coups de canon et des cris « de *vive le roi!* saluèrent le rivage où saint Louis « rendit à Dieu sa grande âme. Ce noble souvenir « frappa tout l'équipage. Quel rapprochement, en « effet, quel spectacle que celui de ce désert qui fut « jadis témoin du deuil des lis, et qui conserve au- « jourd'hui les ruines de Carthage [1] ! »

Otez la religion de ce beau tableau, que restera-t-il? Quelques ruines muettes et la poussière d'un roi.

Le 30 août, près la côte de Cérigo, mourut le jeune Cochereau, qui *avoit entrepris le voyage plein de joie et d'ardeur* [2]. Dans les projets de la vie on oublie trop facilement cet accident de la mort qui abrége tous les projets. C'est pourquoi les hommes ont raisonnablement fixé la patrie au lieu de la naissance, et non pas à celui de la mort, toujours incertain :

Lyrnessi domus alta, solo Laurente sepulcrum.

---

[1] *Voyage dans le Levant*, pag. 5.   [2] *Idem*, pag. 6.

Les voyageurs débarquent à Milo, où M. Huyot eut le malheur de se casser la jambe. M. le comte de Forbin, demeuré seul avec M. Prévôt, se hâta d'aller visiter Athènes.

Il faut lire la description d'Athènes dans le Voyage. M. le comte de Forbin peint avec une expression heureuse ces ouvrages de Périclès, que nous avons nous-même tant admirés. « Chacun d'iceux, dit « Plutarque, dès lors qu'il fut parfait, sentoit déjà « son antique quant à la beauté; et néanmoins, quant « à la grâce et vigueur, il semble jusques aujourd'hui « qu'il vienne tout fraîchement d'être fait et parfait, « tant il y a ne sais quoi de florissante nouveauté, « qui empêche que l'injure du temps n'en empire la « vue, comme si chacun desdits ouvrages avoit au « dedans un esprit toujours rajeunissant, et une « âme non jamais vieillissante, qui les entretînt en « cette vigueur. »

Le voyageur rencontra à Athènes notre ancien hôte, M. Fauvel, si digne de faire les honneurs de la Grèce. Nous voyons aussi que l'archevêque d'Athènes alloit marier son neveu à la sœur de l'agent de France de Zéa. Cet agent est apparemment le fils de ce pauvre M. Pengali qui se mouroit de la pierre lorsque nous passâmes dans son île, et qui n'en marioit pas moins une des quatre demoiselles Pengali, lesquelles chantoient en grec, *Ah! vous dirai-je, maman*, pour nous adoucir les regrets de la patrie. Le fils de M. Pengali nous a écrit depuis la restauration; il nous avoit connu persécuté par Buonaparte pour notre attachement à la famille des Bourbons, il se figuroit que nous devions être tout-puissant sous le roi. Nous nous sommes bien donné de garde de solliciter la faveur qu'il demandoit auprès des ministres de sa majesté : nous aurions craint de faire destituer ce pauvre vice-consul, pour nous avoir jadis reçu, par la volonté des dieux, dans la maison de Simonide.

M. le comte de Forbin nous apprend encore, au sujet d'Athènes, que le docteur Avramiotti a écrit en grec une brochure contre nous. Est-ce qu'il y a des ministériels à Athènes? S'ils sont pour Périclès, nous passons de leur côté; mais s'ils sont pour Hyperbolus ou pour Critias, nous restons dans l'opposition. Nous ignorons ce que nous avons fait au docteur Avramiotti : nous le citons dans l'*Itinéraire* avec toute sorte de considération. Se seroit-il fâché parce que nous avons dit qu'il sembloit un peu fatigué de notre visite ? Cela pourtant étoit tout simple : nous devions être très ennuyeux. Nous sommes donc aujourd'hui la fable et la risée d'Argos ? Nous tâcherons de nous en consoler, en songeant que depuis le temps de Clytemnestre on a tenu bien de mauvais propos dans cette ville.

Le voyageur se rembarque et poursuit sa course vers le Bosphore. Il voit en passant le cap Sunium, où nous nous arrêtâmes, prêt à quitter la Grèce. Arrivé à Constantinople, il se rend chez l'ambassadeur de France « Les nobles qualités de M. de « Rivière m'étoient connues, dit-il; mais je décou- « vris en lui chaque jour de plus hautes vertus sous « les formes les plus franches et les plus aimables. »

Nous n'eûmes point le bonheur de rencontrer M. de Rivière à Constantinople ; mais nous y fûmes reçu par M. le général Sébastiani avec une hospitalité que nous nous sommes plu à reconnoître, et que le changement des temps ne peut ni ne doit nous faire oublier.

Nous avons beaucoup de descriptions de Constantinople : il y en a peu qu'on puisse comparer, pour l'originalité et la parfaite ressemblance, à celle que l'on trouve dans le *Nouveau Voyage du Levant;* nous ne pouvons résister au plaisir de la transcrire :

« J'ai vu dans cette ville singulière, dit le voya-
« geur, des palais d'une admirable élégance, des
« fontaines enchantées, des rues sales et étroites,
« des baraques hideuses et des arbres superbes.
« J'ai visité Sandalbezestan, Culchilarbezestan, où
« se vendent les fourrures. Partout le Turc me cou-
« doyoit, le Juif se prosternoit devant moi, le Grec
« me souriot, l'Arménien vouloit me tromper, les
« chiens me poursuivoient, et les tourterelles ve-
« noient avec confiance se poser sur mon épaule ;
« partout enfin on dansoit et on mouroit autour de
« nous. J'ai entrevu les mosquées les plus célèbres,
« leurs parvis, leurs portiques de marbre soutenus
« par des forêts de colonnes, et rafraîchis par des
« eaux jaillissantes. Quelques monuments mysté-
« rieux, restes de la ville de Constantin, noircis,
« rougis par les incendies, sont cachés dans des
« maisons peintes, bariolées et souvent à demi brû-
« lées. Les figures, les costumes, les usages, offrent

« partout le spectacle le plus pittoresque, le plus
« varié. C'est Tyr, c'est Bagdad, c'est le grand mar-
« ché de l'Orient[1]. »

De Constantinople, M. le comte de Forbin descend à Smyrne, où il retrouve M. Huyot chez les Pères de la Mission, « à qui, dit le voyageur, cet « artiste doit incontestablement la vie. » On passe de Smyrne aux ruines d'Éphèse, dont la description est un des plus beaux morceaux du *Voyage*.

« Je parvins, dit M. de Forbin, avec assez de diffi-
« culté, par une journée brûlante, jusqu'à la vaste
« enceinte du temple de Diane. L'ensemble paroît
« être de la grandeur du Louvre et des Tuileries,
« en y comprenant le jardin.............
« A la vue de ces constructions gigantesques, il est
« aisé de concevoir les dépenses qu'elles coûtèrent
« à tous les peuples de la Grèce et de l'Asie. On
« rencontre, derrière le temple de Diane, un mo-
« nument circulaire orné de colonnes; un autre, de
« forme carrée, et au milieu un emplacement dont
« le pavé étoit de marbre. Un édifice assis sur des
« souterrains est entièrement tombé. Ces ruines
« composent un grand monticule entouré de plu-
« sieurs autres, tous formés des débris portant la
« merveilleuse empreinte du goût exquis des Grecs,
« à l'époque brillante de leur puissance, de leurs
« succès dans tous les genres.

« Quel sujet d'émotions plus profondes que celui
« de cette grande destruction ! Quelle terrible et

---

[1] *Voyage dans le Levant*, pag. 44.

« singulière leçon que cette promenade d'une lieue
« où l'on marche sans cesse sur les décombres, où
« des matériaux d'une admirable richesse couvrent
« des plaines, des montagnes, des vallées, n'offrant
« d'asile qu'aux loups et à de nombreux sangliers !
« La porte de la Persécution est un monument en
« marbre, construit des arrachements et des restes
« d'édifices postérieurs, elle me rappela les monu-
« ments romains. . . . .
« Le dernier tremblement de terre a renversé cette
« porte, qui étoit si bien conservée lorsque je la
« dessinai. On marche pendant un quart de lieue
« sur un terrain couvert d'un épouvantable chaos
« de pierres et de marbres amoncelés, empilés :
« frises, frontons, architraves, métopes, statues,
« tout ce qui charmoit autrefois les yeux par sa ré-
« gularité et sa perfection, les effraie aujourd'hui
« par la confusion de ses débris.

« Je suivis un aquéduc qui réunit dans les mon-
« tagnes les eaux des sources les plus abondantes :
« il les amène encore ; mais personne ne va s'y désal-
« térer. Cette rivière, portée sur des murs élevés,
« rencontre enfin une brèche chargée de vignes sau-
« vages : elle tombe alors en cascade, et sa nappe
« limpide se brise sur les dômes des ruines et des
« bains turcs.

« Les siècles les plus reculés et les âges de barbarie
« ont écrit leurs annales dans ce lieu des regrets,
« des hautes réflexions, où tout parle si noblement
« de la mort. . . . .
« . . . .

« L'aspect général d'Éphèse me rappeloit celui
« des marais Pontins. A l'heure où le soleil descen-
« doit dans la mer, l'harmonie des lignes, la vapeur
« chaude des lointains, le voile de cette heure mysté-
« rieuse, formoient un ensemble touchant et mélan-
« colique, supérieur aux plus beaux paysages de
« Claude Lorrain. Peut-être un jour, me disois-je,
« un homme des Florides viendra-t-il visiter ainsi
« les ruines de ma patrie, et, comme dans Éphèse,
« quelques noms seuls demeureront debout au mi-
« lieu de la poussière des marbres et de la cendre
« du cèdre et de l'airain. Je me rappellerai long-
« temps l'impression douce et triste de cette soirée :
« les échos, cachés dans des conduits profonds, répé-
« toient alors les moindres bruits : le frémissement
« du vent dans les bruyères ressembloit à des cla-
« meurs souterraines ; l'imagination croyoit entendre
« les derniers sons de l'hymne des prêtres de Diane,
« ou les chants des premiers chrétiens autour de
« l'apôtre d'Éphèse[1]. »

D'Éphèse on arrive à Saint-Jean-d'Acre ; on suit
le voyageur à Césarée, à Jaffa, à Jérusalem, à la
mer Morte, au Jourdain ; on revient avec lui à Jaffa ;
on l'accompagne avec le plus vif intérêt à Ascalon
et dans le désert qu'il traverse pour se rendre
à Damiette ; on remonte le Nil avec lui jusqu'au
Caire, de là jusqu'à Thèbes, où se termine sa course
comme arrêtée par des monceaux de ruines. L'É-
gypte ressemble à ses colosses, renversée dans le

---

[1] *Voyage dans le Levant*, pag. 60 et suiv.

sable, l'œil du voyageur, qui n'auroit pu l'embrasser tandis qu'elle étoit debout, en mesure avec étonnement les proportions gigantesques et les énormes débris. On remarque un contraste singulier dans les monuments égyptiens : immenses en dehors, en dedans leurs dimensions sont resserrées. Dans ce vaste tombeau qui semble écraser la terre, dans cette haute pyramide qu'on aperçoit à quinze lieues de distance, on ne peut entrer qu'en se courbant. Tandis que sa masse indestructible annonce extérieurement la grandeur et l'immortalité du génie, sa capacité intérieure offre à peine la place d'un petit cercueil : ainsi ce tombeau semble faire le partage exact des deux natures de l'homme.

C'est avec un charme particulier qu'en parcourant les tableaux de M. le comte de Forbin, nous reconnoissons dans ces personnages nos anciens hôtes, ces vertueux Pères de Terre-Sainte, encore plus malheureux aujourd'hui qu'ils ne l'étoient lorsqu'ils nous reçurent dans toute la charité évangélique. Nous avons revu, non sans attendrissement, le nom du père Clément Perez et celui du bon père Munoz au cœur *limpide e bianco;* nous nous sommes réjoui en apercevant que M. Drovetti occupe une place auprès du pacha d'Égypte; mais puisqu'il devoit adopter une patrie étrangère, nous aurions mieux aimé que celle qu'il a si honorablement servie l'eût reconnu pour son enfant. Homère étoit bien heureux. Lui donnoit-on l'hospitalité, il mettoit le nom de son hôte dans ses ouvrages, et voilà *son* hôte immortel : nous autres obscurs voyageurs nous ne pouvons payer les soins qu'on a pris de nous que par une stérile reconnoissance.

Nous sommes obligé d'abréger les citations de l'ouvrage de M. le comte de Forbin, parce qu'il faudroit trop citer; mais nous recommandons particulièrement aux lecteurs les descriptions d'Ascalon et de Césarée, de ces deux villes encore debout, mais sans habitants, telles que le prophète nous représente Jérusalem assise dans la solitude, ou le port de Tyr battu par une mer sans vaisseaux. On verra avec plaisir la touchante histoire d'Ismayl et de Maryam. Parmi les dessins il faut remarquer celui de la mosquée d'El-Haram, et une vue de Jérusalem prise de la vallée de Josaphat. En véritable peintre, M. le comte de Forbin a saisi le moment d'un orage, et c'est à la lueur de la foudre qu'il nous montre la cité des miracles. Il nous pardonnera de rappeler quelques lignes de l'*Itinéraire*, qui nous serviront à décrire son tableau : « L'aspect « de la vallée de Josaphat est désolé : le côté occi- « dental est une falaise de craie qui soutient les « murs gothiques de la ville, au-dessus desquels « on aperçoit Jérusalem; le côté oriental est formé « par la montagne des Oliviers et par la montagne « du Scandale. . . . . « Les pierres du cimetière des Juifs se montrent « comme un amas de débris au pied de la mon- « tagne. . . . . A la tristesse de « Jérusalem, dont il ne s'élève aucune fumée, dont « il ne sort aucun bruit; à la solitude des mon- « tagnes où l'on n'aperçoit pas un être vivant; au

« désordre de toutes ces tombes fracassées, brisées,
« demi-ouvertes, on diroit que la trompette du ju-
« gement s'est déjà fait entendre, et que les morts
« vont se lever dans la vallée de Josaphat. »

On ne sauroit trop louer le voyageur d'avoir porté dans la Terre-Sainte des sentiments graves : avec un esprit de doute et de moquerie il n'auroit rien vu, et il auroit tout défiguré. Nous admirons le grand *Voyage d'Égypte;* nous rendons hommage aux gens de lettres et aux artistes qui l'ont exécuté ; mais nous souffrons quand nous voyons commenter les livres de Moïse avec une assurance qui fait de la peine, pour peu qu'on ait quelque connoissance des langues originales. Expliquer la colonne de nuée et de feu qui conduisoit les Hébreux dans le désert, *par un réchaud cylindrique dans lequel on entretient un feu vif et brillant, en y brûlant des morceaux très secs de sapin,* n'est-ce pas une imagination un peu trop philosophique ? L'auteur a-t-il trouvé l'histoire de ce réchaud dans quelque antique manuscrit arraché au tombeau d'Osymandué ? Non : il s'appuie de l'autorité du XXIVe numéro d'un journal intitulé *le Courrier de l'Égypte*, imprimé au Caire, où Buonaparte avoit établi la liberté de la presse pour les Arabes. On nous permettra de nous en tenir à la version du Pentateuque. Le texte ne dit point du tout un *réchaud,* mais une *nuée;* nous ne voulons pas citer de l'hébreu. Les Septante et la Vulgate traduisent exactement.

Heureusement il s'en faut beaucoup que tous les Mémoires du magnifique *Voyage d'Égypte*

soient écrits dans le même esprit, témoin ce passage où M. de Rozière, ingénieur en chef au corps royal des mines, parle de l'expédition de saint Louis. « Alors, dit-il, la religion sincère, la foi chré-
« tienne touchante et sublime dans les grandes
« âmes, la brillante chevalerie ignorante et naïve,
« craignant le blâme plus que la mort, pleine de no-
« bles sentiments et d'illusions magnanimes, gui-
« doient, loin de leur pays, les enfants de la France. »
Voilà qui est beau, très beau. Quand on aspire à l'immortalité, c'est une grande avance que d'être chrétien.

L'ouvrage de M. le comte de Forbin achèvera de prouver qu'on peut faire aujourd'hui promptement et facilement ce qui demandoit autrefois beaucoup de temps et de fatigues. Un voyageur qui noliseroit un vaisseau à Marseille, et qui partiroit par les grands vents de l'équinoxe du printemps, pourroit jeter l'ancre à Jaffa le vingtième jour après son départ, et peut-être même plus tôt; le vingt et unième il seroit à Jérusalem; mettons huit jours pour voir les lieux saints, le Jourdain et la mer Morte, six semaines ou deux mois pour le retour : ce voyageur seroit donc revenu dans sa famille avant qu'on eût eu le temps de s'apercevoir de son absence. Qui n'a trois mois à sa disposition ? Il ne seroit pas plus long de se rendre chaque année à Athènes, à Thèbes, à Jérusalem, que d'aller passer l'été de châteaux en châteaux aux environs de Paris : on se délasseroit des jardins anglois dans le potager d'Alcinoüs.

Les François peuvent tirer un autre profit de leurs voyages; ils peuvent se convaincre, en parcourant le monde, qu'il n'y a rien de plus beau et de plus illustre que leur patrie. Ils ne sauroient faire un pas dans l'Orient sans retrouver partout les immortels souvenirs de leur race, depuis ces chevaliers qui régnèrent à Constantinople, à Sparte, à Antioche, à Ptolémaïs, qui combattirent à Ascalon et à Carthage, jusqu'à ces quarante mille voyageurs armés qui vainquirent aux Pyramides, et battirent des mains aux ruines de Thèbes. Cette armée, dont l'Arabe du désert raconte encore les hauts faits, vengea les chevaliers de la Massoure; mais elle ne releva point à Jérusalem les deux sentinelles françoises qui gardoient si fidèlement le Saint-Sépulcre : Godefroy de Bouillon et Baudouin son frère.

M. le comte de Forbin se montre partout bon François, et il doit quelques-unes de ses plus belles pages aux inspirations puisées dans l'amour de son pays. Le poëte de Smyrne promet des succès à ceux qui combattoient περὶ πάτρης, pour la patrie.

DE QUELQUES OUVRAGES

HISTORIQUES ET LITTÉRAIRES.

Octobre 1819.

L'EXCELLENT ouvrage de critique de M. Dussault (*Annales littéraires*) nous fournit l'année dernière l'occasion de rappeler une partie de la gloire de la France, trop oubliée de nos jours. Du milieu des agitations politiques, nous allons encore cette année jeter un regard sur le paisible monde des muses, que nous regrettons de ne plus habiter. Cependant, pour goûter le repos des lettres, deux choses sont nécessaires : se compter pour rien et les autres pour tout, être sans prétention et sans envie. Alors on jouit de son propre travail comme d'une occupation qui remplit la vie sans la troubler : l'admiration que l'on n'a pas pour soi, on la garde entière pour les autres; on s'enchante d'un beau livre dont on n'est pas l'auteur; on a le plaisir du succès sans en avoir eu la peine. Y a-t-il une jouissance plus pure que d'environner les talents des hommages qu'ils méritent, que de les signaler, de les faire sortir de la foule, et de forcer l'opinion publique à leur rendre la justice qu'elle leur refuse peut-être ?

Examinons quelques-uns des ouvrages nouvellement publiés, et que l'amour des lettres nous console un moment des haines politiques.

Les premières annales des peuples ont été écrites en vers. Les muses se chargent de raconter les mœurs des nations, tant que ces mœurs sont héroïques et innocentes; mais lorsque les vices et la politique surviennent, ces filles du ciel abandonnent le récit de nos erreurs au langage des hommes. Les ouvrages historiques se multiplient de nos jours, et force nous est de les produire, car l'histoire se plaît dans les révolutions : il lui faut des malheurs pour juger sainement les choses; quand les empires sont debout, sa vue ne peut atteindre leur hauteur; elle n'apprécie l'étendue du monument que lorsqu'elle en peut mesurer les ruines.

L'*Histoire du Béarn* mérite de fixer l'attention des lecteurs; elle renferme dans un excellent volume tout ce que Froissart, Clément, de Marca, Auger-Gaillard, Chappuis, de Vic et dom Vaissette nous ont appris sur les devanciers et sur la patrie d'Henri IV. Ce petit modèle de goût et de clarté n'a pas la majesté historique, mais il a tout le charme des Mémoires : c'est un ouvrage posthume de M. de Baure. L'historien dont les travaux sont destinés à ne paroître qu'après sa mort, doit inspirer de la confiance. Quel intérêt auroit-il à se porter en faux témoin au tribunal de la postérité? Voué en secret à l'histoire comme à un sacerdoce redoutable, il n'attend de son vivant aucune récompense. Retranché, pour ainsi dire, derrière sa tombe, il s'y défend contre les passions des hommes, et déjà semble habiter ces régions incorruptibles où tout est vérité en présence de l'éternelle vérité.

L'ouvrage solide et important, connu sous le nom d'*Histoire de Venise*, fait grand honneur au beau-frère de M. de Baure. En voyant les monuments et les mœurs de l'Italie, on est tenté de croire que des peuples dont le passé est si sérieux, et le présent si riant, ont été formés par la philosophie d'Horace. D'une part silence et ruines, de l'autre chants et fêtes. Cela ne rappelle-t-il pas ces passages du poëte de Tibur : « Hâtons-nous de jouir.... Le temps fuit..... Il faudra quitter cette terre..... » *Carpe diem..... Fugaces labuntur anni..... Linquenda tellus....* et toutes ces maximes qui cherchent à donner au plaisir la gravité de la vertu ?

L'*Histoire de Venise* n'est peut-être pas sans quelques défauts, mais ces défauts tiennent plus à l'esprit du siècle qu'au bon esprit de l'auteur. On s'imagine aujourd'hui que l'impartialité historique consiste dans l'absence de toute doctrine, que l'historien doit rester impassible entre le vice et la vertu, le juste et l'injuste, la raison et l'erreur, le droit et le fait : c'est remonter à l'enfance de l'art, et réduire l'histoire à une table chronologique.

L'esprit moderne croit encore que certains faits religieux sont au-dessous de la dignité de l'histoire; et pourtant l'histoire, sans religion, ne peut avoir aucune dignité. Il ne s'agit pas de savoir si réellement Attila fut éloigné de Rome par l'intervention divine, mais si les chroniques du temps ont attesté le miracle. Le bras du Tout-Puissant arrêtant le ravageur du monde au pied de ce Capitole que ne défendent plus les Manlius et les Camille; le Fléau de Dieu reculant devant le prêtre de Dieu, n'est point un tableau qui déroge à la dignité de l'histoire. Ce sont là les mœurs ; il les faut peindre : et si vous ne les peignez pas, vous êtes infidèle. Toute l'antiquité a publié qu'une puissance surnaturelle dispersa les Gaulois aux portes du temple de Delphes. Thucydide, Xénophon, Tite-Live, Tacite, n'ont jamais manqué de raconter les prodiges que les dieux font pour la vertu, ou dont ils épouvantent le crime : l'histoire a cru, comme la conscience de Néron, qu'un bruit de trompettes sortoit du tombeau d'Agrippine.

Nous hasardons ces réflexions plutôt comme des doutes que comme des critiques. Nous cherchons à nous éclairer : nous ne saurions mieux nous adresser, pour obtenir les lumières qui nous manquent, qu'à l'auteur dont l'ouvrage nous occupe dans ce moment. Quelques autres observations nous resteroient à faire ; nous les supprimons dans la crainte d'être soupçonné par M. le comte Daru de n'avoir point oublié l'*Examen du Génie du Christianisme*. Nous ne nous en souvenons néanmoins que pour remercier l'aristarque de la justesse de ses critiques, et de l'indulgence de ses éloges.

Plus heureux ou plus malheureux que M. Daru, M. Royou a consacré ses études à sa patrie. Quand il raconte l'honneur, la fidélité, le dévouement de nos aïeux pour leurs souverains légitimes, on voit qu'il a trouvé dans son cœur les antiques documents de son histoire [1]. Cette loyauté de l'auteur répand un grand intérêt sur l'ouvrage, et il tire de son amour pour nos rois l'énergie que Tacite puisoit dans sa haine pour les tyrans. Au reste s'il fut jamais moment propre à écrire notre histoire, c'est celui où nous vivons. Placés entre deux empires, dont l'un finit et dont l'autre commence, nous pouvons avec un fruit égal porter nos yeux dans le passé et dans l'avenir. Il reste encore assez de monuments de la monarchie qui tombe pour la bien connoître, tandis que les monuments de la monarchie qui s'élève nous offrent, au milieu des ruines, le spectacle d'un nouvel univers. Plus tard, les traditions seront effacées; un peuple récent foulera, sans les connoître, les tombes des vieux François, les témoins des anciennes mœurs auront disparu, et les débris même de l'empire de saint Louis, emportés par les flots du temps, ne serviront plus à remarquer le lieu du naufrage.

M. Petitot s'est chargé de recueillir une partie de ces débris précieux. Il veut nous donner la collection complète des *Mémoires relatifs à l'Histoire de France*, depuis le siècle de Philippe-Auguste jusqu'au commencement du dix-septième siècle.

---

[1] *Histoire de France, depuis Pharamond jusqu'à la vingt-cinquième année du règne de Louis XIV.*

Cette collection avoit déjà été entreprise. Commencée sur un mauvais plan, conduite avec peu de savoir, de critique et de soin, elle est en tout très inférieure à celle que M. Petitot publie aujourd'hui. Les deux derniers volumes de cette première collection parurent sous le règne de Buonaparte, et sont dédiés au prince Murat.

Toutefois, il eût été désirable que le nouvel éditeur eût travaillé sur un plan plus vaste. Pourquoi ne se seroit-il pas attaché à continuer, avec les autres savants qui s'en occupent, le *Recueil des Historiens* de dom Bouquet? Les Mémoires, et surtout les très anciens Mémoires, ne s'éloignent guère des histoires générales du même temps. Nous avouons que nous sentons peu la différence qui existe entre les Chroniques de Saint-Denis, celles de Flandre et de Normandie, entre les Chroniques de Froissart et de Monstrelet, et les Mémoires de Villehardouin et de Joinville. Il nous semble donc qu'au lieu de faire deux classes des Histoires et des Mémoires, on devroit les réunir; c'est le même plan que l'on a suivi jusqu'ici pour les trois races, dans le grand Recueil de dom Bouquet. En effet, l'Histoire de Grégoire de Tours n'est pas autre chose que des Mémoires, puisqu'on y trouve mêlées les propres aventures de l'auteur et une foule d'anecdotes étrangères à l'histoire générale. Les Gestes de Dagobert, la Vie de Charlemagne par Éginhard, celle de Louis-le-Débonnaire par l'Anonyme *dit* l'Astronome, la Vie de Robert par Helgaud, de Conrad II par Vippon, de Philippe-Auguste par Riggord, sont autant de Mémoires particuliers. A commencer à l'époque des Mémoires françois, c'est-à-dire à l'époque où Villehardouin écrivoit, on auroit pu donner tour à tour un volume des chroniqueurs latins ; des Mémoires françois en prose, des Vies ou Chroniques en *carmes* ou vers. C'eût été encore rentrer dans le plan de dom Bouquet. Son recueil contient des extraits des grandes et petites Chroniques de Saint-Denis, des fragments des Chroniques de Normandie, des vers en latin du moyen-âge et en vieil allemand, tout aussi barbares que nos poëmes françois historiques. Ces poëmes sont, il est vrai, difficiles à dévorer; mais on y trouve bien des choses, et ils servent à éclairer des points obscurs de notre histoire. Par exemple, sans un poëme sur le combat des Trente, conservé à la Bibliothèque du Roi, nous ignorerions si les champions de ce fameux combat étoient *tous* à cheval, ou si les chevaliers bretons ne durent la victoire qu'à l'avantage qu'obtint Montauban, en combattant *seul* monté sur un coursier. Cela n'étoit guère probable : quand il s'agit d'honneur, on peut s'en fier aux Bretons. Mais enfin le fait étoit resté sans preuve. Un vers du poëme lève toutes les difficultés :

Et d'un côté et d'autre tous à cheval seront [1].

La Bretagne vient d'ériger un monument à la

---

[1] Nous possédons une copie de ce poëme. M. de Penhouet doit l'avoir publié dans un ouvrage sur les antiquités de la Bretagne.

mémoire de ses Trente Héros. On peut toujours dire des Bretons modernes combattant pour leur roi ce qu'on disoit de leurs ancêtres : *On n'a pas fait plus vaillamment depuis le combat des Trente.*

M. Petitot auroit été plus capable qu'un autre d'enrichir un grand travail de savantes préfaces à la manière des Baluze et des Bignon sur les lois des Francs et sur les capitulaires ; des Pithou, des Duchesne, des dom Bouquet, des Valois, des Mabillon sur nos historiens ; des de Laurière, des Secousse, des Vilevaut, des Bréquigny et des Pastoret, sur les ordonnances de nos rois.

Les nouveaux volumes publiés par M. Petitot achèvent l'histoire de Du Guesclin, et contiennent les charmants Mémoires de Boucicaut. *Christine de Pisan*, qui avoit précédé ces derniers Mémoires, est à la fois sèche et diffuse. L'éditeur a préféré les *Anciens Mémoires de Du Guesclin*, écrits par Le Febvre, à tous les autres. Il a peut-être eu raison en ce sens qu'ils sont les plus complets ; mais ils sont pour ainsi dire modernes, et ils n'ont pas la naïveté de l'*Histoire de Messire Bertrand Du Guesclin, escrite en prose à la requeste de Jean d'Estourville, et mise en lumière par Claude Mesnard.* C'est là qu'on voit, dit Mesnard, *une âme forte, nourrie dans le fer, et pétrie sous des palmes.*

Cette histoire de Du Guesclin nous fait souvenir qu'en bon Breton nous avons plusieurs fois été tenté d'écrire la vie du bon connétable. Notre dessein de travailler sur l'Histoire générale de France nous a fait abandonner cette idée. Ensuite l'histoire vivante est venue nous arracher à l'histoire morte. Comment s'occuper du passé quand on n'a pas de présent ?

SUITE.

Décembre 1819.

APRÈS avoir traité de l'histoire, il conviendroit de parler des sciences; mais nous manquons de ce courage, si commun aujourd'hui, de raisonner sur des choses que nous n'entendons pas. Dans la crainte de prendre le Pirée pour un homme, nous nous abstiendrons. Néanmoins nous ne pouvons résister à l'envie de dire un mot d'un ouvrage de science que nous avons sous les yeux. Il est intitulé : *De l'Auscultation médiate*. Au moyen d'un tube appliqué aux parties extérieures du corps, notre savant compatriote breton, le docteur Laënnec, est parvenu à reconnoître, par la nature du bruit de la respiration, la nature des affections du cœur et de la poitrine. Cette belle et grande découverte fera époque dans l'histoire de l'art. Si l'on pouvoit inventer une machine pour entendre ce qui se passe dans la conscience des hommes, cela seroit bien utile dans le temps où nous vivons. « C'est dans son génie que « le médecin doit trouver des remèdes, » a dit un autre médecin dans ses ingénieuses *Maximes*; et l'ouvrage du docteur Laënnec prouve la justesse de cette observation. Nous pensons aussi, comme *l'Ecclésiastique*, « que toute médecine vient de « Dieu, et qu'un bon ami est la médecine du

« cœur. » Mais retournons aux choses de notre compétence.

M. de Bonald et M. l'abbé de La Mennais nous ont donné, dans le cours de cette année, le premier, des *Mélanges philosophiques, politiques et littéraires;* le second, des *Réflexions sur l'état de l'Église de France.* Nommer ces deux hommes supérieurs, c'est en faire l'éloge. Les royalistes, qui les comptent avec orgueil dans leurs rangs, les présentent à leurs amis et à leurs ennemis. Ils prouvent l'un et l'autre que les vrais talents sont presque toujours du côté de la vertu, et que la probité est une partie essentielle du génie.

On publie dans ce moment une édition complète des OEuvres de madame de Staël. Le temps où l'auteur de *Corinne* sera jugé avec impartialité n'est pas encore venu. Pour nous, que le talent séduit, et qui ne faisons point la guerre aux tombeaux, nous nous plaisons à reconnoître dans madame de Staël une femme d'un esprit rare; malgré les défauts de sa manière, elle ajoutera un nom de plus à la liste de ces noms qui ne doivent point mourir. Quand on a connu la fille de M. Necker, et toutes les agitations dont elle remplissoit sa vie, combien on est frappé de la vanité des choses humaines! Que de mouvement pour tomber dans un repos sans fin! que de bruit pour arriver à l'éternel silence! Madame de Staël rechercha peut-être un peu trop des succès qu'elle étoit faite pour obtenir sans se donner tant de peines. Fi de la célébrité, s'il faut courir après elle! Le bonhomme La Fontaine traita la gloire comme il conseille de traiter la fortune, il l'attendit en dormant, et la trouva le matin assise à sa porte.

Pour rendre madame de Staël plus heureuse, et ses ouvrages plus parfaits, il eût suffi de lui ôter un talent. Moins brillante dans la conversation, elle eût moins aimé le monde, qui fait payer cher les plaisirs qu'il donne, et elle eût ignoré les petites passions de ce monde. Ses écrits n'auroient point été entachés de cette politique de parti qui rend cruel le caractère le plus généreux, faux le jugement le plus sain, aveugle l'esprit le plus clairvoyant; de cette politique qui donne de l'aigreur aux sentiments et de l'amertume au style, qui dénature le talent, substitue l'irritation de l'amour-propre à la chaleur de l'âme, et remplace les inspirations du génie par les boutades de l'humeur.

Ce n'est pas sans un sentiment pénible que nous retrouvons cette politique dans un dernier ouvrage de M. Ballanche. Cet ouvrage, qui n'est qu'un simple dialogue entre un vieillard et un jeune homme, a quelque chose dans le style et dans les idées, de calme, de doux et de triste. Le début rappelle celui de la *République*, ou plutôt des *Lois* de Platon. Que l'auteur d'*Antigone* s'abandonne désormais à ses penchants naturels; qu'il apprécie mieux les trésors qu'il possède, et qu'il répande dans ses écrits la sérénité, la candeur, la tranquillité de l'âme : *O fortunatos..... sua si bona norint!* Qu'il nous laisse à nous, tristes enfants des orages, le soin d'agiter ces questions d'où sortent à peine quelques vérités arides ; vérités qui souvent ne valent pas les agréables mensonges de ces romans dont nous allons parler.

ROMANS.

Les peuples commencent par la poésie, et finissent par les romans : la fiction marque l'enfance et la vieillesse de la société. De tous les habitants de l'Europe, les François, par leur esprit et leur caractère, se prêtent le moins aux peintures fantastiques. Nos mœurs, qui conviennent aux scènes de la comédie, sont peu propres aux intrigues du roman, tandis que les mœurs angloises, qui se plient à l'art du roman, sont rebelles au génie de la comédie : la France a produit Molière, l'Angleterre Richardson. Faut-il nous plaindre ou nous féliciter de ne pouvoir offrir des personnages au romancier, et des modèles à l'artiste? Trop naturels pour les premiers, nous le sommes trop peu pour les seconds. Il n'y a guère que la mauvaise société dont on ait pu supporter le tableau dans les romans françois : *Manon Lescot* en est la preuve. Madame de La Fayette, Le Sage, J.-J. Rousseau, Bernardin de Saint-Pierre, ont été obligés, pour réussir, d'établir leurs théâtres, et de prendre leurs personnages hors de leur temps et de leur pays.

Il est possible que l'influence de la révolution change quelque chose à ces vérités générales. Nous remarquons, en effet, que la société nouvelle, à mesure qu'elle présente moins de sujets à la comédie, fournit plus de matériaux au roman : ainsi la Grèce passa des jeux de Ménandre aux fictions d'Héliodore.

Ces changements s'expliquent : lorsque la société bien organisée a atteint le dernier degré du goût, et le plus haut point de la civilisation, les vices, obligés de se cacher, forment avec les convenances du monde un contraste dont la comédie saisit le côté risible; mais lorsque la société se déprave, que de grands malheurs la font rétrograder vers la barbarie, les vices qui se montrent à découvert cessent d'être ridicules en devenant affreux : la comédie, qui ne peut plus les couvrir de son masque, les abandonne au roman pour les exposer dans leur nudité; car, chose singulière! les romans se plaisent aux peintures tragiques : tant l'homme est sérieux, même dans ses fictions!

Les romans du jour sont donc, en général, d'un intérêt supérieur à celui de nos anciens romans. Des aventures qui ont cessé d'être renfermées dans les boudoirs, des personnages que ne défigurent point les modes du siècle de Louis XV, captivent l'esprit par l'illusion de la vraisemblance. Les passions aussi sont devenues plus vraies à mesure que les mœurs, quoique moins bonnes, sont devenues plus naturelles : c'est ce que l'on sentira à la lecture du *Jean Sbogar* de M. Ch. Nodier, ou de l'épisode du beau *Voyage* de M. de Forbin, ou des *Mémoires d'un Espagnol*, ou du *Pétrarque* de Mme de Genlis.

Nous avons eu occasion d'examiner autrefois quelle a été l'influence du christianisme dans les lettres, et comment il a modifié nos pensées et nos sentiments. Presque toutes les fictions des auteurs modernes ont pour base une passion née des combats de la religion contre un penchant irrésistible. Dans *Lionel*, par exemple, cette espèce d'amour, inconnu à l'antiquité païenne, vient remplir la solitude où l'honneur a placé un François fidèle à son roi. Cet ouvrage, qui se fait remarquer par les qualités et les défauts d'un jeune homme, promet un écrivain de talent. Nous louerions davantage le modeste anonyme, si des critiques n'avoient cru devoir avancer qu'il s'est formé à ce qu'ils veulent bien appeler notre école. Nous ne pensons pas que la chose soit vraie; mais, en tous cas, nous inviterions l'auteur de *Lionel* à choisir un meilleur modèle; nous sommes en tout un mauvais guide; et, quand on veut parvenir, il faut éviter la route que nous avons suivie.

VOYAGES.

ENFIN nous entrons dans notre élément; nous arrivons aux voyages : *parlons-en tout à notre aise!* Ce n'est pas sans un sentiment de regret et presque d'envie, que nous avons lu le récit de la dernière expédition des Anglois au pôle arctique. Nous avions voulu jadis découvrir nous-même, au nord de l'Amérique, les mers vues par Heyne, et depuis par Mackenzie. La narration du capitaine Ross nous a donc rappelé les rêves et les projets de notre jeunesse. Si nous avions été libre, nous aurions sollicité une place sur les vaisseaux qui ont recommencé le voyage cette année : nous hivernerions maintenant dans une terre inconnue, ou bien quelque baleine auroit fait justice de nos prophéties et de nos courses. Sommes-nous plus en sûreté ici? Qu'importe d'être écrasé sous les débris d'une montagne de glace ou sous les ruines de la monarchie?

Une chose touchante dans le journal du dernier voyage à la baie de Baffin, est la précaution prise de rappeler les chasseurs anglois quand les Esquimaux de la tribu nouvellement découverte venoient visiter les vaisseaux. Ces sauvages, isolés du reste du monde, ignoroient la guerre, et le capitaine Ross ne vouloit pas leur donner la première idée du meurtre et de la destruction. Au reste, ce sont de grands penseurs que ces Esquimaux; ils tiennent pour certain que nos esprits s'en vont dans la lune ; c'est aussi l'opinion du chantre de Roland. A voir ce qui se passe aujourd'hui en France, le philosophe Otouniah et le sage Arioste pourroient bien avoir raison.

Laissons ces régions désolées pour suivre notre illustre ami, M. le baron de Humboldt, dans les belles forêts de la Nouvelle-Grenade. Le *Voyage aux régions équinoxiales du nouveau continent, fait en* 1799-1804, est un des plus importants ouvrages qui aient paru depuis longues années. Le savoir de M. le baron de Humboldt est prodigieux ; mais ce qu'il y a peut-être de plus étonnant encore, c'est le talent avec lequel l'auteur écrit dans une langue qui n'est pas sa langue maternelle. Il a peint avec une vérité frappante les scènes de la nature américaine. On croit voguer avec lui sur les fleuves, se perdre avec lui dans la profondeur de ces bois qui n'ont d'autres limites que les rivages de l'Océan et la chaîne des Cordilières ; il vous fait voir les grands déserts dans tous les accidents de la lumière et de l'ombre, et toujours ses descriptions, se rattachant à un ordre de choses plus élevé, ramènent quelque souvenir de l'homme, ou des réflexions sur la vie ; c'est le secret de Virgile :

> Optima quæque dies miseris mortalibus ævi
> Prima fugit.

Pour louer dignement ce *Voyage,* le meilleur moyen seroit d'en transcrire les passages ; mais l'ouvrage est si célèbre, la réputation de l'auteur

est si universelle, que toute citation devient inutile. M. le baron de Humboldt, bien que protestant de religion, et professant en politique ces sentiments d'une liberté sage que tout homme généreux trouve au fond de son cœur; M. de Humboldt, disons-nous, n'en rend pas moins hommage aux missionnaires qui se consacrent à l'instruction des Sauvages. Il juge avec la même équité les mœurs de ces mêmes Sauvages; il les représente telles qu'elles sont, sans dissimuler ce qu'elles peuvent avoir d'innocent et d'heureux, mais sans faire aussi de la hutte d'un Indien la demeure préférée de la vertu et du bonheur. A l'exemple de Tacite, de Montaigne et de Jean-Jacques Rousseau, il ne loue point les Barbares pour *satiriser* l'état social. Le discours de Jean-Jacques Rousseau sur l'*Origine de l'Inégalité des Conditions*, n'est que la paraphrase éloquente du chapitre de Montaigne sur *les Cannibales*. « Trois
« d'entre eux, dit-il (trois Iroquois), ignorant com-
« bien coustera un jour à leur repos et à leur bon-
« heur la connoissance des corruptions de deçà, et
« que de ce commerce naistra leur ruine, ...
« furent à Rouen, du temps que le feu roy Charles
« neuviesme y estoit: le roy parla à eux long-temps;
« on leur fit voir nostre façon, nostre pompe, la
« forme d'une belle ville : aprez cela quelqu'un en
« demanda leur advis, et voulut sçavoir d'eulx ce
« qu'ils y avoient trouvé de plus admirable : ils res-
« pondirent trois choses, dont j'ay perdu là troi-
« siesme, et suis bien marry; mais j'en ay encores
« deux en mémoire. Ils dirent. . . . .

« qu'ils avoient aperceu qu'il y avoit parmy nous
« des hommes pleins et gorgez de toutes sortes de
« commoditez, et que leurs moitiez estoient men-
« dians à leurs portes, descharnez de faim et de
« pauvreté, et trouvoient estrange comme ces moi-
« tiez ici nécessiteuses, pouvoient souffrir une telle
« injustice, qu'ils ne prinssent les aultres à la gorge,
« ou missent le feu à leurs maisons. Je parlay à l'un
« d'eulx fort long-temps............ Sur ce
« que je lui demanday quel fruict il recevoit de la
« supériorité qu'il avoit parmi les siens, car c'estoit
« un capitaine, et nos matelots le nommoient roy?
« il me dict que c'estoit marcher le premier à la
« guerre : de combien d'hommes il estoit suivi? il
« me montra une espace de lieu, pour signifier que
« c'estoit autant qu'il en pourroit en une telle espace,
« ce pouvoit estre quatre ou cinq mille hommes : si
« hors la guerre toute son auctorité estoit expirée?
« Il dict qu'il luy en restoit cela, que, quand il visi-
« toit les villages qui despendoient de luy, on luy
« dressoit des sentiers au travers des hayes de leurs
« bois, par où il peust passer bien à l'ayse. Tout
« cela ne va pas trop mal : mais quoy! ils ne portent
« point de hault de chausses. »

Voilà bien Montaigne et ses tours imprévus, imités depuis par La Bruyère. Ce qui choquoit donc le malin seigneur gascon et l'éloquent sophiste de Genève, étoit ce mélange odieux de rangs et de fortunes, de jouissances extraordinaires et de privations excessives, qui forme en Europe ce qu'on appelle la société.

Mais s'il arrive un temps où les hommes, trop multipliés, ne peuvent plus vivre de leur chasse ; il faut alors avoir recours à la culture. La culture entraîne des lois, les lois des abus. Seroit-il raisonnable de dire qu'il ne faut point de lois, parce qu'il y a des abus ? Seroit-il sensé de supposer que Dieu a rendu l'état social le pire de tous, lorsque cet état paroît être l'état le plus commun chez les hommes ?

Que si ces lois qui nous courbent vers la terre, qui obligent l'un à sacrifier à l'autre, qui font des pauvres et des riches, qui donnent tout à celui-ci, ravissent tout à celui-là ; que si ces lois semblent dégrader l'homme en lui enlevant l'indépendance naturelle, c'est par cela même que nous l'emportons sur les Sauvages. Les maux, dans la société, sont la source des vertus. Parmi nous la générosité, la pitié céleste, l'amour véritable, le courage dans l'adversité, toutes ces choses divines sont nées de nos misères. Pouvez-vous ne pas admirer le fils qui nourrit de son travail sa mère indigente et infirme ? Le prêtre charitable qui va chercher, pour la secourir, l'humanité souffrante, dans les lieux où elle se cache, est-il un objet de mépris ? L'homme qui, pendant de longues années, a lutté noblement contre le malheur, est-il moins magnanime que le prisonnier sauvage dont tout le courage consiste à supporter des souffrances de quelques heures ? Si les vertus sont des émanations du Tout-Puissant, si elles sont nécessairement plus nombreuses dans l'ordre social que dans l'ordre naturel, l'état de société, qui nous rapproche le plus de la Divinité, est donc un état plus sublime que celui de nature.

M. de Humboldt a été guidé par le sentiment de ces vérités lorsqu'il a parlé des peuples sauvages : la sage économie de ses jugements et la pompe de ses descriptions décèlent un maître qui domine également toutes les parties de son sujet et de son style.

Ici nous terminerons cet article : nous avons payé notre tribut annuel aux muses. Aux époques les plus orageuses de la révolution, les lettres étoient moins abandonnées qu'elles ne le sont aujourd'hui. Sous l'oppression du Directoire, et même pendant le règne de la terreur, le goût des beaux-arts se montra avec une vivacité singulière. C'est que l'espérance renaissoit de l'excès des maux : notre présent étoit sans joie, mais nous comptions sur un meilleur avenir ; nous nous disions que notre vieillesse *ne seroit pas privée de la lyre :*

> Nec turpem senectam
> Degere me cithara carentem.

Derrière la révolution, on voyoit alors la monarchie légitime; derrière la monarchie légitime on voit aujourd'hui la révolution. Nous allions vers le bien, nous marchons vers le mal. Et quel moyen de s'occuper de ce qui peut embellir l'existence, au milieu d'une société qui se dissout? Chacun se prépare aux événements ; chacun songe à sauver du naufrage sa fortune et sa vie; chacun examine les titres qu'il peut avoir à la proscription, en raison de son plus ou moins de fidélité à la cause royale. Dans cette position, la littérature semble puérilité : on demande de la politique, parce qu'on cherche à connoître ses destinées ; on court entendre, non un professeur expliquant en chaire Horace et Virgile, mais M. de Labourdonnaye défendant à la tribune les intérêts publics, faisant de chacun de ses discours un combat contre l'ennemi, et marquant son éloquence de la virilité de son caractère.

SUR

L'HISTOIRE DES DUCS DE BOURGOGNE,

DE M. DE BARANTE.

Décembre 1824.

L'Histoire de France est aujourd'hui l'objet de tous les travaux littéraires. Nous avons dernièrement encore parlé de la *Collection des Mémoires relatifs à l'histoire de France, depuis l'origine de la monarchie françoise jusqu'au treizième siècle*, siècle où commence la collection de M. Petitot. L'infatigable président Cousin avoit entrepris pour les historiens de l'empire d'Occident ce qu'il avoit fait pour les principaux auteurs de l'histoire Byzantine. Sa traduction (dont les deux premiers volumes imprimés contiennent Éginhard, Thégan l'astronome, Nitard, Luitprand, Witikind, et les Annales de Saint-Bertin) étoit à peu près complète : ses manuscrits existent; ils pourroient être d'un grand secours et épargner beaucoup de travail à M. Guizot. Les grandes Chroniques de Saint-Denis publiées successivement dans le Recueil de dom Bouquet, ne sont aussi, pour les premiers siècles de la monarchie, que des traductions des auteurs latins antérieurs à l'établissement de ces Chroniques.

D'un autre côté, M. Buchon a commencé une

Collection des Chroniques écrites en langue vulgaire du treizième au seizième siècle ; ouvrage différent de celui de M. Petitot, qui ne publie que les *Mémoires*. Il a débuté par une édition de Froissart, aidé dans ses propres recherches par les recherches de M. Dacier : c'est de tout point un important et consciencieux travail.

Enfin, la grande collection de dom Bouquet se continue : on remarque pourtant avec peine qu'elle a marché moins rapidement depuis la restauration que sous Buonaparte. Quelques savants Bénédictins, pendant l'usurpation, ne paroissoient survivre à leur société et à la monarchie que pour rendre les derniers honneurs à l'une, en achevant d'exhumer l'autre. Quand ces hommes de Clovis et de Charlemagne, que les siècles passés semblent avoir oubliés sur la terre, auront rejoint leurs générations contemporaines, qui parlera la double langue du Traité de Strasbourg ?

Il nous arrive ce qui est arrivé à tous les peuples : nous nous portons avec un sentiment de regret et de curiosité religieuse à l'étude de nos institutions primitives, par la raison même qu'elles n'existent plus. Il y a dans les ruines quelque chose qui charme notre foiblesse, et désarme, en la satisfaisant, la malignité du cœur humain. Aujourd'hui nous connoissons mieux qu'autrefois la vieille monarchie : lorsqu'elle étoit debout, notre œil embrassoit mal ses vastes dimensions ; les grands hommes et les grands empires sont comme les colosses de l'Égypte, on ne les mesure bien que lorsqu'ils sont tombés

Parmi les ouvrages historiques du moment, il faut surtout distinguer celui de M. de Barante.

Rien d'abord de plus heureusement choisi que le sujet.

Toute histoire qui embrasse un trop grand espace de temps manque d'unité et épuise les forces de l'historien. L'*Histoire des ducs de Bourgogne de la maison de Valois* n'a pas ce défaut capital : elle est resserrée tout entière entre deux batailles célèbres, la bataille de Poitiers, où combattit et fut blessé, auprès du roi son père, Philippe-le-Hardi, premier duc de Bourgogne de la maison de Valois ; et la bataille de Nancy, où fut tué Charles-le-Téméraire, dernier duc de cette race. A la fois biographie et histoire générale, elle auroit pu être écrite par Plutarque et par Tacite. Elle commence et elle finit comme un poëme épique, s'égarant, sans se perdre, dans une multitude d'aventures qui tiennent du merveilleux. Elle embrasse nos guerres civiles et étrangères depuis le roi Jean jusqu'à Louis XI ; elle amène tour à tour sur la scène Charles V et Du Guesclin, Edouard III et le Prince-Noir ; Charles VI et Isabeau de Bavière, Henri V et ses frères, Charles VII, Agnès Sorel, la Pucelle d'Orléans, Richemont, Talbot, La Hire, Xintrailles et Dunois ; elle passe à travers les ravages des Compagnies et les horreurs de la Jacquerie, à travers les insurrections populaires, les massacres et les assassinats produits par les rivalités des maisons de Bourgogne et d'Orléans. Et tout à coup cette terrible histoire de quelques cadets de la Maison de France vient expirer aux pieds de ce personnage unique dans nos annales, de ce Louis XI qui faisoit décapiter le connétable et emprisonner les pies et les geais instruits à dire, par les bourgeois de Paris : *Larron, va dehors; va, Pérette*[1], » tyran justicier, méprisé et aimé du peuple pour ses mœurs basses et sa haine des nobles; opérant de grandes choses avec de petites gens; transformant ses valets en hérauts d'armes, ses barbiers en ministres, le grand-prevôt en *compère*, et deux bourreaux, dont l'un étoit gai et l'autre triste, en *compagnons*; regagnant par son esprit ce qu'il perdoit par son caractère; réparant comme roi les fautes qui lui échappoient comme homme; brave chevalier à vingt ans, et pusillanime vieillard; mourant entouré de gibets, de cages de fer, de chausse-trappes, de broches, de chaînes appelées *les fillettes du roi*, d'ermites, d'empiriques, d'astrologues, après avoir créé l'administration françoise, rendu permanents les offices de judicature, agrandi le royaume par sa politique et ses armes, et vu descendre au tombeau ses rivaux et ses ennemis, Édouard d'Angleterre, Galéas de Milan, Jean d'Aragon, le duc de Bourgogne, et jusqu'à la jeune héritière de ce duc : tant il y avoit quelque chose de fatal attaché à la personne d'un prince qui, par *gentille industrie*, dit Brantôme, empoisonna son frère, le duc de Guyenne, *lorsqu'il y pensoit le*

---

[1] Moquerie de la sortie de Louis XI de Paris et du traité de Péronne. Voilà comme nous aurions été pour les ministres s'ils étoient parvenus à nous ôter la liberté de la presse : nous aurions eu la ressource des perroquets.

moins, priant la Vierge, *sa bonne dame, sa petite maîtresse, sa grande amie,* de lui obtenir son pardon!

Quand Charles-le-Téméraire et Louis XI disparoissent, l'Europe féodale tombe avec eux : Constantinople est pris ; les lettres renaissent dans l'Occident ; l'imprimerie est inventée ; l'Amérique découverte ; la grandeur de la maison d'Autriche commence par le mariage de l'héritière du duc de Bourgogne avec Maximilien ; Léon X, François Ier, Charles-Quint sont à peu de distance, Luther, avec la réformation religieuse et politique, est à la porte ; et l'histoire des ducs de Bourgogne, en finissant, vous laisse au bord d'un nouvel univers.

Par un égal bonheur, les sources d'où découle l'histoire des ducs de Bourgogne sont abondantes. Nous avons, pour les cinq règnes compris entre la mort de Philippe de Valois et l'avénement de Charles VIII à la couronne, à peu près cent quatre-vingts manuscrits et cent quarante-trois mémoires et chroniques imprimés. Il faut ajouter à cela la collection des auteurs bourguignons et celle des auteurs anglois depuis Édouard III jusqu'à Edouard V, sans parler des documents du Trésor des Chartes et des Actes de Rymer. Au commencement et à la fin de ces histoires, on trouve Froissart et Philippe de Comines, l'Hérodote et le Thucydide de nos âges gothiques.

Les vignettes des manuscrits donnent l'idée la plus nette des usages du temps. On y voit des batailles, des cérémonies publiques, des prestations de foi et hommage, des intérieurs de maison et de palais, des vaisseaux, des chevaux, des armures, des vêtements de toutes formes et de toutes les classes de la société.

M. de Barante s'est servi de ces matériaux en architecte habile. Il a ramené le goût pur de l'histoire et la simplicité de la bonne école. Point de déclamations, point de prétentions à la sentence; rien de plus attachant et à la fois de plus grave que son récit. Il peint les mœurs sans avertir qu'il les peint ou qu'il va les peindre.

Lorsqu'on a vu naître parmi nous l'histoire prétendue philosophique, les auteurs nous ont dit: « Jusqu'à présent on n'a fait que l'histoire des rois, « nous allons tracer celle des peuples. Nous nous at-« tacherons surtout à faire connoître les mœurs, etc. »

Et puis, ils ont cru s'élever au-dessus de leurs devanciers en terminant leurs périodes par quelques lieux communs contre les crimes et les tyrans, et en nous disant, à la fin de chaque règne, comment en ce temps-là les habits étoient faits, quelle étoit la coiffure des femmes et la chaussure des hommes, comment on alloit à la chasse, ce que l'on servoit dans les repas, etc.

Les mœurs et les usages ne se mettent point à part dans le coin d'une histoire, comme on expose des robes et des ornements dans un vestiaire, ou de vieilles armures dans les cabinets des curieux; ils doivent se montrer avec les personnages, et donner la couleur du siècle au tableau. Hérodote nous apprend les détails de la vie privée des peuples de sa patrie, digne aujourd'hui de son antique gloire, lorsqu'il nous représente les trois cents Spartiates, avant le combat des Thermopyles, se livrant aux exercices gymniques et peignant leurs cheveux, ou les Grecs assistant aux jeux olympiques, après le même combat, et recevant, pour prix de course, une couronne de cet olivier que l'on appeloit l'olivier aux belles couronnes : ἐλκία καλλιστέφανος.

Nous connoissons toute la vie d'un vieux Romain, lorsque les députés du sénat, allant annoncer la dictature à Cincinnatus, le trouvent dans son champ de quatre arpents, conduisant la charrue, ou creusant un fossé. Ils le saluent, offrent aux dieux des vœux pour sa prospérité et pour celle de la république, et le prient de prendre sa toge pour entendre ce que lui demande le sénat. Cincinnatus, étonné, s'enquiert s'il est arrivé quelque malheur, essuie la poussière et la sueur de son front, et envoie sa femme Racilia chercher sa toge dans sa cabane : *Togam properè è tugurio proferre uxorem Raciliam jubet*, dit Tite-Live.

Nous revoyons dans Tacite les dictateurs, mais les dictateurs perpétuels. Ils n'habitent plus le *tugurium*, mais le *palatium*; et quand ils descendent jusqu'à la *villa*, c'est pour s'y livrer à la débauche, ou pour y méditer des forfaits. Le sénat ne leur donne plus le pouvoir suprême pour prix de leurs vertus, mais pour récompense de leurs crimes : *Cuncta scelerum suorum pro egregiis accipi videt.*

Avec nos vieux chroniqueurs, on voit tout, on est présent à tout : Froissart nous fait assister aux

festins d'Édouard III, aux combats de ses guerriers.
La veille de l'affaire du pont de Lussac, où le fameux
Jean Chandos fut tué, il s'étoit arrêté sur le chemin
dans une hôtellerie : « Il étoit, dit Froissart, dans
« une grande cuisine près du foyer, et se chauffoit
« de feu de paille que son héraut lui faisoit, et cau-
« soit familièrement à ses gens, et ses gens à lui,
« qui volontiers l'eussent ôté à sa mélancolie. » Le
lendemain Chandos partit, et rencontra les François, conduits par messire Louis de Saint-Julien, et
Kerlouet le Breton. « Les Anglois se placèrent sur
« un tertre, peut-être trois *bouviers* de terre en sus
« du pont. » On voit que Froissart compte à la manière d'Homère. Le *bouvier* est l'espace que deux
bœufs peuvent labourer en un jour. Chandos parle
ensuite comme les héros de l'*Iliade;* il raille les
ennemis : « Entre nous, François, s'écrie-t-il, vous
« êtes trop malement bonnes gens d'armes ; vous
« chevauchez partout à tête armée; il semble que
« le pays soit tout vôtre, et pardieu non est ! » Il fut
tué en combattant à pied, parce qu'il s'embarrassa
« dans un grand vêtement qui lui battoit jusqu'à
« terre, armoyé de son armoirie d'un blanc satin. »
« ..... Si commencèrent les Anglois à regretter et à
« doulorer moult en disant : « Gentil chevalier, fleur
« de tout honneur ! messire Jean Chandos ! à mal
« fut le glaive forgé dont vous êtes navré et mis en
« péril de mort ! De ses amis et amies fut plaint et
« regretté monseigneur Jean Chandos; et le roi de
« France et les seigneurs de France l'eurent tantôt
« pleuré. »

Cet art de nous transporter au milieu des objets se fait remarquer chez nos vieux écrivains jusque dans la satire historique. Thomas Arthus nous représente Henri III couché dans un lit large et spacieux, se plaignant qu'on le réveille trop tôt à midi; ayant un linge et un masque sur le visage, des gants dans les mains, prenant un bouillon et se replongeant dans son lit. Dans une chambre voisine, Caylus, Saint-Mégrin et Maugiron se font friser, et achèvent la toilette la plus correcte : on leur arrache le poil des sourcils, on leur met des dents, on leur peint le visage, on passe un temps énorme à les habiller et à les parfumer. Ils partent pour se rendre dans la chambre de Henri III, « branlant tellement le corps, la tête et les jambes, « que je croyois à tout propos qu'ils dussent tom- « ber de leur long...... Ils trouvoient cette fa- « çon-là de marcher plus belle que pas une « autre. »

M. de Barante s'est pénétré de cette importante idée, qu'il faut faire passer les usages et les mœurs dans la narration. Il décrit les batailles avec feu : on y assiste. Il faut lire dans le livre second la fameuse aventure du connétable de Clisson et duc de Bretagne. Y a-t-il rien de plus animé que la peinture de ce qui advint après la signature du traité entre le Dauphin et Jean-sans-Peur, au mois de juillet 1419 ? « La paix des princes, dit l'historien, « leur avoit causé (aux Parisiens) une grande joie; « cependant ils ne voyoient pas qu'on s'occupât « beaucoup à faire cesser les désordres........

« Mais les esprits furent encore bien plus triste-
« ment émus, lorsque le 29 juillet, vers le milieu
« de la journée, on vit arriver à la porte Saint-
« Denis une troupe de pauvres fugitifs en désordre,
« et troublés d'épouvante. Les uns étoient blessés et
« sanglants ; les autres tomboient de faim, de soif
« et de fatigue. On les arrêta à la porte, leur de-
« mandant qui ils étoient, et d'où venoit leur déses-
« poir : Nous sommes de Pontoise, répondirent-ils
« en pleurant ; les Anglois ont pris la ville ce matin ;
« ils ont tué ou blessé tout ce qui s'est trouvé devant
« eux. Bienheureux qui a pu se sauver de leurs
« mains ; jamais les Sarrasins n'ont été si cruels aux
« chrétiens qu'ils le sont. — Pendant qu'ils parloient,
« arrivoient à chaque instant, vers la porte Saint-
« Denis et la porte Saint-Lazare, des malheureux à
« demi nus, de pauvres femmes portant leurs en-
« fants sur les bras et dans une hotte, les unes sans
« chaperon, les autres avec un corset à demi atta-
« ché ; des prêtres en surplis et la tête découverte.
« Tous se lamentoient : O mon Dieu ! disoient-ils,
« préservez-nous du désespoir par votre miséri-
« corde ; ce matin nous étions encore dans nos mai-
« sons, heureux et tranquilles ; à midi, nous voilà,
« comme gens exilés, cherchant notre pain. — Les
« uns s'évanouissoient de fatigue ; les autres s'as-
« seyoient par terre, ne sachant que devenir ; puis
« ils parloient de ceux qu'ils avoient laissés derrière
« eux. »

Voilà la vraie manière de l'histoire : c'est excellent.

L'*Histoire des ducs de Bourgogne* est écrite sans esprit de parti, mais non pas avec cette impartialité contraire au génie de l'histoire, qui reste indifférente au vice et à la vertu. On a oublié dans l'école moderne que l'histoire est un tableau, et que si le jugement le compose, c'est l'imagination qui le colore. La véritable impartialité historique consiste à rapporter les événements avec une scrupuleuse exactitude, à respecter la chronologie, à ne pas dénaturer les faits, à ne pas donner à un personnage ce qui appartient à l'autre : le reste est laissé au sentiment libre de l'historien.

C'est ainsi que M. de Barante écrit nécessairement dans les idées qui dominent son système politique. Quand il expose les crimes des classes secondaires de la société, avec autant de sincérité que d'horreur, on sent qu'il y trouve une sorte d'excuse dans l'oppression des peuples et des communes ; quand il raconte les vertus des chevaliers, on entrevoit qu'il seroit plus satisfait si ces vertus appartenoient à une autre race d'hommes ; mais cela n'ôte rien à l'intégrité de son jugement, ni à la fidélité de son pinceau. Chaque historien a son affection : Xénophon, Athénien, est Spartiate dans son histoire ; Tite-Live est Pompéien et républicain sous Auguste ; Tacite, n'ayant plus que des tyrans à maudire, se compose des modèles de vertus dans quelques hommes privilégiés ou dans les Sauvages de la Germanie. En Angleterre, tous les auteurs sont whigs ou torys. Bossuet, parmi nous, dédaigne de prendre des renseignements sur la terre ;

c'est dans le ciel qu'il va chercher ses chartes. Que lui fait cet empire du monde, *présent de nul prix,* comme il le dit lui-même? S'il est partial, c'est pour le monde éternel : en écrivant l'histoire au pied de la Croix, il écrase les peuples sous le signe de notre salut, comme il asservit les événements à la domination de son génie.

M. de Barante a déjà publié quatre volumes de son histoire, qui font vivement désirer le reste. Il poursuit son ouvrage avec cette patience laborieuse sans laquelle le talent ne jette que des lueurs passagères, et ne laisse que des travaux incomplets. L'histoire est la retraite aussi noble que naturelle de l'homme de talent qui est sorti des affaires publiques. Là encore il y a des justices à faire. Nous savons bien que ces justices n'effraient guère dans ce siècle ceux qui se sont accoutumés au mépris public; il y a des hommes qui ne font pas plus de cas de leur mémoire que de leur cadavre; peu importe qu'on la foule aux pieds, ils ne le sentiront pas : mais ce n'étoit pas pour punir les morts, c'étoit pour épouvanter les vivants que l'on traînoit autrefois sur la claie les corps de certains criminels.

SUITE.

Mai 1825.

Nous avons rendu compte des premiers volumes de cet important et bel ouvrage. Deux autres volumes ont paru depuis cette époque et deux nouveaux volumes sont au moment de paroître. Remettons rapidement sous les yeux du lecteur ce tableau si dramatique et si varié.

Le roi Jean est prisonnier en Angleterre; Philippe de Rouvre, dernier duc de la première maison de Bourgogne, meurt: Jean recueille son héritage, comme si la Providence vouloit rendre au monarque captif autant de puissance et de provinces qu'il alloit en céder à Édouard III pour sa rançon. Mais Jean donna à son fils bien aimé, le ieune Philippe de France, qui avoit combattu et avoit été blessé auprès de lui à la bataille de Poitiers, le duché de Bourgogne; c'est Philippe-le-Hardi, premier duc de Bourgogne de la maison de Valois.

Sous ce premier duc s'écoule tout le règne de Charles V, ce règne si sage, si fertile en événements, et en grands hommes, mais qui devoit se terminer par le règne de Charles VI, où renaissent toutes les calamités de la France.

Philippe-le-Hardi vit encore commencer la maladie de Charles VI, et cette tutelle orageuse que se disputèrent des oncles ambitieux et une mère dénaturée. Les querelles des Maisons d'Orléans et de Bourgogne éclatèrent. Il y a quelque chose de plus grand dans la Maison de Bourgogne, mais quelque chose de plus attachant dans celle d'Orléans. On se range malgré soi de son parti; on lui pardonne la foiblesse de ses mœurs, en faveur de son goût pour les arts et de son héroïsme : par sa branche illégitime, on passe de Dunois aux Longueville; par la branche légitime, on arrive de Valentine de Milan à Louis XII et à François Ier.

Le premier crime vient de la maison de Bourgogne : Jean-sans-Peur, qui avoit succédé à son père Philippe-le-Hardi, fait assassiner le duc d'Orléans le 23 novembre 1407. Il semble d'abord nier son crime, et s'en vante ensuite hautement, dernière ressource des hommes qui peuvent être convaincus, mais qui sont trop puissants pour être punis. Le duc de Bourgogne devient populaire à Paris. La reine fuit, emmenant à Tours le roi malade. Valentine de Milan succombe à sa douleur, sans avoir pu obtenir justice.

« Sa vie n'avoit pas été heureuse, dit M. de Ba« rante; sa beauté, sa grâce, le charme de son es« prit et de sa personne n'avoient réussi qu'à exciter
« la jalousie de la reine et de la duchesse de Bour« gogne. Les tendres soins qu'elle avoit pris du roi
« avoient accrédité encore plus la réputation de
« magie et de sortilége qu'elle avoit parmi le vul« gaire. Elle avoit aimé son mari, et il lui avoit sans
« cesse et publiquement préféré d'autres femmes.

« Un horrible assassinat le lui avoit enlevé, et toute
« justice lui étoit refusée; son bon droit et sa dou-
« leur étoient repoussés par la violence. Sauf la
« première indignation que le crime avoit produite,
« elle ne trouvoit partout que des cœurs intéressés,
« des sentiments froids, ou une opinion malveillante.
« Dans les derniers temps de sa vie elle avoit pris
« pour devise : *Rien ne m'est plus, plus ne m'est*
« *rien.* C'étoit grande pitié que d'entendre au mo-
« ment de sa mort ses plaintes et son désespoir.
« Elle mourut entourée de ses trois fils et de sa fille.
« Elle vit aussi venir près d'elle Jean, fils bâtard
« de son mari et de la dame de Cauny. Elle aimoit
« cet enfant à l'égal des siens, et le faisoit élever
« avec le plus grand soin. Parfois, le voyant plein
« d'âme et d'ardeur, elle disoit qu'il lui avoit été
« dérobé, et qu'aucun de ses enfants à elle n'étoit
« si bien taillé à venger la mort de son père. Cet
« enfant fut le comte de Dunois. »

Ce portrait est plein d'intérêt et de charme : le talent de l'auteur se montre surtout dans les détails où la sévérité de l'histoire permet un moment d'abaisser le ton et d'adoucir les couleurs. Les sortiléges de Valentine de Milan étoient ses grâces : cette étrangère, cette Italienne, apportant dans notre rude climat, dans la France à demi barbare, des mœurs civilisées et le goût des arts, dut paroître une magicienne : on l'auroit brûlée pour sa beauté, comme on brûla Jeanne d'Arc pour sa gloire.

Le traité de Chartres donna tout pouvoir au duc de Bourgogne; on trancha la tête au sire de Montaigu, administrateur des finances, ce qui ne remédia à rien ; on convoqua une assemblée pour réformer l'État, et l'État n'en alla que plus mal. Les princes mécontents prirent les armes contre le duc de Bourgogne. Le duc d'Orléans, fils du duc assassiné, avoit épousé en secondes noces Bonne d'Armagnac, fille du comte Bernard d'Armagnac, d'où le parti du duc d'Orléans, conduit par le comte Bernard, prit le nom d'*Armagnac*. On traite inutilement à Bicêtre ; on se prépare de nouveau à la guerre. Les Armagnacs assiégent Paris ; le duc de Bourgogne arrive avec une armée, et en fait lever le siége. A travers tous ces maux, l'ancienne guerre des Anglois continue, et un roi en démence ne reprend par intervalle sa raison que pour pleurer sur les malheurs de ses peuples.

Une sédition éclate dans Paris : les palais du roi et du dauphin sont forcés ; la faction des *bouchers* prend le chaperon blanc ; le duc de Bourgogne perd son pouvoir et se retire. On négocie à Arras.

Le roi d'Angleterre descend en France. La bataille d'Azincourt perdue renouvelle tous les malheurs de celles de Crécy et de Poitiers. Paris est livré aux Bourguignons après avoir été gouverné par les Armagnacs ; les prisons sont forcées, et les prisonniers massacrés. Les Anglois s'emparent de Rouen, et Henri V. prend le titre de roi de France.

Un traité de paix est conclu à Ponceau entre le duc de Bourgogne et le dauphin (1419). Vaine espérance ! les inimitiés étoient trop vives : Jean-sans-Peur est assassiné sur le pont de Montereau.

Le nouveau duc de Bourgogne, Philippe-le-Bon, s'allie avec les Anglois pour venger son père, Henri V. épouse Catherine de France, et Charles VI le reconnoît pour son héritier au préjudice du dauphin. Deux ans après la signature du traité de Troyes, Charles VI mourut à Paris; il avoit été précédé dans la tombe par Henri V. Écoutons l'historien :

« Déjà, depuis long-temps, Charles VI n'avoit
« plus ni raison ni mémoire; cependant il étoit tou-
« jours demeuré chéri et respecté du pauvre peu-
« ple; jamais on ne lui avoit imputé aucun des
« malheurs qui avoient désolé le royaume pendant
« les quarante-trois années de son règne. On se sou-
« venoit que, dans sa jeunesse, il avoit su plaire à
« tous par sa douceur, sa courtoisie, ses manières
« aimables; que de grandes espérances de bonheur
« avoient été mises en lui, et qu'il avoit été sur-
« nommé le Bien-Aimé. On s'étoit toujours dit que
« les maux publics, les discordes des princes, les
« rapines des grands seigneurs, le défaut de bon
« ordre et de discipline, provenoient de l'état de
« maladie où étoit tombé ce malheureux prince. La
« bonté qu'il laissoit voir dans les intervalles de
« santé avoit augmenté cette idée, et avoit fait de
« ce roi insensé un objet de vénération, de regret
« et de pitié; le peuple sembloit l'aimer de la haine
« qu'il avoit eue pour tous ceux qui avoient gou-
« verné en son nom. Quelques semaines encore
« avant sa mort, quand il étoit entré à Paris, les
« habitants, au milieu de leurs souffrances et sous

« le dur gouvernement des Anglois, avoient vu avec
« allégresse leur pauvre roi revenir parmi eux, et
« l'avoient accueilli par mille cris de *Noël.* C'étoit
« un sujet de douleur et d'amertume que de le voir
« ainsi mourir seul, sans qu'aucun prince de France,
« sans qu'aucun seigneur du royaume lui rendît
« les derniers soins. En attendant le retour du ré-
« gent anglois qui suivoit alors le convoi du roi
« Henri, le roi de France fut laissé à l'hôtel Saint-
« Paul, où chacun put, durant trois jours, le venir
« voir à visage découvert, et prier pour lui. »

Quoi de plus touchant et de plus philosophique à la fois que ce récit! Le duc de Bedfort revenant des funérailles de Henri V, roi d'Angleterre, pour ordonner celles de Charles VI, roi de France; cette course entre deux cercueils, du cercueil du plus glorieux comme du plus heureux des monarques, au cercueil du plus obscur comme du plus infortuné des souverains : voilà ce que l'historien vous met sous les yeux sans réflexions, sans un vain étalage de moralité. Grande et sérieuse manière d'écrire l'histoire! La leçon est dans le tableau, et le tableau est digne de la leçon.

On sait que l'infortuné monarque, lorsqu'il reprenoit sa raison, ne cessoit de gémir sur les maux de la France, et lorsqu'il éprouvoit une rechute, poursuivi par l'idée que sa folie le rendoit une sorte de fléau pour ses sujets, il soutenoit qu'il n'étoit pas roi, et effaçoit avec fureur son nom et ses armes partout où il les rencontroit.

Le dauphin se trouvoit à Mehun-sur-Yèvres, en

Berri lorsqu'il apprit la mort de son père. « La « bannière de France fut levée, dit encore excel- « lemment M. de Barante; et ce fut dans une pauvre « chapelle, dans une bourgade presque inconnue, « que pour la première fois Charles VII fut salué « du cri de *vive le roi !*..... Les Anglois, par dérision, « le nommèrent le roi de Bourges; mais on pouvoit « voir dès lors combien il seroit difficile de vaincre « son bon droit, et d'établir d'une façon durable le « pouvoir des anciens ennemis du royaume. »

Richemont, Dunois, Xaintrailles, La Hire, soutiennent d'abord l'honneur françois sans pouvoir arracher la France aux étrangers; mais Jeanne d'Arc paroît, et la patrie est sauvée.

Quelque chose de miraculeux, dans le malheur comme dans la prospérité, se mêle à l'histoire de ces temps : une vision extraordinaire avoit ôté la raison à Charles VI; des révélations mystérieuses arment le bras de la Pucelle; le royaume de France est enlevé à la race de saint Louis par une cause surnaturelle; il lui est rendu par un prodige.

Il faut lire, dans l'ouvrage de M. de Barante, le morceau entier sur la Pucelle d'Orléans. Il a su conserver, dans le caractère de Jeanne d'Arc, la naïveté de la paysanne, la foiblesse de la femme, l'inspiration de la sainte, et le courage de l'héroïne. On voit la bergère de Domremy planter une échelle contre les retranchements des Anglois devant Orléans, entrer la première dans la bastille attaquée; on la voit blessée, précipitée dans le fossé, pleurer et s'effrayer, mais revenir bientôt à la charge, emporter d'assaut les tourelles, en criant au capitaine anglois qui les défendoit : « Rends-toi au Roi « des cieux. »

Confiante dans ce succès, sans en être enorgueillie, elle déclare qu'elle va conduire le roi à Reims pour le faire sacrer. « Je ne durerai qu'un an, ou « guère plus, répétoit-elle : il me faut donc bien « l'employer. » Elle annonçoit qu'après le sacre la puissance des ennemis iroit toujours décroissant. On obéit à la voix de cette femme extraordinaire. Jargeau est escaladé; le fameux Talbot est vaincu et fait prisonnier à Patoi. Cependant, manquant de vivres, et découragée par son petit nombre, l'armée du roi, arrêtée devant Troyes, veut retourner sur la Loire. La Pucelle prédit que Troyes va se soumettre; et Troyes ouvre en effet ses portes. Châlons se rend. Charles VII entre à Reims le 15 juillet 1429 : il est sacré à ces fontaines baptismales de Clovis où, après d'aussi grandes infortunes, Dieu ramène aujourd'hui Charles X.

« Pendant la cérémonie, Jeanne la Pucelle se « tint près de l'autel, portant son étendard; et, « lorsque après le sacre elle se jeta à genoux devant « le roi, qu'elle lui baisa les pieds en pleurant, per- « sonne ne pouvoit retenir ses larmes en écoutant « les paroles qu'elle disoit : « Gentil roi, ores est « exécuté le plaisir de Dieu, qui vouloit que vous « vinssiez à Reims recevoir votre digne sacre, pour « montrer que vous êtes vrai roi, et celui auquel « doit appartenir le royaume. »

Cependant Jeanne annonçoit que son pouvoir

alloit expirer. « Savez-vous quand vous mourrez, et
« en quel lieu ? » lui disoit le bâtard d'Orléans.

« Je ne sais, répliqua-t-elle ; c'est à la volonté de
« Dieu : j'ai accompli ce que messire m'a commandé,
« qui étoit de lever le siége d'Orléans, et de faire
« sacrer le gentil roi. Je voudrois bien qu'il voulût
« me faire ramener auprès de mes père et mère,
« qui auroient tant de joie à me revoir. Je garderois
« leurs brebis et bétail, et ferois ce que j'avois cou-
« tume de faire. »

Le roi, entré dans l'Ile-de-France, vient attaquer Paris. Jeanne avoit passé le premier fossé ;
elle sondoit le second avec une lance, lorsqu'elle
fut atteinte à la jambe d'un coup de flèche. L'armée reçoit l'ordre de faire retraite. « Jeanne, qui
« vouloit quitter le service, suspendit son armure
« blanche au tombeau de saint Denis, avec une
« épée qu'elle avoit conquise sur les Anglois dans
« l'assaut de Paris. » Elle se battit pourtant encore
quelque temps : son avis étoit qu'on ne pouvoit
trouver la paix qu'à la pointe de la lance. « La ter-
« reur que répandoit son nom devint telle, dit l'his-
« torien, que les archers et les gens d'armes qu'on
« enrôloit en Angleterre, prenoient la fuite, et se
« cachoient plutôt que de venir en France com-
« battre contre la Pucelle. » Jeanne alloit retourner
à Dieu dont elle étoit venue.

Dans une sortie vigoureuse qu'elle fit de Com-
piègne sur les Bourguignons qui assiégeoient cette
ville, elle tomba aux mains de ses cruels ennemis. Le jour même où elle fut prise, elle avoit dit :

« Je suis trahie, et bientôt je serai livrée à la mort.
« Je ne pourrai plus servir mon roi ni le noble
« royaume de France. » Les Anglois, en apprenant
la prise de Jeanne, poussèrent des cris de joie; ils
crurent que toute la France étoit à eux. Le duc de
Bedfort fit chanter un *Te Deum*.

Sur la demande d'un inquisiteur et de l'évêque
de Beauvais, la Pucelle fut livrée aux Anglois par
les Bourguignons, ou plutôt vendue pour la somme
de dix mille francs. On fit faire une cage de fer où
on l'enferma, après lui avoir mis les fers aux pieds :
elle fut déposée, ainsi traitée pour la France, dans
la grosse tour de Rouen. « Les archers anglois qui
« gardoient cette pauvre fille l'insultoient grossière-
« ment, et parfois essayèrent de lui faire violence. »
Elle fut exposée aux outrages même des seigneurs
anglois.

Son procès commença. Environnée de piéges,
enlacée dans des mensonges par lesquels on vouloit surprendre sa foi, Jeanne fut trahie même par
le premier confesseur qu'on lui envoya. L'évêque
de Beauvais et un chanoine de Beauvais conduisoient toute la procédure. « Jeanne commença par
« subir six interrogatoires de suite devant ce nom-
« breux conseil. Elle y parut peut-être plus coura-
« geuse que lorsqu'elle combattoit les ennemis du
« royaume. Cette pauvre fille si simple, que tout au
« plus savoit-elle son *Pater* et son *Ave*, ne se trou-
« bla pas un seul instant. Les violences ne lui cau-
« soient ni frayeur ni colère. On n'avoit voulu lui
« donner ni avocat ni conseil; mais sa bonne foi

« et son bon sens déjouoient toutes les ruses qu'on
« employoit pour la faire répondre d'une manière
« qui auroit donné lieu à la soupçonner d'hérésie
« ou de magie. Elle faisoit souvent de si belles ré-
« ponses, que les docteurs en demeuroient tout
« stupéfaits. »

Une fois on l'interrogeoit touchant son étendard.

« Je le portois au lieu de lance, dit-elle, pour
« éviter de tuer quelqu'un : je n'ai jamais tué per-
« sonne. »

On voulut savoir quelle vertu elle attribuoit à cette bannière.

« Je disois : Entrez hardiment parmi les Anglois,
« et j'y entrois moi-même. »

On lui demanda pourquoi au sacre de Reims elle avoit tenu son étendard près de l'autel; elle répondit :

« Il avoit été à la peine, c'étoit bien raison qu'il
« fût à l'honneur. »

On voulut avoir d'elle, avant son supplice, une sorte d'aveu public de la justice de sa condamnation. Un prédicateur ayant parlé contre le roi de France. Jeanne l'interrompit en lui disant : « Parlez
« de moi, mais non pas du roi : j'ose bien dire et
« jurer, sous peine de la vie, que c'est le plus noble
« d'entre les chrétiens. »

Elle alloit échapper à ses bourreaux, en réclamant la juridiction ecclésiastique; elle avoit repris les vêtements de son sexe et promis de les garder : pour lui faire violer cette promesse, on lui enleva ses vêtements pendant son sommeil, et on ne lui laissa qu'un habit d'homme. Obligée par pudeur de s'en revêtir, elle fut jugée relaps, comme telle abandonnée au bras séculier, et condamnée à être brûlée vive.

La sentence fut exécutée. Son second confesseur, qui rachetoit par ses vertus l'infâme trahison du premier, « Frère Martin l'Advenu étoit monté sur « le bûcher avec elle; il y étoit encore que le bour- « reau alluma le feu. « Jésus! » s'écria Jeanne, et elle fit descendre le bon prêtre. « Tenez-vous en bas, « dit-elle; levez la croix devant moi, et dites-moi « de pieuses paroles jusqu'à la fin... » Protestant de son innocence et se recommandant au ciel, on l'entendit encore prier à travers la flamme. Le dernier mot qu'on put distinguer fut *Jésus*.

Tel fut le premier trophée élevé par les armes angloises au jeune Henri VI, qui se trouvoit alors à Rouen! Telle fut la femme qui sauva la France, et l'héroïne qu'un grand poëte a outragée. Ce crime du génie n'a pas même l'excuse du crime de la puissance : l'Angleterre avoit été vaincue par le bras d'une villageoise; ce bras lui avoit ravi sa proie; le siècle étoit grossier et superstitieux; et, enfin, ce furent des étrangers qui immolèrent Jeanne d'Arc. Mais au dix-huitième siècle! mais un François! mais Voltaire!... Honneur à l'historien qui venge aujourd'hui d'une manière pathétique tant de vertus et de malheurs!

Disons-le aussi à la louange des temps où nous vivons; une telle débauche du talent ne seroit plus possible. Avant l'établissement de nos nouvelles institutions, nous n'avions que des mœurs privées, aujourd'hui nous avons des mœurs publiques, et partout où celles-ci existent, les grandes insultes à la patrie ne peuvent avoir lieu; la liberté est la sauvegarde de ces renommées nationales qui appartiennent à tous les citoyens.

Henri VI quitta Rouen et vint à Paris; il fut couronné dans cette cathédrale où devoit être consacrée une autre usurpation : il n'y resta qu'un mois. Le traité d'Arras réconcilia le roi de France et le duc de Bourgogne. Paris ouvrit ses portes au maréchal de l'Ile-Adam (1436), et le roi, un an après, y fit son entrée solennelle. « Le sire Jean Dau-
« lon, qui avoit été écuyer de la Pucelle, tenoit le
« cheval du roi par la bride; Xaintrailles portoit
« devant lui le casque royal, orné d'une couronne
« de fleurs de lis, et le bâtard d'Orléans, le fameux
« Dunois, couvert d'une armure éclatante d'or et
« d'argent, menoit l'armée du roi. »

Nous avons été bien malheureux; nos pères l'ont-ils été moins? Après le règne de Charles VI et de Charles VII, M. de Barante nous présentera le tableau de la tyrannie de Louis XI. Les guerres de l'Italie et la captivité de François Ier ne sont pas loin, et les fureurs de la ligue les suivent. La France ne respire enfin qu'après les désordres de la Fronde; car si les guerres de Louis XIV l'épuisèrent, elles ne troublèrent pas son repos. Cette paix continua sous Louis XV, et il faut remarquer que c'est en avançant vers la civilisation, que les peuples voient augmenter la somme de leurs prospérités.

L'immense orage de la révolution a éclaté après un siècle et demi de tranquillité intérieure. Il a changé les lois et les mœurs, mais il n'a pas arrêté la civilisation. Une autre histoire va naître, quels en seront les personnages? Souhaitons-leur un historien qui, comme M. de Barante, parle des rois sans humeur, des peuples sans flatterie, et qui ne méprise ni n'estime assez les hommes pour altérer la vérité.

SUR

L'HISTOIRE DES CROISADES,

PAR M. MICHAUD,

DE L'ACADÉMIE FRANÇOISE.

Octobre 1825.

Des choses remarquables se passent sous nos yeux. Tandis qu'un mouvement immense emporte les peuples vers d'autres destinées, tandis qu'une politique en sommeil néglige d'attacher à ce qui reste de croyances et d'institutions anciennes les intérêts d'une société nouvelle, cette société se jette avec une égale ardeur sur le passé pour le connoître, sur l'avenir pour en faire la conquête.

C'est en effet un trait particulier de notre époque que la grande activité politique qui travaille les générations ne se perde plus, comme aux premiers jours de nos expériences, dans le champ des théories : on se résigne, courage bien singulier! au changement des doctrines par l'étude des faits, se précautionnant, pour ne pas s'égarer dans la route qu'on va suivre, de toutes les autorités de l'histoire.

A cette idée de prudence, il se mêle aussi une idée de consolation. Cette chaleur de travail et d'instruction historique, cette sorte d'invasion dans les monuments des vieux âges, vient encore du besoin universel d'échapper au présent. Ce présent pèse en effet à toutes les âmes fortes, tant il leur est étranger, tant elles sont peu contemporaines des hommes qui s'agitent et des choses qui se traînent sous nos yeux. Il semble que pour retrouver une France noble et belle, telle que des hommes d'État, dignes de ce nom, pourroient la faire, il semble qu'on soit obligé d'aller demander à l'histoire de quoi nourrir cet orgueil de nous-mêmes, qui, malgré tout ce qu'on a fait pour le flétrir, ne nous quittera pas. Il faut donc considérer comme une généreuse conspiration de patriotisme, cette notable passion de notre époque pour l'étude des souvenirs, des traditions, des monuments nationaux.

Une pensée fraternelle semble animer ceux qui lisent et ceux qui écrivent. L'histoire des vieux temps, tracée par des hommes du nôtre, resserre encore les liens de la parenté. Ceux qui ont des souvenirs, ceux qui ont des espérances, se rapprochent dans ce commerce historique. Par une double rencontre, il devient l'occupation des hommes mûrs qui ont passé par les affaires, et des hommes jeunes encore qui doivent y passer; ils mettent en commun leurs nobles douleurs et leurs ambitions généreuses. Chassés du présent par une politique étroite, ils se retrouvent dans les jours qui ne sont plus.

Il est surtout quelques vieux François à qui la

consolation d'écrire sur l'histoire de la monarchie semble aujourd'hui plus particulièrement appartenir. Ce sont ces vétérans de l'exil, refoulés encore loin de ce trône relevé par leur persévérance, chez qui l'habitude des proscriptions n'a fait qu'allumer l'ardeur de nouveaux services, et qui, en s'éloignant du palais des rois, se sont donné rendez-vous sous l'oriflamme, afin d'en redire la gloire.

Retiré sous cette vieille bannière, c'est là que M. Michaud a écrit l'*Histoire des Croisades*. La conception et le succès d'une aussi vaste entreprise témoignent honorablement en sa faveur: il a achevé son ouvrage malgré les fatigues d'une vie mêlée à tous nos orages politiques. Si le public a accueilli cet ouvrage avec un grand sentiment de justice, c'est que l'auteur possède cette fidélité de doctrines, toujours estimable, par laquelle on tient à un parti, cette élévation de sentiments et cette bonne foi de la raison par laquelle on touche à l'opinion de tous les hommes.

L'*Histoire des Croisades*, dont nous annonçons la quatrième édition, est l'heureux fruit de cette heureuse alliance de qualités. Écrite dans des temps différents, par intervalles, par parties détachées, elle forme un tout régulier. C'est le même esprit qui domine tout cet ensemble de récits divers et compliqués.

Nous avons déjà dit ce que nous pensons de cet ouvrage, qui a fait naître une unanimité de suffrages dans des jours de divisions. Cette dernière édition atteste la sollicitude infatigable de l'auteur, qui ajoute, qui modifie, qui, plus pénétré de l'ensemble des faits généraux, redonne à chacun des faits particuliers une physionomie plus marquée et plus précise.

Ayant à peindre l'époque la plus pittoresque de l'histoire moderne, des mœurs pleines de grandeur et de naïveté, de crimes et de vertus, de croyances ardentes, M. Michaud a très bien senti qu'un tableau si intéressant par les noms, par les souvenirs, par les résultats, n'avoit besoin que de simplicité. Il a senti surtout l'avantage de pouvoir disposer à son gré des chroniqueurs ; de mêler quelquefois leur rude expression à l'éclat des faits qu'ils racontent ; de faire dire, avec toute la simplicité des ermites, des exploits agrandis par tout le courage des chevaliers : c'est toujours un historien que l'on suit, quelquefois un pèlerin qu'on écoute.

Il y avoit trois difficultés dans l'histoire complète des Croisades : c'étoit d'indiquer leur cause première ; de retrouver dans la poussière de tant de milliers d'hommes la trace des premiers pas faits vers la Terre-Sainte, puis, une fois cette indication préliminaire établie, il falloit mettre de l'ordre et de l'enchaînement dans cette suite de migrations et d'entreprises, qui n'eurent pas toutes plus tard le mobile qu'elles avoient eu d'abord.

Restoit ensuite la tâche du philosophe après celle de l'historien ; restoit à juger les résultats, après avoir raconté les événements ; à promener des regards tranquilles sur les conséquences terrestres des guerres religieuses, sur l'action puissante de ces temps barbares pour enfanter la civilisation au nom de laquelle on les a trop souvent accusés.

Or, l'historien des Croisades nous paroît en avoir bien surpris les causes; elles sont simples, mais il n'y a que beaucoup d'études historiques qui pouvoient mettre sur la voie de ces causes. L'usage, ancien déjà parmi les chrétiens, au moment des Croisades, de faire des pèlerinages au tombeau de Jésus-Christ, voilà une bien tranquille origine à cette fougue guerrière qui poussa les populations de l'Europe sur les populations de l'Asie. Mais cette origine est pourtant vraie, et elle est démontrée jusqu'à l'évidence par la gradation que l'auteur introduit dans la narration successive de ces saints voyages, commencés avec le bourdon et continués avec l'épée. Entraîné par l'enchaînement du récit, vous voyez grossir peu à peu la foule, et bientôt les Croisades ne nous paroissent plus que des pèlerinages de cinquante mille hommes armés.

Quand, dans un sujet, on va au fond des choses, il est tout simple que la forme, esclave fidèle, se moule sur le sujet choisi par l'écrivain. Il n'y avoit qu'un écueil pour le style dans l'*Histoire des Croisades*, c'étoit d'être entraîné par la poésie du sujet, et de se tromper de muse. M. Michaud a évité cet écueil; mais en même temps il a su conserver la vie et le mouvement à ses personnages. Dans les circonstances nécessaires, sa diction est éclatante sans cesser d'être naturelle.

Malgré la sobriété des ornements que la gravité de l'historien commandoit à l'inspiration du poëte, on voit souvent un heureux mélange de l'esprit qui éclaire avec l'imagination qui colore. Nous choisirons parmi plusieurs de ces tableaux celui du départ des Croisés après le concile de Clermont. Il nous a fait éprouver ce sentiment d'enthousiasme qui n'appartient qu'à la jeunesse des individus comme à celle des nations, et qui faisoit tout quitter aux Croisés pour une visite lointaine à un tombeau.

«Dès que le printemps parut, dit l'historien, rien ne put contenir l'impatience des Croisés; ils se mirent en marche pour se rendre dans les lieux où ils devoient se rassembler. Le plus grand nombre alloit à pied; quelques cavaliers paroissoient au milieu de la multitude, plusieurs voyageoient montés sur des chars traînés par des bœufs ferrés; d'autres côtoyoient la mer, descendoient les fleuves dans des barques; ils étoient vêtus diversement, armés de lances, d'épées, de javelots, de massues de fer, etc. La foule des Croisés offroit un mélange bizarre et confus de toutes les conditions et de tous les rangs : des femmes paroissoient en armes au milieu des guerriers... On voyoit la vieillesse à côté de l'enfance, l'opulence près de la misère; le casque étoit confondu avec le froc, la mitre avec l'épée, le seigneur avec les serfs, le maître avec le serviteur. Près des villes, près des forteresses, dans les plaines, sur les montagnes, s'élevoient des tentes, des pavillons pour les chevaliers, et des autels, dressés à la hâte, pour l'office divin ; partout se déployoit un appareil de guerre et de fête solennelle. D'un côté, un chef militaire exerçoit ses soldats à la discipline ; de l'autre, un prédicateur rappeloit à ses auditeurs les vérités de l'Évangile : ici, on entendoit le bruit des clairons et des trompettes ; plus loin, on chantoit des psaumes et des cantiques. Depuis le Tibre jusqu'à l'Océan, et depuis le Rhin jusqu'au-delà des Pyrénées, on ne rencontroit que des troupes d'hommes revêtus de la croix, jurant d'exterminer les Sarrasins, et d'avance célébrant leurs conquêtes ; de toutes parts retentissoit le cri de guerre des croisés : *Dieu le veut ! Dieu le veut !*

« Les pères conduisoient eux-mêmes leurs enfants, et leur faisoient jurer de vaincre ou de mourir pour Jésus-Christ. Les guerriers s'arrachoient des bras de leurs épouses et de leurs familles, et promettoient de revenir victorieux. Les femmes, les vieillards, dont la foiblesse restoit sans appui, accompagnoient leurs fils ou leurs époux dans la ville la plus voisine, et, ne pouvant se séparer des objets de leur affection, prenoient le parti de les suivre jusqu'à Jérusalem. Ceux qui restoient en Europe envioient le sort des Croisés et ne pouvoient retenir leurs larmes ; ceux qui alloient chercher la mort en Asie étoient pleins d'espérance et de joie.

« Parmi les pèlerins partis des côtes de la mer, on remarquoit une foule d'hommes qui avoient quitté les îles de l'Océan. Leurs vêtements et leurs armes, qu'on n'avoit jamais vus, excitoient la curiosité et la surprise. Ils parloient une langue qu'on n'entendoit point; et pour montrer qu'ils étoient chrétiens, ils élevoient deux doigts de la main l'un sur l'autre, en forme de croix. Entraînés par leur exemple et par l'esprit d'enthousiasme répandu partout, des familles, des villages entiers partoient pour la Palestine; ils étoient suivis de leurs humbles pénates; ils emportoient leurs provisions, leurs ustensiles, leurs meubles. Les plus pauvres marchoient sans prévoyance, et ne pouvoient croire que celui qui nourrit les petits des oiseaux laissât périr de misère des pèlerins revêtus de sa croix. Leur ignorance ajoutoit à leur illusion, et prêtoit à tout ce qu'ils voyoient un air d'enchantement et de prodige; ils croyoient sans cesse toucher au terme de leur pèlerinage. Les enfants des villageois, lorsqu'une ville ou un château se présentoit à leurs yeux, demandoient si *c'étoit là Jérusalem*. Beaucoup de grands seigneurs, qui avoient passé leur vie dans leurs donjons rustiques, n'en savoient guère plus que leurs vassaux; ils conduisoient avec eux leurs équipages de pêche et de chasse, et marchoient précédés d'une meute, portant leur faucon sur le poing. Ils espéroient atteindre Jérusalem en faisant bonne chère, et montrer à l'Asie le luxe grossier de leurs châteaux.

« Au milieu du délire universel, personne ne s'étonnoit de ce qui fait aujourd'hui notre surprise. Ces scènes si étranges, dans lesquelles tout le monde étoit acteur, ne devoient être un spectacle que pour la postérité. »

Aujourd'hui même on retrouveroit quelque chose de ce sentiment exalté pour une croisade nouvelle : la Grèce réveilleroit facilement le double enthousiasme du chrétien et de l'admirateur de la gloire et des arts. Mais les gouvernements n'ont plus le caractère des peuples, ils s'en séparent; et de cette division naîtront un jour des révolutions inévitables. Pierre l'Ermite souleva le monde par le seul récit des maux qu'enduroient les pèlerins voyageant en Terre-Sainte : que des vaisseaux sous pavillon chrétien portent au marché du musulman des femmes chrétiennes et des enfants chrétiens dont les infidèles ont égorgé les maris et les pères, on trouve ce commerce tout naturel; mais la postérité ne le trouvera pas tel. Cette indifférence même d'une politique rétrécie sera punie : la Grèce se sauvera seule, ou par l'influence d'un gouvernement qui saura bien enlever à l'Europe continentale les fruits qu'elle auroit pu tirer d'un effort généreux en faveur d'une nation opprimée.

En attendant, pour trouver des sentiments généreux, relisons l'*Histoire des Croisades*. Les détails de cette histoire existoient, mais dispersés dans des matériaux confus et indigestes. M. Michaud les a rassemblés : c'est un tableau qui a trouvé un peintre.

FIN DES MÉLANGES LITTÉRAIRES.

TABLE DES MATIÈRES

CONTENUES DANS CE VOLUME.

	Pages.
Préface.	1
De l'Angleterre et des Anglois.	5
Essai sur la littérature angloise. — Young.	21
Shakspeare.	38
Beattie.	61
Mackenzie (Voyages de).	71
Sur la Législation primitive.	108
— Suite.	122
Sur le Printemps d'un Proscrit.	149
Sur l'Histoire de la Vie de Jésus-Christ.	174
Sur les OEuvres de Rollin.	189
Sur les Essais de morale et de politique.	203
Sur les Mémoires de Louis XIV.	216
Des Lettres et des Gens de Lettres.	233
Sur le Voyage en Espagne, de M. de Laborde.	251
Sur les Annales littéraires, de M. Dussault.	276
Sur la Vie de Malesherbes, par M. Boissy-d'Anglas.	289
Panorama de Jérusalem.	302
Sur le Voyage au Levant, de M. de Forbin.	305
Sur quelques ouvrages historiques et littéraires.	318
— Suite.	327
Sur quelques Romans.	331
Sur un Voyage de M. de Humboldt.	334
Sur l'Histoire des ducs de Bourgogne.	341
— Suite.	353
Sur l'Histoire des Croisades, par M. Michaud.	367

FIN DE LA TABLE.

www.ingramcontent.com/pod-product-compliance
Lightning Source LLC
Chambersburg PA
CBHW050534170426
43201CB00011B/1420